**심리**
읽어드립니다

# 심리 읽어드립니다

**초판 1쇄 발행** 2021년 10월 8일
**초판 6쇄 발행** 2022년 6월 30일

**지은이** 김경일·사피엔스 스튜디오

**펴낸이** 조기흠
**기획이사** 이홍 / **책임편집** 정선영, 임지선 / **기획편집** 유소영, 박단비, 전세정
**마케팅** 정재훈, 박태규, 김선영, 홍태형, 배태욱, 임은희 / **디자인** 문성미 / **제작** 박성우, 김정우

**펴낸곳** 한빛비즈(주) / **주소** 서울시 서대문구 연희로2길 62 4층
**전화** 02-325-5506 / **팩스** 02-326-1566
**등록** 2008년 1월 14일 제 25100-2017-000062호

**ISBN** 979-11-5784-545-3 03180

이 책에 대한 의견이나 오탈자 및 잘못된 내용에 대한 수정 정보는 한빛비즈의 홈페이지나
이메일(hanbitbiz@hanbit.co.kr)로 알려주십시오. 잘못된 책은 구입하신 서점에서 교환해드립니다.
책값은 뒤표지에 표시되어 있습니다.

⌂ hanbitbiz.com ⓕ facebook.com/hanbitbiz Ⓝ post.naver.com/hanbit_biz
▶ youtube.com/한빛비즈 ⓞ instagram.com/hanbitbiz

Published by Hanbit Biz, Inc. Printed in Korea
Copyright ⓒ CJ ENM & Hanbit Biz, Inc.
이 책의 저작권은 CJ ENM과 한빛비즈(주)에 있습니다.
저작권법에 의해 보호를 받는 저작물이므로 무단 복제 및 무단 전재를 금합니다.

지금 하지 않으면 할 수 없는 일이 있습니다.
책으로 펴내고 싶은 아이디어나 원고를 메일(hanbitbiz@hanbit.co.kr)로 보내주세요.
한빛비즈는 여러분의 소중한 경험과 지식을 기다리고 있습니다.

불안 초조 우울 분노…
얽히고설킨 마음

# 심리
## 읽어드립니다

김경일 ✕ 사피엔스 스튜디오

한빛비즈
Hanbit Biz, Inc.

차례

# 내 감정과 심리
# 제대로 알고 이용하기

**2부**

# 〈사피엔스 스튜디오〉, 그 시작

2020년 여름.

정민식 PD와 술 한잔을 했습니다. 당시 저는 시대를 조금이나마 앞서가보겠다고 tvN을 떠나 디지털콘텐츠 사업부를 꾸려가고 있었고, 정민식 PD는 tvN 채널 안에서 인문학의 대중화에 대해서 고민하고 있었습니다.

제가 물었습니다. "디지털 시대에 TV 플랫폼 안에서만 고민하면 한계가 있지 않을까?"

정민식 PD가 되물었습니다. "디지털 안에서 답이 있을까요?"

제가 대답했습니다. "일단 해보자. 정답으로 가는 길은 나도 잘 모른다. 그러나 생각해본 길은 있다. 가보지 않을래?"

그날 이후 〈사피엔스 스튜디오〉라는 멋진 인문학 채널이 생겨났고, 유튜브를 기반으로 오늘도 그 브랜드는 성장하고 있습니다.

정민식 PD가 작명하고 제가 흔쾌히 박수 치고 동의한 '사피엔스'라는 이름에는 여러 가지 의미가 담겨 있습니다. 인류 문명의 발전을 날카로운 통찰력으로 써내려간 유발 하라리의 명저 제목이기도 하고, '슬기로운 사람'이라는 뜻의 '호모 사피엔스'에서 '슬기로운'이라는 수식어이기도 합니다.

〈사피엔스 스튜디오〉가 추구하는 바는 인류의 슬기와 지식을 대중들에게 널리 재미있게 알리는 것입니다. TV보다 더 깊이 있게, 재미있게. 지적 호기심을 가진 시청자들을 위해서.

〈사피엔스 스튜디오〉는 두 명의 의기투합으로 시작했지만, 우리가 선택한 그 길에 등불을 켜주신 분이 있습니다. 바로 김경일 교수님. 대한민국 최고의 인지심리학자이십니다.

마찬가지로 김 교수님과 술 한잔 기울이던 첫날이 기억납니다. 민어회 한 접시와 소주 서너 병. 교수님은 우리의 선한 의지를 지지해주시고 기꺼이 좋은 콘텐츠로 화답해주셨습니다.

〈사피엔스 스튜디오〉의 가장 멋지고 중요한 강연자 김경일 교수님의 콘텐츠, 〈심리 읽어드립니다〉가 드디어 책으로 출간됩니다.

인류의 슬기를 심리학적으로 통찰한 〈심리 읽어드립니다〉는 김경일 교수님의 자식이자, 우리 〈사피엔스 스튜디오〉의 자식이기도 합니다.

부디 널리 읽히고 그 힘으로 또 다른 더 좋은 영상, 출판 콘텐츠를 만드는 원동력이 되어서 우리의 작은 바람, 인류의 슬기와 지식이 대중들에게 널리 퍼져 세상의 발전이 아름답게 이루어지는 데 보탬이 되었으면 합니다.

CJ ENM 디지털콘텐츠 사업부장 김석현 상무

## 인간의 마음에 관한
## 진지하면서도 역동적인 회의록

2016년 tvN의 강연 프로그램 〈어쩌다 어른〉에 출연하면서 저와 〈사피엔스 스튜디오〉와의 인연은 이미 시작되었습니다. 그해 처음으로 만난 정민식 PD는 참으로 재미있는 사람이었죠. 강연자를 섭외하고 강연 내용과 관련된 미팅을 진행하며 이후 강연 녹화가 시작되는 그 모든 과정에서 이렇게 진심으로 심취해 있는 제작자를 본 적이 없었기 때문입니다.

전위예술가라고 하면 딱 맞을 옷차림과 헤어스타일의 정 PD는 분명하면서도 조심스럽게 심리학을 세상에 알리고 싶어 했습니다. 아니, 더 정확하게는 심리 즉 마음에 대한 과학적 이야기를 사람들에게 들려주고 싶어 했습니다. 심리학 중에서도 전공 학생들이 가장 따분해하는 인지심리학은 그렇게 이 독특한 외모를 가진 프로듀서를 통해 대중에게 전파되기 시작했죠. 이후 저와 그는 둘도 없는 파트너가 되었고 지금까지 (아마도 앞으로도) 수많은 심리 관련 콘텐츠를 함께 만들어왔습니다.

심리학이 요즘처럼 각광을 받고 관심의 대상이 된 것은 최소한 해방 이후로는 없었던 듯합니다. 그래서 제 또래 심리학자들, 그중에서도 특히 대학의 교원으로 있는 사람들에게 이런 농담을 자주 합니다. "우린 참 운이 좋지 않아? 잘해야 중위권 학과에 들어갔는데 교수는 굉장한 인기 학과에서 하고 있으니 말이야." 웬만한 양심(?)이 있는 교수라면 이 말의 뜻이 무엇인지를 잘 알고 유쾌하게 동의합니다.

그렇습니다. 제가 심리학과에 입학했던 1989년 이후 주위 어른은 물론이고 비슷한 또래 대학생들에게도 한동안 정말 많이 들었던 이야기가 바로 '도대체 뭐 하는 학과냐'는 허탈한 질문 혹은 '내가 지금 무슨 생각하는지 맞춰보라'는 무개념에 가까운 질문이었습니다. 심리학과 나오면 취업이 되겠느냐는 걱정 혹은 전생이나 심령에 관한 대책 없는 질문들 역시 빠지지 않는 단골 메뉴였죠.

그런데 이제 심리학을 전공한다고 하면 참으로 많은 분들이 좋은 질문을 해주십니다. '성격과 능력은 상관이 있는지 있다면 얼마나 있는지' 같은 꽤 고민한 흔적이 있는 질문에서부터 '코로나 팬데믹을 잘 이겨내려면 어떻게 해야 하는지' 같은 시대적 물음에 이르기까지 다양하고 구체적입니다. 그에 대한 답은 과학적 근거와 논리적 설득력을 모두 갖춰야만 듣는 분들을 만족시킬 수 있습니다.

그래서 끊임없이 연구하고 논문 읽고 실험하고 고민하게 됩니다. 그리고 나름의 답을 드리고자 노력해왔습니다. 때론 기가 막힐 정도로 도움이 되는 절묘한 답을 드려 보람을 느낄 때도 있고, 씨알도 안 먹힐 만큼 엉뚱한 대답을 드려 얼굴이 화끈거릴 때 역시 여전히 많지요. 〈사피엔스 스튜디오〉는 이제 그 역할을 해내는 가장 중요한 창구가 되었습니다.

이 책은 〈사피엔스 스튜디오〉에서 다뤘던 유튜브 〈심리 읽어드립니다〉에 등장했던 많은 내용들을 더욱 차분하게 정리해서 깊은 생각을 가능하게 해드리고자 하는 바람으로 펴냈습니다. 글은 사람을 더욱 진지하게 만들기 때문에 느리지만 오래가는 생각을 만들어낼 수 있는 장점이 있지요.

지난 1년 반 동안 최소한 한 달에 두 번씩 주말이면 어김없이 〈사피엔스 스튜디오〉가 촬영되는 가양동 스튜디오로 향했습니다. 티끌 모아 태산이라는 말을 난생처음으로 실감했죠. 이젠 어엿한 심리학 서적 한 권 이상의 분량을 만들어냈으니 말입니다.

자신 있게 말씀드릴 수 있는 것은, 이 책이 심리학자가 쓴 시중의 그 많은 심리학 서적 중 하나는 아니라는 겁니다. 왜냐하면 이 한 권의 책을 위해 작가들은 세상에 있는 다양한 분들의 수많은 '인간의 마음과 행동'에 관한 질문들을 모아왔고, 저와 함께 마주 앉아 치열하게 심리학적 대답을 구성하고 준비했기 때문입니다. 그리고 그것을 제대로 전달하기 위해 많은 PD들이 밤을 새워 편집했으며 행여 어디 하나라도 틀린 곳이 있을까 확인하고 점검하는 과정을 반복했습니다. 저 한 사람의 힘으로서는 절대로 할 수 없는 일입니다. 그래서 이 책은 저 김경일과 〈사피엔스 스튜디오〉 제작진의 공저인 것입니다.

가끔 이런 말씀을 하시는 분들이 있습니다. "김경일 교수님, 교수님의 유튜브 채널인 〈사피엔스 스튜디오〉 잘 보고 있습니다." 그만큼 〈사피엔스 스튜디오〉에는 제 강연과 이야기들이 많이 있는가 보다 하면서 뿌듯함과 보람을 느끼는 건 솔직한 심정이지만, 이 감사한 착각에 넙죽 "네, 제가 꽤 많은 콘텐츠를 만들었지요"라고 대답한다면 저는 정말 최소한의 양심도 없는 사람일 것입니다. 모든 〈사피엔스 스튜디오〉 콘텐츠에는 많은 구성원들의 땀과 열정이 스며 있습니다.

먼저 이은별 작가와 홍지해 작가는 심리학자인 나에게 어떤 연구를 찾아보고 무엇을 궁금해해야 하는가를 끊임없이 알려주고 저의 추리를 더 완성도 높게 만들어준 최고의 참모였습니다. 이 두 사람의 꼬리를 무는 집요한 질문에 답을 계속

하는 과정에서 마치 대학원생으로 돌아간 것 같은 향학열에 불타며 끊임없이 논문들을 찾고 소화해내니 몇 년치에 해당하는 강의 자료가 저도 모르는 사이에 눈앞에 만들어져 있었습니다. 그래서 저는 이 두 사람을 조련사라고 부릅니다.

또한 이 두 사람을 통해 심리학자를 성장시키는 건 본인의 노력과 학문적 호기심이 아니라 사람의 마음과 행동을 궁금해하는 학생, 직장인, 가족, 동네 어르신 등 주위의 모든 타인이라는 것을 절절히 깨달았습니다.

정민식 PD와 김민수 PD는 사실상 이 책의 지휘자입니다. 저는 그저 연주를 했을 뿐이지요. 이 두 사람의 지휘가 없었다면 그저 그런 독주회로 끝났을 내용들이, 살아 숨 쉬면서 많은 분들의 PC와 모바일 기기를 통해 전달될 수 있었습니다. 그리고 그 과정에는 밤을 새워 가며 어색한 부분을 바로잡고 중요한 부분을 생동감 있게 살려주었던 김명희 PD, 변상윤 PD, 조혜진 PD, 김유진 PD, 윤우중 PD, 김은희 PD, 박혜미 PD가 있었습니다. 이들은 언젠가부터 저의 생각을 들여다보는 마법의 도구가 있는 것처럼 제가 말한 것을 화면에 그려내는 신기한 능력자들이 되어주었습니다.

지난 1년 반 동안 저는 이들과 끊임없이 토론하고 상의했습니다. 그 역할을 계속해서 바꿔가면서 서로에게 질문하고 답했습니다. 사람의 마음과 행동에 대해서 말입니다. 스튜디오의 안과 밖에서 아이디어나 중요한 질문은 언제나 죽지 않고 나에게 전달됐으며 이에 대한 나의 대답은 냉철하게 평가되어 다시 돌아오곤 했습니다. 많은 사람들이 모여 힘을 합쳐 고민하고 이야기를 나누는 것을 회의라고 합니다. 그래서 이 책은 인간 심리에 관한 회의록이라 할 수 있습니다. 한 심리학자의 일방적인 이야기가 아니라는 말입니다. 그 회의를 들여다보는 재미를 독자분들께서도 부디 만끽하시길 바랍니다.

아주대 율곡관 501호에서
공저자 사피엔스 스튜디오를 향한 존경과 감사의 마음을 담아
인지심리학자 김경일

# 1부

# 당신의
# 심리,

# 이유가 있다

# 말하기보다 어려운 듣기

얼마 전, 가족들과 집에 있는데 무엇 때문인지는 모르겠지만 제가 조금 예민해져서 아이한테 벌컥 화를 낸 일이 있었어요. 평상시 같으면 아이가 "죄송해요, 아빠" 하고 그냥 넘어갔을, 지금은 그 이유도 기억나지 않는 아주 사소한 일이었습니다.

그런데 아이가 "그게 아니고요!"라고 발끈해서는 방문을 쾅 닫고 자기 방으로 들어가버렸어요. '쾅' 소리에 저도 놀랐는지, 곧바로 다시 문을 슬쩍 열더니 조용히 닫더군요. 아이의 표정을 보지는 못했지만 아마 머쓱하긴 저나 아이나 마찬가지였을 겁니다.

팬데믹 때문에 아이들 학교는 원격수업으로 전환

되고, 재택근무를 하는 직장도 늘어났습니다. 그러면서 자연스럽게 가족들이 함께 집에 있는 시간이 많아졌는데요. 오랜만에 가족들끼리 옹기종기 모여 오붓한 시간을 보낼 수 있어서 좋다는 분들도 있지만, 한쪽에서는 굉장히 힘든 시간을 보내고 있다는 말들도 많이 들립니다. 생각 외로 많아요. 이렇게 지내는 시간이 기약 없이 길어지다 보니, 사소한 말 한마디에도 울컥하고 화가 치미는 거죠.

친구들과의 관계도 마찬가지예요. 사적인 모임이 제한되고 만남을 자제하는 분위기이다 보니 요즘은 주로 전화통화를 하거나 메시지를 주고받는 것이 더 일상이 되었죠. 그런데 이렇게 대화를 하다가 예전 같으면 그냥 넘어갈 수 있는 일인데도, 순간적으로 울컥하고 속에서 뭔가가 치밀어 올라서 심한 말이 오간다거나 심지어 의절하는 경우도 있다고 합니다. 연락처나 친구 목록에서 삭제해버리는 건 다반사고요.


## 코로나 블루보다 위험한 것


팬데믹이 장기화되면서 서로 예민해진 탓에 벌어지는 일들은, 때로는 허탈하게 웃으며 훌훌 털어버리면 그만이겠죠. 하지만 때로는 오랫동안 기억에 남을 만한 상처가 되기도 합니다.

요즘 여기저기서 '코로나 블루'라는 말이 많이 들려오죠. 그만큼 많은 사람들이 우울한 감정을 느끼고 있습니다. 그런데 사실 우리가 더 신경 써야 할 부분은, 우울보다는 분노입니다. 분노는 우리 자신을 더 위험하게 만드니까요. 분노는 나뿐 아니라 다른 사람의 마음에도 상처가 되는 말을 하게 합니다. 그렇게 되면 그 여파로 나 자신도 상대방에 대한 미안함 때문에 무거운 마음으로 지내야 하고, 그것이 오랫동안 지워지지 않는 상처로 남을 수 있습니다.

물론 우울도 당연히 좋지 않습니다. 하지만 우울한 사람이 다른 사람을 공격하고, 그 공격이 다시 나에게로 돌아오는 경우는 흔치 않습니다.

이제는 '코로나 레드'라는 말이 나올 정도로, 화가 울컥 솟는다거나 분노의 정도가 평상시보다 훨씬 격해졌다는 얘기를 많이 듣습니다. 코로나 레드라 불리는 이 제어되지 않는 분노는 더 많은 상처를, 심지어는 치유될 수 없는 상처를 서로의 기억 속에 만들 수도 있습니다. 정말 우리 모두의 문제라 하지 않을 수 없습니다. 코로나 레드의 위험성을 강력하게 주장하는 새로운 연구들이 속속 나오고 있습니다.

## 우리는 언제 분노하는가

먼저 분노에 대해 이야기해봅시다. 우리는 언제 분노할까요? 물론 분노의 원인은 한두 가지가 아닙니다. 그중에서도 백이면 백 누구든 분노하게 되는 경우가 있죠. 바로 진실을 정확하게 모르거나, 진실이 가려져 있다고 생각할 때 우리는 격하게 분노합니다.

한번은 집에 손님이 오기로 한 날 제가 늦게 들어간 적이 있습니다. 차가 막혀서 늦은 거죠. 저는 아내에게 사실대로 말했지만, 아내는 엄청나게 화를 냈습니다. 저는 오늘 교통 상황이 어땠는지 뉴스 기사를 보여주면서 확인을 시켜줬어요. 그래도 아내의 화는 가라앉지 않았습니다. 왜 그랬을까요?

사실 아내가 화가 난 진짜 이유는 제가 그날 일찍 출발하지 않았기 때문이었습니다. 오늘 집에 손님이 오기로 했고 상차림을 도와주기로 했으면 제가 평소보다 일찍 출발했어야 했던 거죠. 그런데도 저는 평소와 똑같이 출발했고, 아내는 그런 제 행동이 무심함에서 비롯되었다고 생각한 거예요.

집안일을 돕겠다고 약속했으면 차가 막힐 수도 있는 돌발 상황을 생각해서 좀 더 서둘렀어야 하는데, 약속에 안일하게 대처했다는 점이 아내의 분노를 유발한 것입니다. 그러니

차가 막혀서 늦은 거라고 아무리 설명해도 화가 멈추지 않은 거예요.

분노는 어떤 사실의 진짜 이유, 즉 '진실'을 얘기해야 누그러뜨릴 수 있다는 점을 명심해야 합니다. 이런 이유로, 지금 당장 화가 머리끝까지 올라와 있는 사람에게 '이게 사실이야' '이게 팩트야'라고 아무리 말해 봐야 분노를 가라앉히는 데 별 도움이 되지 않는 것입니다.

다시 한 번 말하지만 분노를 일으키는 주요 원인의 하나는 바로 상대방이 '진실을 가리고 있다'거나 '진실을 말하지 않는다'고 느끼는 것입니다. 그래서 상대방이 분노하고 있다면 '사실 진짜 이유는 이것 때문이었어' 하고 진실을 드러내놓고 알리는 것이 무엇보다 중요합니다.

하지만 문제가 이렇게 간단하지 않은 경우도 있습니다. 진실이란 보는 사람이 누구냐에 따라 전혀 다르게 해석될 수도 있으니까요. 이혼 전문 변호사들은 이런 얘기를 많이 합니다. "이혼하는 부부들은 서로가 사실을 얘기한다고 하지만, 같은 사실을 두고도 해석이 전혀 다르기 때문에 결국 진실을 알 수가 없어요."

즉 같은 사실을 두고 각자 자신의 입장과 관점에서 생각하기 때문에 결국 전혀 다른 진실을 보는 것이고, 그러니까 진실을 논하는 것 자체가 불가능하다는 얘기도 종종 합니다.

진실은 그만큼 자의적이라는 뜻이죠.

다시 말해, 진실은 사람의 관점에 따라 다르다는 겁니다. 앞서 집에 손님이 오기로 한 날 제가 늦게 출발한 진짜 이유는 그날 일이 많았고 갑자기 손님이 방문하기로 했기 때문이었습니다. 그런데다 차까지 막혀서 설상가상으로 늦어지게 된 것이죠. 하지만 제 아내 입장에서 그런 이유들은 모두 핑계일 뿐이고, 진짜 이유는 제가 집안일을 돕는 데 관심이 없다는 사실이었습니다. 이처럼 같은 사실을 두고 전혀 다른 진실을 얘기하는 일들은 우리 삶에서 얼마든지 일어날 수 있습니다.

팬데믹 상황에서 발생하는 우리의 분노도 같은 맥락에서 생각해볼 수 있지 않을까요? 같은 사실을 놓고 관점이 전혀 다르기 때문에, 그리고 관점이 다른 사람들을 전혀 이해할 수 없고 인정할 수 없기 때문에, 지금 우리가 분노하고 있는 건 아닐까요?

코로나 팬데믹으로 가족이 한집에서 꽤 긴 시간을 함께 보냅니다. 제 입장에서는 코로나 팬데믹이라는 외부적 상황이 집에서 오랜 시간을 보낼 수밖에 없는 진짜 이유입니다. 그러나 제 아내나 아이들 입장에서는 집에서 마냥 시간을 보내는 것이, 사실은 제가 가족들에게 관심이 없어서 조금이라도 다른 생기나 활력을 줄 수 있는 일을 만들어낼 생각이 없기 때문이라고 해석할 수도 있을 겁니다.

한 공간에 있는 사람들이라도 같은 일에 대해 전혀 다른 방식으로 진실을 추론할 가능성이 높습니다. 그러나 우리는 한 공간에서 같은 사실을 보고 있으니, 상대도 나와 같은 진실을 추론할 거라고 너무나 쉽게 가정합니다.

나는 객관적이지 않습니다. 상대방도 객관적이지 않죠. 그러나 우리는 주변에서 "나는 정말 객관적인 사람이야"라고 말하는 사람들을 많이 만납니다. 물론 이런 사람들도 필요합니다. 어떤 상황이나 사건의 숨겨진 진실을 파악하려 할 땐 이런 분들의 역할이 필요하죠.

하지만 한편으로 '나는 객관적이다'라는 말은, '내가 본 사실은 타협의 여지가 없고 다른 각도로 해석될 여지가 없다'는 것을 전제로 합니다. 따라서 모든 사람이 어떤 환경적인 요인 때문에 분노하거나 쉽게 화를 내는 분위기일 때는, 이렇게 자기 주관을 너무 뚜렷하게 객관적인 사실로 둔갑시키는 사람을 만나는 것이 정신건강에 해롭다고 할 수 있습니다.

어떤 일에 분노했다고요? 그렇다면 나는 내 가설에만 집중하고 있을 가능성이 높습니다. 그래서 나 못지않게 자기의 가설에만 집중하는 사람을 만나는 건 오히려 내 분노를 키우는 상황으로 나를 몰아갈 수 있습니다.

내가 분노했을 때는 '나는 객관적이야'라고 하는 사람보다는 '나는 굉장히 주관적이야' '내 생각은 이렇지만 다른 사람들은 얼마든지 다를 수 있겠구나'라고 생각하는 사람, '저 사람은 저렇게 다르네?' '어머, 이런 사람도 있네?' '야, 이런 경우도 있더라'라면서 가능한 여러 경우들을 있는 그대로 받아들이는 사람을 만나는 것이 그 무엇보다 중요합니다.

이처럼 자신과 다른 생각을 하거나 삶의 방식이 다른 사람도 있다는 것을 쉽게 받아들이는 사람들을 만나다 보면, 한 가지 사실만 보고 섣불리 그게 진실이라고 가정하는 습성을 버리기가 훨씬 수월해지겠죠.


## 인간은 분노하면
## 더 쉽게 속고 시야가 좁아진다

분노에는 함정이 있습니다. 바로 분노하면 더 쉽게 속는다는 것입니다. 국내 연구진이 아주 독특한 연구를 한 적이 있습니다. 요즘 팬데믹과 관련해서 가짜 뉴스들이 정말 많죠. 이젠 무엇이 진짜이고 무엇이 가짜인지 구분하기 어려울 정도로, 우리는 확인되지 않은 수많은 가짜 뉴스의 홍수 속에서 살고 있습니다. 사실 이제는 코로나 팬데믹이라는 상황 자체보다, 이를 둘러싼 수많은 가짜 뉴스들 때문에 더 큰 피해와 더 큰 고통을 겪고 있다는 생각마저 듭니다.

가짜 뉴스와 관련해서 한 연구진은 어떤 사람들이 가짜 뉴스를 더 맹신하는지 조사했습니다. 그 결과 일반적인 사람보다 분노를 더 많이 느끼는 사람이 가짜 뉴스를 더 잘 믿고 더 쉽게 퍼트린다는 결론을 얻었습니다.(《동아사이언스》 2020년 9월 10일 자) 왜 그럴까요? 왜 분노한 사람이 거짓말에 더 쉽게 속고 그것을 전파하는 데도 앞장설까요?

앞서 설명한 것처럼 사람들은 진실을 궁금해하고, 자신이 알고 있는 것이 진실이 아니란 느낌이 들 때 분노합니다. 그래서 지금 일어나고 있는 일의 진짜 이유가 무엇인지 계속해서 찾게 되죠. 분노한 사람은 어떤 일이 일어난 진짜 이유, 즉 진실을 알고 싶어 하기 때문에 '왜 그러냐면 말이지because'라는 말이 들어간 메시지에 엄청난 관심을 가질 수밖에 없습니다.

화가 난 사람에게 안구 운동을 추적하는 '아이트래킹' 기술을 이용한 장치를 부착하고 글을 읽게 하면, '왜냐하면'이라는 단어에 계속해서 안구 운동의 중심점이 맺힌다는 연구 결과도 있습니다. 즉 '그게 왜 그러냐면 말이지'라는 말을 읽

**#아이트래킹**
시선의 위치 또는
움직임을 추적하는 기술

출처: 베리슨 랩

으면 그다음에 어떤 말이 와도 쉽게 믿게 된다는 것이죠. 그 말이 사실이 아니어도 결과는 마찬가지입니다.

그러므로 내가 화가 나 있고 끈질기게 진실을 찾고 있는 상황이라면, '그게 왜 그러냐면 말이지'라는 말을 조심해야 합니다. 그 말들 뒤에는 내가 무방비 상태에서 당할 수밖에 없는 거짓말 혹은 확인되지 않은 사실들이 있을 수 있기 때문이죠.

가짜 뉴스의 무서운 점은 또 있습니다. 우리가 가짜 뉴스에 한번 '그렇구나' 하는 느낌을 받으면, 그다음부터는 사실이 확인돼서 진짜 진실이 무엇인지 제대로 알게 돼도 이전에 가졌던 믿음을 쉽게 굽히지 못하게 된다는 것입니다. 그러니 가짜 뉴스나 확인되지 않은 사실을 얘기할 때 얼마나 조심해야 하는지 잘 알 수 있습니다.

얼마 전에 제 딸의 성적이 크게 떨어져 화가 난 적이 있습니다. 아이가 반에서, 끝에서 5등을 한 거예요. 생각만 해도 피가 거꾸로 솟는 것 같았어요. 제 생각에 아이는 공부를 열심히 한 것 같은데 왜 성적이 떨어졌는지 도무지 알 수가 없었습니다. 저는 이런 생각을 하게 됐죠. '혹시 우리 아이 주변에 놀자고 꼬드기거나 공부 말고 다른 걸 하자면서 훼방을 놓는 친구가 있는 건 아닐까?' 물론 이것은 제 추측일 뿐 전혀 확인되지 않은 사실이었습니다.

그런데 어느 순간 저는 아내에게 아이 공부를 방해하는 친구가 있다고 말하고 있었습니다. 그러니까 저도 모르는 사이에 제 상상 속의 허구적 진실을 믿고 퍼트리고 있었던 거예요. 이 사실을 깨달은 순간, 심리학자로서가 아니라 한 사람의 부모로서 굉장히 부끄럽고 창피한 마음이 들었습니다. 앞서 얘기했듯이 화가 난 사람은, 지금 일어나고 있는 일의 진짜 이유가 어디 있는지 계속해서 찾게 되니까요.


분노에는 또 다른 함정이 있습니다. 분노하면 상대방만 보고 자신을 보지 못한다는 겁니다. 예컨대 배우자에게 크게 화가 났다고 해봅시다. 그러면 우리 눈에는 자기 배우자만 보입니다. 자신은 안 보이고요. 시야가 좁아져 배우자 생각에만 집중하다 보면, 급기야 기억도 가물가물한 옛날 일이 떠오르기 시작합니다. 이것이 부부싸움으로 번지고, 하루 이틀 마음이 꽁한 상태로 있다가 이런 결론에 도달하죠. '그래서 나한테 그때 이렇게 얘기한 거구나?' 심지어 '그래서 그 사람이 나랑 결혼했구나?' 하고 말이죠. 어떤 일이 생겨나는 원인은 하나가 아니라 여러 가지입니다. 여러 가지 원인들이 한데 모여 어떤 일이 생기고 사람과 인연을 맺게 되기도 하죠.

그런데 분노한 사람은 한 가지 원인 혹은 한 사람만 보면서, 그것으로부터 출발해서 역으로 과거 속으로 들어가게 됩니다. 그래서 여러 가지 이유를 잘 보지 못하고 한 가지 이유를 선택하는데, 이것이 다른 모든 원인과 이유를 덮어버립니다. 이를 기억의 역추적 일반화라고 합니다.

친구의 경우도 똑같습니다. 한 친구에게 분노하면 '맞아, 네가 예전에도 나한테 그랬었지' 혹은 '네가 나를 만나는 이유가 여기에 있었구나'라면서 내가 현재 분노하는 그 친구의 현재 모습에서 과거로 반추해가며 계속 하나의 원인을 찾아가기 시작합니다. 원인을 찾았다고 생각하면 그것을 증폭시키죠. 증폭의 결과는 대부분 음모이거나, 아주 작은 이유를 훨씬 크게 확대 해석하는 결과를 낳게 됩니다.

분노했을 때는, 내 분노에 동의하지는 않지만 내가 좋아하는 친구를 만나야 합니다. 그래야 내가 100%로 부풀려 생각한 그 이유를 그 친구가 5%나 10%로 쪼개주거든요. 이 친구는 내 분노에 동의하는 대신, '아니, 그 친구가 그때 분명 시간이 없었을걸?' 혹은 '그때 사실 이랬을 거야'라고 달리 생각하게 해주기 때문입니다.

그런데 분노한 사람들은 자꾸만 자기 분노에 동조해주는 사람을 만나려고 합니다. 분노에 동조하는 것은 슬픔을 함께하는 것과 달리 별로 좋은 일이 아닙니다. 내가 아플 때 상대방도 같이 아파해주면 우리는 굉장한 위로를 받습니다. "아프냐? 나도 아프다." 이게 바로 공감이죠.

그런데 화가 날 때 옆에서 나 못지않게 화를 내는 건, 한편으로 내 사고를 굉장히 근시안적이거나 단편적으로 만들 수 있습니다. 물론 명백하게 내가 어떤 피해를 입었거나 부조리한 일이나 나쁜 일을 겪어서 분노할 때라면, 내 옆에 있는 친구가 함께 분노해주는 게 좋겠죠. 문제는 그런 명백한 이유가 없는 분노도 많다는 겁니다.

그렇다면 근거가 분명한 분노와, 근거도 없이 강하기만 한 분노를 가르는 기준은 뭘까요? 바로 내가 얼마나 예민한 상태인지, 내가 얼마나 나 자신을 보지 못하는지를 기준으로 판가름할 수 있습니다.

일반적으로 근거가 명확한 분노를 느끼는 사람은 상대방이 자기에게 어떤 피해를 입혔는지 분명하게 기술할 수 있습니다. 또한 인과관계도 정확하게 얘기할 수 있죠. 반면 근거 없이 분노를 느끼는 사람은 상대방이 자기한테 어떤 피해를 입혔는지가 아니라, 자신이 분노하고 있다는 사실만 계속해서 얘기합니다. 즉 그 행위에 '나'가 없다는 거예요.

## 분노를 잠재우는 현명한 방법

내가 화가 나거나 어떤 사람과 싸우거나 말다툼을 하는 상황일 때, 상대방 뒤에 거울이 있으면 지금 내 기분을 아는데 더 좋은 것 같습니다. 상대방 뒤, 즉 나와 마주보는 위치에 거울이 있으면 나를 볼 수 있으니까요. 마찬가지로 상대방이 분노했을 때는 제 뒤에 거울을 놓고 상대방과 얘기합니다. 상대가 자기를 보게 만들기 위한 상황적 조치죠. 이렇게 화를 내는 자신의 모습을 거울에 비추어 봄으로써 내 분노를 좀 더 객관적으로 들여다볼 수 있습니다. 결국은 나를 보라는 얘깁니다.

분노가 치밀어 오를 때 거울이 없다면 다른 방법은 없을까요? 걸으면 됩니다. 걷기는 우리 인간에게 허락된 가장 좋은 치유의 방법입니다. 내 분노를 들여다볼 수 있고 나를 객관화시킬 수 있는 방법이기도 하죠.

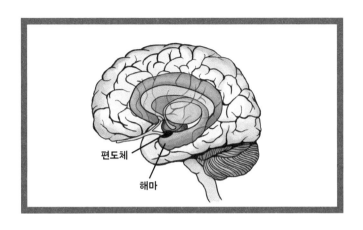

편도체

해마

인간의 몸은 참으로 신기합니다. 걸으면 발바닥이 자극을 받으면서 뇌의 편도체가 약화되고 해마가 활성화됩니다. 편도체는 모든 종류의 안 좋은 감정을 느낄 때 활성화되거든요. 반면 해마는 뇌가 새로운 가설을 떠올릴 때 활성화됩니다. 그런데 편도체는 걸을 때 활동을 약화시킵니다. '어? 우리 주인이 걷고 있네? 그러면 나는 좀 쉬어야겠다'고 편도체가 생각한다는 거예요. 반대로 그 옆에 있는 해마는 '어? 우리 주인이 걷고 있네? 그러면 나는 이제 생각을 해야지. 활동을 시작해야지' 이럽니다.

앞서 설명한 것처럼 해마는 새로운 가설을 떠올리고 그것에 대해 생각해보게 만드는 기능을 담당합니다. 상대방이 나를 분노하게 했고 그 이유로 지목한 작은 원인 하나, 혹은 수

많은 원인 중에 하나를 100%로 만드는 대신, 다른 이유나 가능성에 대한 가설을 나 스스로 떠올리고 검증해볼 수 있게 하죠. 바로 걷기를 통해서 말이죠.

지금 이유를 알 수 없이 분노하고 주위 사람들한테 화가 납니까? 그러면 마스크를 쓰고 한적한 곳을 찾아 동네 주변을 잠시라도 걸어보세요. 의외의 치유 효과를 경험할 수 있을 겁니다.

## 지금 불안하다면 불편함과 상실감부터 구분하라

　팬데믹 시대를 살아가면서 바뀐 풍경들 가운데 가장 많이 체감하는 것은, 아마도 인생에 한 번뿐인 입학식이나 졸업식이 취소되거나 아니면 정말 손꼽아 기다렸던 공연과 모임에 갈 수 없는 경험일지 모르겠습니다.

　명절 때도 마찬가지입니다. 부모님들은 "야, 오지 마라. 됐다"라고 하시고, 자식들은 "아유 죄송합니다. 안 가는 게 좋을 거 같아요"라고 말하죠. 가족끼리 이런 통화를 주고받을 때도 사실은 조심하자는 뜻에서 배려해 한 말이지만, 통화를 마치고 난 다음 속상하고 아쉬운 마음이 드는 건 당연하죠. 제 주위에도 이런 분들이 많습니다.

우리는 팬데믹 이전에 너무 쉽게 누렸던 일들을 못 하게 되면서 '불편하다'는 말을 정말 많이 하게 되었습니다. 사실 '불편하다'는 표현에는 두 가지 상반된 의미가 담겨 있습니다. 바로 불편함과 상실감이에요. 하지만 이 둘을 잘 구별하지 못하고 한 단어로 뭉뚱그려 생각하는 경향이 있어요. 불편함과 상실감은 각각 다르게 대처해야 하는데도, 같은 방법으로 문제를 해결하려 하기 때문에 답을 찾지 못하거나 더 큰 어려움으로 이어지는 경우들이 있습니다.

불편함은 일어나면 안 되는 일이 지금 나한테 일어나고 있을 때 느끼는 감정입니다. 반면 상실감은 내가 좋아하는 무언가를 잃었을 때 느끼는 감정이죠.

그런데 대부분의 사람들은 이 둘을 합쳐서 "아, 나 정말 이것 때문에 힘들어, 불편해"라고 말합니다. 실제로는 전혀 다른 방식으로 우리 안에 생겨나는 두 종류의 부정적인 감정인 불편함과 상실감으로 인해 힘들고 어려운 겁니다. 말이라는 게 참 재밌죠.

이런 말이 있습니다. "다를 뿐이지 틀린 게 아니다." 그런데 대부분의 사람들이 다른 것과 틀린 것을 뭉뚱그려 '틀리다'라고 말하곤 합니다. 이렇게 단어를 혼동하면 다양함을 인정해야 될 때 잘못된 결론이나 어리석은 결론에 도달할 수 있죠. 다른 것은 '다르다'라고 얘기하고 틀렸을 땐 '틀렸다'

라고 얘기해야 그다음에 어떻게 행동하고 말해야 하는지 정확하게 결정할 수 있습니다. 따라서 불편함과 상실감은 각기 다르게 구분해서 써야 합니다.


## 불편함과 상실감을 구분해야 하는 이유


불편함은 무언가 안 좋은 일이 나에게 일어났을 때 느낍니다. 아무리 사소한 것이라도 시간이 지날수록 커지는 경향이 있죠. 무엇보다 불편함이라는 건 그 원인을 제거해야 없어지는 감정입니다.

가장 대표적인 예로 내 신발 안에 들어 있는 작은 돌을 떠올려보세요. 내 발의 크기나 내 몸의 질량과 비교했을 때 천분의 일, 만 분의 일도 안 되는 말 그대로 '작은' 돌입니다. 제가 군대에서 행군을 할 때였습니다. 전투화 속에 작은 돌 하나가 들어간 적이 있어요.

행군을 시작함과 동시에 그 작은 돌 때문에 걷기가 불편했죠. 자꾸만 이 돌에 신경이 쓰였고 제 마음과 생각을 지배했습니다. '거리를 좀 좁혀라', '옆 사람과 앞 사람 대열에 간격을 맞춰라' 이런 지휘관의 명령이나 지시사항이 제 머릿속에 하나도 들어오지 않을 정도였어요.

이후 10분간 휴식 시간이 주어졌을 때, 저는 그 시간을 전부 돌을 찾는 데 써버렸습니다. 돌을 뺀 뒤로 갑자기 날아갈 것 같은 기분이 들고 세상 모든 것으로부터 해방된 듯, 자유로움이 한꺼번에 밀려오면서 문득 이런 생각이 들었습니다. '이 작은 돌이 무엇인데, 한 시간 행군을 그토록 고통스럽고 불편하게 만들었을까?'

불편함이란 바로 이런 겁니다. 작은 일이라 하더라도 계속해서 일어나고 있다면 우리는 그 일에 모든 생각이 집중되어 다른 어떤 일이나 생각을 하는 데 에너지를 쓰기가 어려워지죠. 정말 재밌게도 우리가 불편하다고 얘기하는 대부분이 이렇게 작은 것들입니다.

한 가지 더, 앞서 제가 전투화 속의 돌을 되도록 아주 빠른 시간 내에 꺼내려 했다는 사실에 주목해주세요. 불편한 상태로부터 벗어나려 할 때 가장 중요한 건 '시간'입니다. 불편해졌을 땐 그 즉시 움직여야 합니다. 아무리 좋은 해결 방식이라고 해도 긴 시간이 지난 다음은 불편함을 해소하기에 효과적이지 않습니다.

또 하나의 예를 들어보겠습니다. 내가 잠을 자고 있는데 불빛이나 어떤 소리가 나를 불편하게 만든다면 어떻게 해야 할까요? 일어나서 어떻게든 그 불빛을 차단하고 소음을 제거해서 잠을 청해야 합니다. 그럴 수 없는 상황이라면 안대를 하거나 귀마개라도 찾아서 이런 방해 요소들을 없애야 합니다. 그렇지 않으면 나의 수면 상태는 엉망이 될 것이고, 다음 날 하루 종일 피곤해서 예민한 상태로 더 큰 불편함에 시달리고 맙니다. 따라서 무언가를 시작하기 전에 사소한 불편함을 그냥 참고 해결을 미룬다는 건 과도하게 낙관적인 행동일 수 있습니다.

하지만 상실감은 좀 다르죠. 팬데믹 때문에 불편함을 느끼고 어려움을 토로한다고 하지만, 사실 상당수는 상실감에서 비롯되는 감정입니다.

저는 퇴근 후 친구들과 함께 소소하지만 맛있는 안주 한 접시를 놓고 술 한잔 마시기를 즐깁니다. 그런데 팬데믹으로 인해 제가 좋아하고 제게는 무척 소중한 시간들을 잃어버렸죠. 잃어버렸다기보다는 빼앗겼다는 느낌이 듭니다. 일을 마치고 집으로 돌아가는 길이 늘 마냥 즐거웠는데, 이제는 퇴근시간이 기다려지지도 않고 이전보다 활기가 없어졌습니다. 네, 저는 불편함이 아니라 상실감을 느꼈습니다.

상실은 말 그대로 잃어버린 거죠. 빼앗긴 겁니다. 우리는 아주 좋아하는 소중한 일이나, 더 중요하게는 사람을 잃을 때 쉽게 상실감에 빠져듭니다.

또한 상실감은 다시 가져야 하는 것, 즉 빈 곳을 채우면서 스스로를 다독일 수 있는 감정이에요. 사실 불편함과는 정반대의 감정이랄 수 있습니다. 심리학에서 '불안'의 반대는 '안도'이고 '슬픔'의 반대는 '행복'입니다. 내가 지금 상실감으로 슬픔을 느끼고 있다면 어떤 식으로든 내가 좋아하는 걸 찾아서 빈자리를 채워야 합니다.

그렇다면 내가 정말 사랑하는 것, 좋아하는 것, 소중한 것을 빼앗긴 빈자리는 어떻게 채우면 좋을까요?

인간은 사람을 사랑할 수도 있고, 일을 사랑할 수도 있고, 어떤 대상을 사랑할 수도 있습니다. 인간이 의미를 부여할 수 있는 대상은 정말 많아서, 상실감을 느낀다 하더라도 충분히 다시 마음을 채울 수 있습니다.

다만 이때는 차근차근 채우는 게 중요합니다. 내가 사랑하는 사람을 잃었다면 또 다른 누군가나 동물이나 좋아하는 일로 마음을 채우되, 일시적이거나 단번이 아닌 조금씩 채워나가는 지혜가 필요합니다. 상실감을 느끼고 있을 때 서두르면 더 큰 실수를 하게 될 가능성이 크기 때문이에요.

불편함과 상실감을 구분하는 가장 중요한 관점은 속도와 시간입니다. 이 두 가지를 구분해서 잘못된 요인을 즉시 제거하고 어떤 일을 하거나, 천천히 여유를 가지면서 작은 일을 계속해나가는 것이 무엇보다도 중요합니다.

만약 오랫동안 사랑했던 사람의 공백을 서둘러 다른 사람으로 채우려 한다면 어떻게 될까요? 내가 새로운 사람에게 빨리 다가가려 할수록 관계가 좋아질 수도 있지만, 반대로 그만큼 상대방이 부담을 느끼고 좋은 관계로 발전하지 못할 수도 있겠죠.


## 인간은 왜
## 불편함과 상실감을 혼동할까


3년 동안 열렬히 사랑한 연인과 헤어진, 오래전 제 친구 B군이 있습니다. 떠나간 사람은 아무리 애걸복걸하며 구애를 해도 돌아오지 않아요. 이제는 다른 무언가로 채워야 합니다. 그 사람으로 채울 수 없다는 건 자명하죠. 그런데 여기서 흥미로운 점은 빈 마음을 어떻게, 무엇으로 채우느냐에 따라 B군이 정말 상실을 겪은 것인지 아닌지 알아볼 수 있다는 겁니다.

이별 후 속상하고 괴로운 밤을 보낸 B군, 다음 날 어떻게 했을까요? 제게 전화해 소개팅을 잡아달라고 했어요. 저는 깜짝 놀라 물었습니다. "3년이나 좋아하다가 헤어졌는데 어떻게 그다음 날 소개팅을 시켜달라고 하냐?" "사랑은 잃어버리면 다른 사랑으로 채우는 거야. 난 새로운 사랑을 원해.”

B군이 드라마를 많이 보기는 했어요. 그런데 드라마에 나오는 '사랑은 사랑으로 채우는 거야. 떠나간 사랑은 새로운 사랑으로 채우는 거라고'라는 대사에는 한 가지 빠진 게 있습니다. 바로 '시간'이에요.

원래 인간의 행동 동기 중에는 안 좋은 것으로부터 벗어나고자 하는 '회피 동기'와 좋아하는 것에 가까워지려는 '접근 동기'가 있습니다. 심리학자들은 회피 동기가 접근 동기보다 더 빠른 시간 안에 문제를 해결하기 위한 욕구이자 동기라고 말합니다. 따라서 무언가에 불편해하는 상대방에게 가장 위안이 되는 말은 '이 문제를 우선적으로 빠른 시간 내에 해결하겠다'는 것이죠.

B군은 헤어진 다음 날 소개팅을 통해 다른 사랑으로 빈자리를 채우려 했습니다. 이건 연인을 사랑하는 마음보단 그 사람이 없어서 느껴지는 불편함과 그 상황을 도저히 받아들일 수 없는 마음이 더 크다고 봐야 합니다. 결국 B군이 연인을 위할 땐, 접근 동기에 의해서가 아니라 회피 동기에 의해서 움직였던 거죠.

만약 정말 B군이 상대를 접근 동기 차원에서 사랑하고 소중한 존재로 생각했다면 그 사람이 떠나갔을 때 어느 정도 시간이 지난 다음에야 다른 사람으로 채워나갈 수 있는 마음이 생기겠죠. 마음 아픈 이야기지만 그 사람을 이해하거나 용서하려는 시간조차 갖지 않았다는 건 상대를 생각하는 B군의 마음이 상실감이 아닌 불편함을 느낄 수준이었다는 겁니다. 또한 핵심은, B군 스스로도 자신의 감정을 제대로 알지 못했다는 점이죠.

원래 불편함은 굉장히 물리적인 것입니다. 사람이 불편함을 느끼면 신체적이고 생리적인 반응이 나옵니다. 상실감은 추상적인 것이어서 정신적인 반응이 나타날 가능성이 높고요. 그럼에도 불편함과 상실감을 혼동한다는 건 그리 이상한 일이 아닙니다. 우리 뇌가 두 경우를 잘 구분하지 못하기 때문이죠.

UCLA의 나오미 아이젠베르거Naomi Eisenberger 교수와 켄터키대학교 네이선 디월Nathan Dewall 교수가 오랫동안 해온 연구들을 보면, 사랑하는 사람을 잃었을 때나 누군가와 갈등을 겪는 등의 감정적 고통을 겪을 때 우리 뇌는 신체적·물리적으로 고통을 겪을 때와 같은 부분이 작동한다고 합니다. 전측 대상회 피질Anterior Cingulate Cortex이라고 하는 이 영역은 전두엽 한가운데서 통증에 관여하며, 다쳤을 때와 마음이 힘들 때 두 경우 모두 이 영역이 활성화된다는 것입니다.

게다가 겉만 보면 불편함과 상실감은 다른 두 종류의 감정이고 다른 방식으로 해결해야 하지만, 알고 보면 상실감은

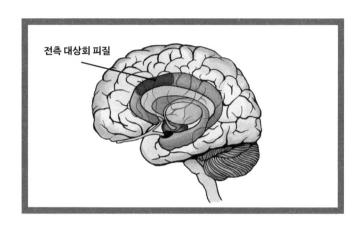

전측 대상회 피질

불편함을 상당 부분 포함하고 있기도 합니다. 그래서 상실감에 괴로워하는 사람에게 이런 조언을 하기도 하죠. "사랑하는 사람과 헤어졌을 때도 몸이 다친 것과 마찬가지다. 그러니 일단 잘 먹고 잘 풀고 잘 자야 된다."

　일리 있고 중요하면서도 즉각적인 조치입니다. 아무리 상실감으로 힘들어도 기본적으로 일차적 불편함은 있기 때문이죠. 하지만 그렇다고 해서 사람 때문에 겪는 상실의 고통을 오로지 진통제나 몸을 편안하게 해주는 것만으로 해결할 수는 없어요. 앞서 말했듯이 불편함은 그 불편함을 즉시 제거하는 조치로 끝날 수 있지만, 상실감에는 더 중요하고 무언가 근본적인 행동들이 필요하기 때문이죠.

## 지금 나의 감정을 잘 모르겠다면
## 잠시 멈출 것

그렇다면 내가 지금 겪고 있는 감정이 상실감일까요, 불편함일까요? 그것을 어떻게 알 수 있을까요?

이럴 때는 잠시 어떤 행동도 하지 않고 가만히 나를 놔둘 필요가 있습니다. 가장 중요한 건 말을 잠시 멈춰야 해요. 어떤 것으로부터 안 좋은 감정을 느낄 때는, 말을 멈추고 우리가 느끼는 감정의 종류가 무엇이며 얼마만큼 나를 힘들게 만드는지 알아야 합니다.

말이라는 게 참 독특하죠. 컬럼비아대학교 심리학자 토리 히긴스Tori Higgins는 많은 사람들의 공감을 불러일으키는 아주 중요한 말을 했습니다. "Saying Is Believing." "사람들은 자신이 말하는 것을 믿는다"라는 거예요. 우리는 믿을 만한 것을 이야기하고 그것에 대해서 논의하는 듯 보여도 꽤 많은 경우에 말하는 대로 믿습니다.

심지어 존재하지 않는 단어도 열 번만 반복하면 원래 세상에 존재하던 단어로 생각할 수 있습니다. 저는 언젠가 학생들에게 사전에 없는 '깨꾸'라는 단어를 매일매일 쓰게 했습니다. 학생들은 일주일 동안 매일 열 번씩 '깨꾸, 깨꾸'라고 장난스럽게 계속 말했고, 열흘이 더 지나자 '깨꾸'라는 단어가 정말 있는 것 같다고 생각하기 시작했습니다.

이렇게 말은 생각을 지배할 수 있습니다. 그렇기 때문에 내가 안 좋은 감정을 느낄 땐 잠시 침묵할 필요가 있습니다. 말에 의해 감정이 정의되고, 더욱이 안 좋은 감정이라면 그 감정을 느끼는 정도가 배가 될 수 있기 때문이에요.

일화를 들어볼까요? 제가 제 아내의 어떤 행동 때문에 무언가 불편했던 경험입니다.

저는 한동안 컴퓨터로 작업하고 있을 때 아내가 "나중에 하고 밥 먹어, 여보" 하며 흐름을 끊을 때마다 은근히 스트레스를 받아왔습니다. 시간이 지나면서 이런 일이 반복되자 하루는 결국 화가 났어요. 그날 바로 친구와 소주 한잔하면서 아내에 대한 불편함을 친구에게 토로하기 시작했습니다. 단도직입적으로 말하자면 아내의 험담을 했습니다.

그런데 친구와 대화를 어느 정도 하고 나니 스스로 깜짝 놀랄 만한 결론에 도달했습니다. 저는 제가 느끼는 불편함을 정당화하기 위해 이야기에 점점 더 살을 붙이고 있었던 겁니다. 제 친구가 하필이면 공감에 능한 데다 수용적이고 협조적인 친구였거든요.

사소한 불편함을 토로하는데 친구가 호응을 잘 해주다 보니, 한 시간쯤 지나자 제 아내는 악마가 되었고 더 이상 같이 살 수가 없는 여자로 그려져 있었습니다. 한마디로 상황을 증폭시켜버린 것이죠.

불편함이 계속되면 분노가 오거든요. 상실감도 계속되면 극단적 슬픔에 빠지면서 분노로 이어지기도 합니다. 이런 감정이 들수록 이제 나를 봐야 합니다. 이러이러한 일을, 내가 왜 이런 감정으로, 이만큼 느끼고 있는가를 봐야 합니다. 그런데 저는 그 불편함을 느끼자마자 제 친구와 소주를 한잔했고, 말을 내뱉으면서 감정의 종류는 제대로 알 수 있었을지 몰라도 정도는 훨씬 크게 받아들인 거예요.

반대의 경우도 있습니다. 말이 감정의 종류 자체를 헷갈리게 만드는 거예요.

사랑하는 사람이 떠나간 B군 이야기를 다시 해볼까요? B군은 친구 K군과 술을 마시며 사랑하는 사람과 있었던 일을 회상하고 괴로워하며 흥분해 있습니다. 그렇다면 B군을 위로해주는 K군이 느끼는 감정은 뭘까요? 상실감이 아니라 불편함을 느끼겠죠. 친구가 옆에서 너무도 괴로워하니까요. 따라서 절친한 친구로서 B군을 돕기 위해 가장 즉각적으로 해줄 수 있는 조치로 다른 사람을 빨리 소개해줘야겠다는 결론에 이를 수도 있겠죠. B군의 괴로움을 제거하고 K군 자신의 불편함을 없애기 위해서 말입니다.

문제는 덩달아 B군 역시 스스로 지금의 감정을 상실감이 아니라 불편함으로 착각할 수 있다는 거예요. 앞선 경우처럼 충분한 시간을 갖지 못한 채 새로운 사람을 찾게 되는 잘못된 판단에 이르게 돼요. 그래서 심리학자들이 불편함을 느끼든 상실감을 느끼든, 잠시만이라도 멈춰서 말을 아껴보라고 조언하는 겁니다.

## 상실과 혼란의 시대를
## 현명하게 사는 법

이 모든 건 우리가 못나서도 아니고 지적능력이 떨어지기 때문도 아닙니다. 오히려 우리가 아주 지혜로운 사람이고, 완성되고 전형적인 인간이기 때문에 일어나는 현상이죠.

네덜란드의 철학자 바뤼흐 스피노자Baruch de Spinoza가 이런 말을 했습니다. 좀 어려운 말이지만 그대로 한번 옮겨보겠습니다. "인간은 무의식적 욕구와 부적합한 인식으로 인해 부적합한 표상 체계의 지배를 받으면서 정념과 영혼의 동요, 더 나아가 착란 현상까지 겪는 구체적인 욕망 주체다."

좀 쉬운 말로 바꿔보겠습니다. "인간은 자기 욕구의 강도를 인식할 수는 있지만 그 욕구의 출발점과 이유를 인식할 수 있는 능력은 굉장히 떨어진다." 여전히 좀 어려울 수도 있 겠지만 다시 한 번 쉽게 풀이해보면 이런 뜻이 됩니다. 우리 인간은 내가 지금 어떤 욕구가 있다는 걸 압니다. 10점 만점 에 9점 혹은 9.5점짜리 굉장히 강한 욕구를 가지고 있다는 건 알아요. 문제는 그게 무엇인지 정확히는 모른다는 겁니 다. 내가 뭔가를 얼마나 하고 싶은지는 알아도, 내가 뭘 해야 하는지 잘 모른다는 거예요.

그래서 종종 배가 고픈 사람은 내가 식욕이라고 하는 강 한 욕구를 가지고 있는 걸 알지만 그 식욕의 실체를 정확히 모르니 쇼핑으로 푸는 거예요. 배고픔을 해결하는 데 아무 상관이 없는 충동구매를 많이 하게 된다는 겁니다. 사랑하 는 사람을 잃었다고 술과 음식을 계속해서 채워 넣는 폭식이 나 폭음도 마찬가지죠.

불편함과 상실감을 구별하지 못하는 전형적인 상황이 이런 순간입니다. 인간은 왜 이런 무의식적 욕구와 부적합한 인식 의 지배를 받고 있을까요?

절묘한 이유가 있습니다. 우리의 욕망을 여러 가지 것으 로 채우며 살아가기 위해서예요. 한 가지에 만족하며 살아 가지 않고 다른 것들로 욕망을 다양하게 채워서 만족의 빈 도를 높이기 위한 전략이죠. 열등한 동물, 지적능력이 떨어지는 동물일수록 자신이 지금 얼마나 강하게 욕망하는지, 무엇을 어떤 방향으로 욕망하는지 단순하고 정확하게 인식할 수 있습니다.

그래서 반려동물들의 사료를 바꾸기가 어렵습니다. 주인을 바꾸기도 굉장히 어렵죠. 동물들은 무언가에 대해서 욕구가 생기면 그것 외에 다른 방법으로 욕구를 해결하지 못하는 경우가 굉장히 많아요. 일부 학자들은 동물들이 이런 이유 때문에 일찍 죽는다고 얘기합니다.

반면 우리 인간은 긴 시간을 살아가면서 무언가를 분명 사랑하지만 그 대상을 잃었을 때 다른 것으로 채워 넣을 수 있습니다. 이런 행동이 다소 간사해 보이고 갈대처럼 줏대 없어 보이지만요. 이것은 욕구의 강도는 인식할 수 있어도 욕구의 출처나 진행 방향을 혼동하는 시스템이 구현된 거예요. 이것은 우리 인간의 특징입니다. 물론 그 특징을 남용하기 시작하면, 아주 이기적이거나 아니면 줏대가 없거나 심지어 매국노가 되기도 하지요.

시스템을 제대로 볼 수만 있다면 우리는 훨씬 더 원만하게 살 수 있고, 이 세상에서 여러 방향으로 불편함과 상실감을 만들어내는 일들로부터 지혜롭게 빠져나올 수도 있습니다. 계속해서 강조하지만, 우리는 시스템을 제대로 보기 위해서 말을 아끼고 멈춰 서서 잠시 나를 돌아봐야 할 필요가 있습니다.

지금 팬데믹으로 인해 어떤 감정을 느끼고 있나요? 불편함이 느껴지나요? 그것은 사실 상실감일 수도 있습니다. 감정을 잘 모르겠다면 잠시 멈추세요. 감정을 제대로 알아야 적절한 방법을 취할 수 있습니다. 잊지 마세요. 불편함이라면 원인을 찾아 바로 제거하고 상실감이라면 빈자리를 무언가로 '천천히' 채워 넣어야 합니다. 그래야 우리는 모두 상실과 혼란의 시대를 현명하게 살아갈 수 있습니다.

# 가족이 불편한 당신,
# 당신이 이상한 게 아닙니다

요 1~2년 사이 집에 있는 시간이 많이 늘어났죠. 저도 마찬가지입니다. 집이 이렇게 많은 시간을 보내는 공간이 될 줄은 저 역시 꿈에도 몰랐습니다.

분명한 건 앞으로도 집에서 보내는 시간이 팬데믹 이전처럼 줄어들지는 않을 거라는 겁니다. 그 이유는 우선 이런 전염병의 세계적 대유행의 주기가 점점 짧아지고 있기 때문입니다. 한편으로 많은 기업과 직장은 물론 대외 활동들이 적정한 수준에서 온라인으로 전환되는 추세가 이제 완연해졌습니다. 온라인 방식의 장점도 우리가 잘 인식하게 되었죠.

집에 있는 시간이 늘어나면서 자연히 가족과 함께 있는 시간도 늘어났습니다. 팬데믹 이전에는 그런 시간이 더 많아지면 좋겠다고 추상적으로만 생각했는데 막상 그렇게 되니 늘 좋기만 한 건 아닙니다. '가족끼리 있는데 왜 불편하지?' '세상에서 제일 편한 게 가족 아닌가'라고 생각할 수 있지만, 분명 불편하고 힘든 순간들이 있죠. 저도 마찬가지입니다. 여러분 중에도 틀림없이 그렇게 느끼는 분들이 있을 거예요.

## 팬데믹으로 함께 있는 시간이 길어져 불편해진 가족 관계

가족은 나와 가장 가까운 사람들입니다. 그런데 가족과 함께 보내는 시간이 왜 불편할까요? 또 앞으로 여러 이유에서 가족과 함께 보내는 시간이 늘어날 텐데, 그럼 이 불편함을 어떻게 해결해야 할까요?

먼저 한 가지 짚고 넘어가겠습니다. 가족과 함께 있으면서 불편한 감정이 생긴다는 건 결코 이상한 게 아닙니다. 우리에게 또는 가족끼리 무슨 문제가 있기 때문에 가족과 함께 보내는 시간이 불편한 게 아니라는 거죠. 영국의 한 조사에 따르면, 부부가 함께 보내는 시간이 팬데믹 이후 하루 평균 90분에서 15시간 이상으로 늘어났다고 합니다. 엄청나게 많

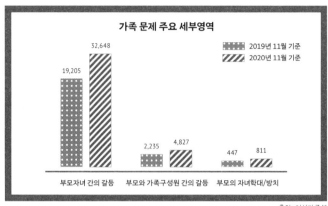

**가족 문제 주요 세부영역**

2019년 11월 기준
2020년 11월 기준

| | 부모자녀 간의 갈등 | 부모와 가족구성원 간의 갈등 | 부모의 자녀학대/방치 |
|---|---|---|---|
| 2019 | 19,205 | 2,235 | 447 |
| 2020 | 32,648 | 4,827 | 811 |

출처: 여성가족부

이 증가한 거죠.

　이처럼 가족들이 함께 지내는 시간이 늘면서 미국이나 영국 같은 경우는 '코로나 이혼'이라는 신조어가 생길 정도로 실제로 가정폭력이나 아동학대 등 가정 문제가 증가했다고 합니다. 우리나라의 경우에도 청소년사이버센터를 통한 청소년상담이 코로나가 발생한 이후 30% 이상 늘었고, 그중 가장 많이 늘어난 상담 분야가 바로 가족 문제로 무려 70%나 증가했다고 합니다.(《연합뉴스》 2020년 12월 17일 자)

　가족과 함께 있는 시간이 많아져서 불편한 건 단지 몇몇 사람의 문제가 아니란 뜻이죠. 많은 사람이 비슷한 고민을 안고 살아간다는 거예요. 왜 그럴까요? 이런 문제로 힘들어하는 분들께 제가 꼭 드리는 말씀이 있습니다. 가족도 '타인'

입니다. 아무리 가까운 사이라도 나 자신이 될 수는 없습니다. 엄연한 타인이에요. 우리가 타인을 대할 때 무엇이 필요하죠? 바로 예의와 격식입니다.

생각해보세요. 단순히 가족과 같이 있는 시간이 많아져서 불편하고 갈등이 생겼다면, 왜 사무실에서 8시간 이상 함께 일하는 동료들과의 사이에서는 그만큼 불편을 느끼지 않았을까요? 바로 내가 그 사람을, 그리고 그 사람도 나를 서로 불편하게 만들지 않을 만큼 예의와 격식을 차리거나 일정 정도 거리를 두기 때문입니다.


## 가족끼리 왜 이래?
## 가족 간에도 격식이 필요하다

이 예의와 격식이 핵심입니다. 바꿔서 얘기하면, 가족끼리 붙어 있는 시간이 늘어나서 불편한 게 아니라 늘어난 시간만큼 가족끼리 서로에게 보여주는 격식 없음, 다른 말로 무례함이 증가했기 때문인 것이죠. 만약 그 시간이 5배 늘어났다면 무례함도 똑같이 5배만큼 증가했을 가능성이 큽니다. 가족 사이에 격식이 없어서 불편하다니, 무례함 때문에 불편하다니… 말도 안 된다고요? 안타깝게도 이것은 부인할 수 없는 사실입니다.

나와 가장 가깝고 소중한 존재들이 바로 가족이죠. 하지만 그렇기 때문에 나에게 상처가 되는 말을 하거나, 나에게 가장 무례할 수 있는 사람도 가족입니다.

너무 사랑하고 좋아서 결혼을 했는데, 부부의 연을 맺고 같이 살아보니 상대가 집에서 보이는 행동이나 입고 있는 옷을 보고 환상이 무너졌다는 얘기들을 많이 합니다. 그런데 정말 환상이 깨진 걸까요? 아닙니다.

결혼 전에 두 사람은 엄연히 타인이었습니다. 그래서 결혼하기 전에는 여러 측면에서 예의를 지키죠. 특히 결혼 전에는 상대와 거리가 멀어질까 봐 염려하기 때문에 더 깍듯하게 격식을 차리고 어느 정도 배려도 합니다. 하지만 가족이 되는 순간, 서로가 가족이라는 단어의 울타리에 들어오는 순간, '이 사람도 나다, 나도 이 사람이다'라고 생각하면서 예의와 격식을 전혀 지키지 않아도 되는 관계라고 착각하기 쉽습니다.

가족들끼리 주고받는 말을 한번 곰곰이 생각해보세요. 어떤 가족이든, 나중에 이런 얘기를 타인에게 하면 큰일 난다 싶을 정도의 말들을 너무나도 아무렇지 않게 많이 주고받습니다.

"넌 뭐 그런 쓸데없는 생각을 하냐?" 이런 말은 친구끼리도 거의 하지 않습니다. 직장에서라면 더더욱 이런 말을 했다가는 큰일이 날 수도 있죠. 가족 간에 외모를 비하하는 말들을 보면 정말 놀라운 수준입니다. "넌 왜 그렇게 못생겼니, 다음 생에 다시 태어나라." "누가 봐도 너는 정말 못난이다." 부부 사이는 물론이고 부모자식 간에도 이런 얘기들을 쉽게 합니다. 가끔 이런 얘기도 하죠. "그거 하나 똑바로 못 하냐." 요즘 같은 세상에 직장에서 이런 말을 했다가는 심한 경우 직장 내 괴롭힘 방지법에 의해 고발을 당할 수도 있습니다.

텍사스대학교 진화심리학자 데이비드 버스David Buss는 왜 수많은 사람들이 자기 배우자에게 절대로 해서는 안 될 외모 비하 발언이나 능력 비하 발언을 그렇게나 많이 할 수 있는지 연구해본 적이 있습니다. 연구 결과, 그들 스스로도 그런 말을 제3자나 아니면 전혀 다른 사람이 배우자에게 했을 때 당연히 고소를 당할 수 있다는 사실을 잘 알고 있었습니다.

그런데도 어떻게 그런 말을 서슴지 않고 할 수 있을까요? 사람들은 '가족이니까 아무리 심한 말을 해도 나를 떠나지 않을 것이고 나를 버리지 않을 것'이라고, 너무나도 자연스럽게 가정하기 때문에 서로에게 상처 주는 말을 한다는 것입니다.

하지만 그런 예의 없는 말을 함으로써 가족들에게 자신이 떨어져 지내고 싶은 사람이 되고 있는 건 아닌지 한번쯤 고민해볼 필요가 있습니다. 그렇다고 해서 가족끼리 외교사절이라도 만난 것처럼 안녕과 평화를 기원하는 격식 차린 수사를 사용하라는 건 절대 아닙니다. 우리 인간은 흔히 '넛지'라고 하는 아주 작고 사소한 조치나 배려로도 원만한 관계, 좋은 관계를 유지하는 것이 얼마든지 가능합니다.

## 팬데믹 시대, 가족 갈등 현명하게 피하는 법!

그렇다면 가족과 긴 시간 한 공간에 함께 있으면서 생기는 여러 불편함과 갈등을 피할 수 있는 좋은 방법은 뭘까요? 크게 3가지로 이야기해보겠습니다.

첫 번째는 바로 '옷'입니다. 일단 집에서 옷을 불편하지 않을 정도로, 약간만 더 갖춰 입어보세요. 저도 목이 완전히 늘어난 티셔츠를 집에서 많이 입습니다. 제 딸은 3주 연속 같은 옷을 입기도 하더라고요.

팬데믹 이전이라면 평소에 가족끼리도 다 늘어난 티셔츠나 거의 씻지 않은 모습을 몇 시간만 보면 됩니다. 몇 시간이니까 조금만 참으면 됩니다. 하지만 이제 상황이 달라졌죠. 5시간, 10시간을 계속 함께 지내야 합니다. 우리는 이 긴 시간 동안 너무나도 많은 불편함을 겪게 됩니다.

직장에서 함께 일하는 사람들과의 사이에서는 왜 불편함을 덜 느끼고 짜증이 덜 나는지 아십니까? 바로 옷차림 때문입니다. 직장에서는 집에서 입는 편한 옷이 아니라, 때와 장소에 맞게 서로 옷을 갖춰 입습니다.

그렇기 때문에 사람을 대하는 태도나 주고받는 말 역시 예의와 형식을 갖춰야겠다는 자세를 가지게 됩니다. 정장을 입은 사람들끼리 멱살을 잡거나, 멋진 이브닝드레스를 입은 사람들끼리 험한 말을 주고받는 경우는 아마 별로 없을 겁니다.

덧붙여 말하자면 겨울보다는 옷을 덜 갖춰 입는 여름에 상대방의 행동에 짜증을 더 많이 내게 됩니다. 따라서 아무리 냉방이 잘되는 공간이라 하더라도, 더위 자체로 인한 스트레스가 크지 않더라도 상대방이 옷을 잘 갖춰 입지 않았을 때, 마찬가지로 나도 옷을 잘 갖춰 입지 않았을 때 우리는 더 많이 싸우게 됩니다.

재밌는 사실은, 옷을 제대로 갖춰 입게 하면 원래 자기 본성이 공격적이고 무례하더라도 이를 잘 억제하더라는 겁니다. 이 정도면 옷이 얼마나 중요한지 더 설명하지 않아도 충분할 거라 생각합니다.

가족과 같이 있는 시간이 많아질수록 힘든 순간도 많아진다면 옷차림부터 바꿔보세요. 사소한 일일 수도 있고, 어쩌면 귀찮고 다소 불편한 일일 수도 있지만 가족과 함께 있는 시간이 많아질수록 이러한 변화가 중요합니다.

둘째, 가족과 같이 있는 시간이 많아질수록 일상적으로 하는 공동생활에 관한 계획표를 짜야 합니다. 예를 들어 오늘은 뭐하자, 오늘 저녁은 무엇을 먹자, 내일 아침은 언제 먹자 같은, 공동생활의 계획 말입니다.

직장에서 상사가 나를 배려하지 않는다거나 괴롭힌다는 느낌을 언제 가장 많이 받습니까? 바로 시도 때도 없이 나를 부를 때죠. 그런데 이 '시도 때도 없다'라는 말에는 '자주'라는 뜻보다 '예측할 수 없다'라는 뜻에 더 무게가 실려 있습니다.

상사가 갑자기 나를 부르더니 '이거 해'라고 한다면 어떨까요? 전혀 예측할 수 없는 상황에서 불쑥 나에게 업무 지시나 명령을 해서, 내가 지금까지 해왔던 일이나 하고 있던 일의 스케줄을 꼬여버리게 만드는 상사가 있다면 어떨까요? 예고도 없고 계획할 수도 없게 하는 이런 사람은 나를 불편하게 만듭니다.

여기서 가족도 예외일 수는 없습니다.  팬데믹 이전에는 가족끼리 굳이 서로 예고할 필요가 없었습니다. 서로 같이 있는 시간이 적었으니까요. 그런데 요 1~2년 사이처럼 같이 있는 시간이 많아졌다면 그만큼 공동으로 무언가를 해야 하는 시간에 대한 예측이 서로 더 정확하고 구체적이어야 불편함이 없습니다.

예를 들어 오늘 아침은 언제 먹고, 점심은 몇 시에 먹고, 저녁은 무엇을 먹을까를 그날 당장 정하지 말고, 그 전날 한번 얘기해보세요. 바꿔 말하면 내일 몇 시에 무엇을 하겠다는 얘기를 미리 하는 거죠. 나는 집에서 일을 하고 있는데 갑자기 밥을 먹자거나, 좀 쉬고 싶은데 청소를 하자거나, 이렇게 계획 없이 예상하지 못한 일을 하자고 할 때 우리는 짜증을 내게 됩니다.

이 부분은 특히 사춘기 자녀를 대할 때 매우 중요합니다. 사춘기 자녀들이 가장 중요하게 생각하는 게 뭔가요? 자신을 사회적으로 독립된 자아로 인정해주는 겁니다. 그래서 사춘기 자녀들에게는 미리 예고를 하는 것이 더 중요합니다. 자녀가 사춘기 이전이라면 갑자기 아이의 방문을 여는 것이 그렇게까지 크게 문제될 일은 아닙니다. 사실 아이가 방문을 닫고 있는 일도 드물죠.

하지만 독립적이고 자의식이 생기기 시작하는 사춘기에 부모의 이런 행동은 아이를 공격적으로 만듭니다. 노크를 하고 들어가는 건 괜찮지 않느냐고요? 아닙니다. 노크도 결국 5초 후에 문을 열겠다는 얘기잖아요. 5초라는 시간은 예고를 하기에는 충분치 않은 시간이니, 이 역시 예고되지 않은 것과 마찬가지입니다.

저는 아이에게 가끔 이렇게 장난스러운 예고를 하기도 합니다. 생각보다 훨씬 전에 예고를 하는 거죠. '내일 오후 2시에 아빠가 방문을 열 거야.' 여기서 포인트는 말로 하는 게 아니라 카톡으로 보내는 겁니다. 그러면 아이가 웃습니다. '그걸 왜 벌써 얘기해?' 그럼 저는 이렇게 답장을 보내죠. '내일 오후 2시에 혹시 까먹을까 봐.'

제 딸이 이 예고를 기억하고 있다면, 아마 딸아이는 다음 날 오후 1시 반쯤부터 아빠가 방에 들어올 것에 대비해 뭔가를 하기 시작할 겁니다. 저에게 트집 잡힐 만한 물건들을 치운다거나, 하던 게임을 마무리한다거나 하면서 어쨌든 마음의 준비를 할 겁니다. 한집에 살면서 무슨 카톡으로 이런 예고를 하는가, 좀 지나친 장난이라고 생각하는 분들도 있을 겁니다.

재미있기도 하고 다행이기도 한 것은, 이렇게 긴 예고를 받은 제 딸이 친구들과 이 이야기를 하면서 아빠 장난이 재미있다고 말하더란 사실입니다. 여기서 강조하고 싶은 것은 무엇이든 서로 더 많이, 더 길게 여유를 두고 예측할 수 있게 해주는 계획표가 필요하다는 겁니다.

계획표가 잘 짜여 있으면 생활이 힘들고 괴롭더라도 앞으로 어떤 일이 벌어질지 모를 때보다는 훨씬 잘 버텨낼 수 있습니다. 예컨대 군대 생활이 그렇습니다. 군대 생활은 고된 훈련의 연속이지만, 그럼에도 대부분의 사람들이 버텨낼 수 있는 것은 정확하게 짜인 계획표 덕분입니다. 지휘관이 이 계획이나 규칙을 수시로 깬다면 아무리 마음씨 좋고 너그러운 지휘관이라도 병사들이 버텨내기 힘들 겁니다.

가족에 관한 이야기를 하면서 한 가지 생각해볼 필요가 있는 것이 바로 '식구食口'라는 말입니다. 외국사람들은 한국 사회에서 가족을 뜻하는 다른 말로 '식구'라는 표현이 있다는 것을 알면 매우 흥미로워합니다. 식구란 한자에서도 알 수 있듯이 '한집에 함께 살면서 끼니를 같이 먹는 사람'이라는 뜻입니다.

그런데 어떤 말이든 오래 쓰다 보면 그 말이 오히려 행동을 지배할 때가 있습니다. 우리의 생각과 행동이 그 말로 인해 통제받거나 속박되는 경우도 많다는 말입니다. 다시 말해 '식구'라는 말뜻 때문에, '가족은 같은 시간에 밥을 먹어야 한다'고 하는 아주 재밌는 강박관념에 사로잡히는 경우를 흔히 볼 수 있습니다.

심지어 '밥을 함께 먹는 사이'이니 가족이라 할 수 있는데,

각기 다른 시간에 따로 밥을 먹으면 우리 식구한테는 문제가 있고 소위 화목하지 않은 가족이라고 생각하는 경우도 있다는 거죠. 그렇지만 논리적으로 따지자면 각기 다른 사람이 모여 있는데 어떻게 밥을 먹고 싶은 시간이 다 똑같을 수 있겠습니까? 누구는 배가 고프지만 누구는 배가 고프지 않을 수도 있잖아요. 그렇다면 하루에 한 번쯤은 자기가 먹고 싶은 시간에 밥을 먹어도 되지 않을까요?

물론 식사 준비나 설거지에 필요한 노동의 양이 늘어나지 않는다는 전제조건 하에 하는 얘기입니다. 아이들에게 "먹고 싶을 때 네가 알아서 꺼내 먹고 알아서 치워"라고 했더니, 처음에는 자기가 직접 차리고 설거지도 해야 한다는 생각에 싫어했던 녀석들이 한번 해보더니 반응이 나쁘지 않더라는 겁니다. '어 이거 괜찮은데, 하루에 한 끼쯤은 내가 먹고 싶을 때 좋아하는 걸 먹으면서 유튜브를 보는 것도 나쁘지 않은데?'라고 한다는 거죠.

더 재밌는 사실은, 이렇게 따로 밥을 먹어보면 나중에 가족이 함께 밥을 먹는 시간이 기다려질 수도 있다는 거예요. 가족이라면 무엇이든 무조건 같이해야 한다는 강박이나 고정관념에서 과감하게 한번 벗어나보세요.

가족과 긴 시간 한 공간에 함께 있으면서 생기는 여러 불편함과 갈등을 피할 수 있는 세 번째 방법은 바로 '선'입니다.

선을 넘지 말아야 합니다.

'선을 넘는다'는 말을 대개 언제 쓸까요? 상대방이 기본적으로 넘어오면 안 되는 나만의 공간, 혹은 침범하면 안 되는 나만의 시간을 침해했을 때 주로 그런 표현을 쓰죠. 사람이라면 누구나 침범당하는 것을 싫어하는 자기만의 심리적 공간이 있기 때문이에요.

눈여겨볼 현상이 하나 있습니다. '사도세자 책상'이란 것인데요. 요즘은 '스터디룸 가구'라는 이름으로 판매가 되고 있기는 합니다만, 말하자면 뒤주에 갇힌 사도세자처럼 아이를 거의 가둬놓고 공부만 시키는 것이죠. 집 안에 1인 독서실을 만든다는 취지는 좋지만, 아이의 인권을 침해할 수도 있다는 논란이 일기도 했습니다.

우리가 흔히 알고 있는 사도세자의 뒤주 사건은 역사적으로 굉장히 슬픈 일입니다. 이런 이름을 아이들이 공부하는 책상에 붙였다는 것은 그만큼 이 물건이 폐쇄적이고 고립된 느낌을 준다는 뜻으로 해석할 수 있을 것입니다. 그런데 팬데믹 이후에는 이 책상을 학생이 아닌 일반 성인이나 직장에 다니는 부모들, 혹은 전업주부들도 구매하는 경우가 종종 있다고 합니다.

재밌는 것은 이 책상처럼 갇혀 있고 고립되어 있다는 게, 다른 사람들로부터 떨어져서 오히려 자기 자신이 보호받고 있다는 느낌을 만들어낼 수도 있다는 거예요. 이런 종류의 가구들이 요즘 꽤 많이 팔리고 있다고 합니다.

왜 이런 물건들이 잘 팔릴까요? 사람들은 갑자기 왜 이런 물건들이 필요하게 되었을까요? 아무래도 '자기만의 방'이라는 공간에 대한 필요성 때문이 아닐까 합니다. 방 안에 또 하나의 방이 있는 셈이니, 안전한 느낌이 2배로 강화된다고 나 할까요? 그만큼 마음이 더 편해지고 여유가 생기면서 내가 하고 싶은 일에 더 오롯이 집중할 수 있게 되는 효과가 생기는 것이죠. 이런 선긋기는 내가 사람을 미워하거나 싫어해서 하는 행위가 아닙니다. 내가 나를 사랑하기 때문에 나를 지키고 싶은 마음에서 비롯된 행동이죠.

예전에는 초등학교에 들어가면 2인용 책상에 앉았습니다. 저는 초등학교에 다닐 때 처음에는 짝이랑 실컷 장난치고 놀다가, 3교시쯤 지나면 선을 그었던 기억이 납니다. 물론 그 선은 수년 전부터 이 책상을 써온 선배들이 계속 그어온 것이죠. 지금 기억에도 그 선은 2인용 책상을 한 치의 오차도 없이 정확히 반으로 나누는 선이었어요. 이제 초등학교에 갓 입학한 아이들이 무얼 안다고 그렇게 인정머리 없이 선을 그었을까요?

아이들은 아직 자기중심적이고 이기적인 측면이 강하기 때문에 배려심이 부족할 수 있습니다. 그렇다고 꼭 상대방을 배타적으로 대하는 마음에서 선을 긋는 것은 아닙니다. 그 이면에는 서로 넘지 않아야 될 선이 있다는 것, 즉 나를 지키고 내 사적인 공간들이 있다는 것을 알리고 싶은 마음이 있는 것입니다. 나만의 공간은 나이 불문하고 누구에게나 필요하고, 누구나 기본적으로 갈망하는 것입니다.

그러니까 아무리 가깝고 혈연으로 맺어진 가족이라 해도 각자의 공간, 자기만의 시간이 필요하다는 걸 인정하고 배려해야 하지 않을까요? 집이 작거나 방이 몇 개 없다면, 공간의 한 부분이지만 작은 영역에라도 명칭을 붙여보는 건 어떨까요?

어느 날 집에서 밥을 먹으려고 하는데 갑자기 아내가 아이들이 앉으려던 자리에 "이건 아빠 의자야"라고 말해주더라고요. 가족끼리 분란이 일어났을까요? 그렇지 않았습니다. 오히려 아이들도 "그럼 이건 내 의자야" "이건 내 의자야"라면서 다툼 없이 스스로 자기 공간을 지정하더군요.

집에는 방이라는 공간이 있고, 거기에 '누구'의 방이라고 명명하는 것이 대부분 집에서 볼 수 있는 풍경일 것입니다. 하지만 발상을 약간만 전환해서 식탁 의자 하나, 소파 한 구석, 그보다 작은 하위 공간이라도 '누구의 것'이라고 이름을 붙여줄 수 있습니다. 그렇게 그 공간에 이름을 붙이는 것만으로도, 사적 공간을 인정해주는 가족들의 배려를 서로에게

서 느낄 수 있을 겁니다. 공용 공간이라도 가족 구성원 중 특정 사람의 이름을 붙여줌으로써, 공간의 재배치 개념을 한번 실현해보는 건 어떨까요? 그렇다고 '주방은 엄마 공간이야' 라면서 고정관념으로 연결시키시는 건 피해야겠죠.

## 가까운 사이일수록
## 감사의 표시를 더 확실하게

팬데믹 시대에 가족들과 함께 있을수록 중요한 것이 한 가지 더 있습니다. 바로 '고맙다'는 얘기를 해야 한다는 것입니다. 어쩌면 사소한 일일수록 감사 표시를 하는 것이 더 중요할 수 있습니다. 이것은 앞서 소개한 몇 가지 법칙을 지키는 것보다 더 중요하면서 더 효과적일 수 있습니다.

참 재밌게도, 우리는 직장에서는 옆 부서나 옆 책상에 있는 사람이 나에게 무언가 작은 도움이라도 주면 굉장히 크게 '아이고 감사합니다' '아이고 고마워, 김대리' 이렇게 표현합니다.

그런데 여러 연구 결과들을 보면, 가족끼리 가장 하지 않는 말이 바로 '고맙다'는 말이고, 그런 말을 가장 적게 하는 대상은 가족이라고 합니다. 늘 있는 일이다 보니 너무나도 당연하게 생각하기 때문이죠. 그러나 누구에게든, 특히 가족끼리는 감사의 표현을 더 자주 더 세심하게 해야 합니다. 심리학자들의 연구 결과에 따르면, 서로 '감사하다'는 말을 주고받을 때 힘든 일을 이겨낼 수 있는 에너지가 생긴다는 것이 분명하게 관찰되고 있습니다. 저 역시 감사에 관련된 연구를 해봤는데, 엄청난 자연재해나 천재지변이 일어났을 때 자기가 무엇에 감사할 수 있는지 떠올려본 사람들은 그 에너지를 가지고 고난을 헤쳐 나갈 수 있더라고요.

그런데 왜 가족들끼리는 감사하다는 말을 잘 하지 않는 걸까요? 아마도 쑥스러워서 그럴 거예요. '고마워 여보' '고맙습니다 아빠' 이런 말을 하기가 민망하고 쑥스럽죠.

생각의 방향을 전환해봅시다. 사랑하는 사람들끼리는 서로 '애칭'을 부르죠. 다른 사람이 들으면 오글거리기 이루 말할 수 없지만, 애칭은 특별한 사이에서만 부르는 호칭임에 틀림없습니다. 가족끼리 하는 감사의 말에도 이런 애칭을 붙여보는 건 어떨까요? 쑥스러움을 이겨내는 데도 도움이 될 거예요.

꽤 오래전에 유재석 씨가 '쌩유'라고 하는 재밌는 감사 애칭을 쓰는 걸 보고 저도 학생들한테 쓰기 시작했습니다. 학생들에게 고맙다는 표현을 하기가 쑥스럽거든요. 그런데 '쌩유'라고 하면 학생들은 재밌는 농담으로 받아들이면서도 한편으로는 '아, 교수님이 나에게 감사하다는 표현을 하는구나'라고 생각할 수 있습니다.

'감사합니다'라는 표현은 너무 거룩하고 거창한 반면, 또 '완전 땡큐 베리 마치' 이런 표현은 너무 유치하죠. 다소 유치해 보일 수도 있지만, 이런 유치한 행동을 주고받을 수 있는 게 역시 가족 아니겠습니까. 그래서 저도 오글거림을 무릅쓰고 이런 표현을 씁니다.

저는 아내가 저한테 어떤 일을 해줬을 때 "조금 고마워" "다소 고마워" 이렇게 얘기합니다. 약간 역설적으로 장난스럽게 말이죠. 그러면 아내가 "아이고 고마운 건 알아가지고"라면서 슬그머니 자리를 뜨죠.

반대로 아이들한테는 아주 사소하게 잘해준 것에 대해서도 이렇게 표현합니다. "완전 땡큐 베리" "엄청 큰 감사"라고요. 그럼 아이들은 속으로 '아빠는 뭐 대단한 일도 아닌데 저렇게까지 얘기할까'라고 생각할 수도 있지만, 그렇다고 저를 정신이상자라고 보지는 않을 겁니다. 약간 '오버한다'고는 생각할 수 있겠죠. 이런 면에서는 가족이니까 제 말의 행간에 담긴 의미를 일일이 설명하지 않아도 알 수 있고, '우리 아빠가 이런 작은 일에도 고마워하는구나'라고 생각하죠.

제 딸들은 이런 장난스럽고 익살스러운 과도한 감사의 애칭에 오히려 아주 공식적인 표현으로 돌파를 시도합니다.

"아버님의 애정 어린 행동에 진심으로 감사드립니다." 이런 말을 듣거나 문자를 받을 때마다 얼마나 깜짝깜짝 놀라는지 모릅니다. 심지어 극히 외교적으로 표현하기도 하죠. 이렇게 말한 적도 있어요. "아버님이 주신 용돈의 수명이 다해갑니다. 아버님의 긴급재난지원용돈에 제 사회적 경제가 오랫동안 활력을 얻을 수 있을 거 같습니다."

정리해보겠습니다. 가족끼리 있을 때 생겨나는 불편함은 모두가 느끼는 감정입니다. 그렇기 때문에 가족끼리 집에 있을 때도 일종의 격식이 필요합니다. 가족끼리 모든 시간을 공유하고 같이할 필요는 없습니다. 꼭 그래야 한다는 고정관념, 비합리적 신념을 버릴 필요가 있어요. 각자의 시간과 공간이 있어야 한다는 걸 인정해야 합니다. 그리고 가족끼리 감사의 애칭을 만들어서 마음을 자주 표현하는 건 그 무엇보다도 중요합니다.

이럴 때 꼭 기억해야 할 말이 있습니다. 다시 한 번 강조하겠습니다. 가족도 타인입니다. 우리는 가족이란 이름 아래 너무 무례하고 격식 없는 언행을 많이 하고 있습니다. 만약 가족끼리 하루 종일 붙어 있다면, 계획에 맞추어 최소한의 합의를 해야 한다는 것을 잊지 마세요.

# 장기화된 코로나로 달라진
# 우리 아이가 걱정이라면

팬데믹이 터지고 난 다음 가장 먼저 문을 닫은 곳이 바로 학교와 유치원이었습니다. 학교와 유치원은 다수의 인원이 한 공간에 모여 있고 또 서로 많은 접촉을 하는 곳이기 때문에, 이것은 어쩔 수 없는 조치이자 당연한 조치이기도 했습니다.

그런데 아이들이 유치원이나 학교에 가지 않는 기간이 길어지면서 어딘가 모르게 우리 아이가 예전과 많이 달라졌다는 이야기를 정말 많은 분들이 하고 있습니다. 아이들의 어떤 점이 달라졌을까요?

예전보다 더 많이 먹거나 아니면 훨씬 덜 먹는 식습관의 변화, 자다가 오줌을 싸는 야뇨증, 악몽을 꾸는 등의 수면장애, 어두움에 대한 두려움, 분리불안 혹은 지나친 의존 행동, 예전에 비해서 더 어리게 행동하는 모습, 심지어는 아기같이 구는 퇴행 행동, 눈에 띄게 늘어난 짜증이나 공격성…. 이 가운데 한두 가지라도 비슷한 행동 유형을 보인다면, 이미 우리 아이가 팬데믹 상황에 노출되는 기간이 길어지면서 엄청난 스트레스를 받고 있다고 볼 수 있습니다. 사회의 이러한 전반적인 위기나 스트레스 상황에서 우리 아이들을 지키려면 어떻게 해야 할까요?

## 아이들은
## 생각보다 많은 것을 알고 있다

먼저 아이들은 이 팬데믹 상황을 어떻게 받아들이고 있을까요? 아이라서 잘 모를까요? 아닙니다. 어찌 보면 아이들이 가장 정확히 알고 있을지 모릅니다. 팬데믹 초기부터 지금까지 마스크를 가장 철저히 잘 쓰고 있는 사람들이 누구인지 아시나요? 바로 우리 아이들입니다.

어린이집, 유치원, 초등학교에 다니는 연령대의 아이들은 마스크를 잊지 않고 꼭 쓰려고 합니다. 마스크를 쓰지 않은 사람을 보면 뭔가 문제가 있다는 것을 아이들이 훨씬 더 쉽게 알아차립니다. 요즘 아이들은 "밖에 나가자"라고 말하면 마스크부터 챙긴다고 합니다.

우리가 이런 특수한 상황에서 아이들에 대해 가장 먼저 알아야 할 부분 중 하나는, 현재 상황에 어떤 문제가 있다는 위기감을 아이들이 가장 잘 인지하고 있다는 사실입니다. 왜 일까요? 아이들은 문제를 왜곡하지 않고 있는 그대로 받아들이기 때문입니다.

이러한 성향 때문에, 심지어 아이들이 착시현상을 어른보다 더 적게 느낀다는 연구 결과도 있습니다. 착시현상은 왜 벌어질까요? 지금 우리 눈앞에 보이는 새로운 것에다 과거의 경험을 대입시켜 보면 안 되는데, 억지로 대입시키고 있기 때문입니다. 우리도 모르는 사이 뇌에서 그런 일이 벌어지면서 느끼는 게 바로 착시현상입니다.

아이들은 백짓장처럼 순진한 상태이기 때문에, 예전의 불필요한 경험을 눈앞의 일에 무리하게 끼워 맞추지 않아서 오히려 착시현상이 적다고 합니다. 즉, 아이들은 착각하지 않는다는 거예요. 아이들이 되레 지금 벌어지는 일들이나 무언가 잘못 돌아가는 상황을 더 정확하게 볼 수 있음을 보여주는 역설입니다.

실제로 아이들은 굉장히 똑똑합니다. 여기서 똑똑하다는 것은 문제를 제대로 볼 수 있다는 것을 의미합니다. 이를 두고 발달심리학자 앨리슨 고프닉Alison Gopnik 교수는 굉장히 중요한 말을 남겼습니다. "모든 아이들은 어른들이 생각하는 것보다 더 영리하다. 그리고 어른들은 아이들이 생각하는 것보다는 멍청하다." 설마 어른들이 진짜로 멍청하다고 생각해서 이런 말을 하지는 않았을 겁니다. 여기에서 방점을 두어야 할 부분은 '우리 생각보다'이죠.

그러니까 어른들은 '아이들이 이 정도밖에 모를 거야'라고 생각하지만, 아이들은 그것보다 더 많이 보고 알 수 있다는 겁니다. 또한 어른들은 아이들이 생각하는 것만큼 그렇게 슈퍼맨 같은 전능한 존재가 아니죠. 이 말은 즉 아이들이 아무것도 모른다는 생각은 정말 위험하고, 더 중요하게는 스트레스로부터 우리 아이들을 지키는 데에도 그다지 좋은 생각이 아니라는 뜻입니다.

그러니 스트레스로부터 우리 아이를 지키고 싶다면, 아이의 불안을 없애기 위해 아이와 상의하는 것을 잊지 말아야 합니다.

우리는 보통 이렇게 생각합니다. 아이들은 어른들보다 스트레스에 혹은 다른 나쁜 영향에 취약하다고요. 그런데 이 '취약하다'는 말이 별로 좋은 말이 아닙니다. 아이들이 더 예민하고 민감한 거예요. 어른의 입장에서 취약하다고 생각이 들면, 그저 나쁜 것들을 차단하고 보호하려고만 하기 때문에 아이들에게 사실을 제대로 알려주지 않으려고 합니다.

하지만 우리가 느끼는 것을 아이들도 똑같이 느끼고 있어요. 더 예민하고 민감하기 때문에 오히려 더 강하게 느낄 가능성이 큽니다. 그렇다면 똑같은 대상으로부터 같은 종류의 감정을 느끼는데 나보다 더 예민하고 민감한 사람과 대화하거나 공존하고 있다면, 우리는 그 사람을 어떻게 대해야 할까요? 또 그런 사람과는 어떻게 대화해야 할까요?

'아무것도 아니야'라고 일축하지 말고 '나는 이런데 너는 어떠니?'라고 물으면서 느낌과 생각을 나눠야 합니다. 아이와 대화할 때도 마찬가지로 접근해야 합니다. 팬데믹으로 인해 많이 힘들 때, 혹은 어떤 사건이 일어나서 그 때문에 많이 불안할 때 어떤 식으로 대화를 나눠야 할지 한번 살펴보겠습니다.

'아무 일도 아니야, 괜찮아' '그런 건 조금도 걱정할 필요 없어'라고 하면 아이는 자신이 예민하고 민감하게 받아들인 것과 부모가 하는 말이 다르니 더 불안해집니다. 이렇게 상황을 대충 얼버무리기보다는, 이런 식으로 대화를 나눠보면 어떨까요? "일이 이 정도로 벌어진 것을 보니까 아빠는 심장이 좀 떨린다. 너는 어떠니?"라고 말입니다.

아이는 이렇게 대답할 겁니다. "맞아요. 저는 요즘 잠도 잘 안 와요." 그러면 심장이 떨리는 아빠와 잠을 잘 못 자는 아이 사이에 어떤 중간 지점이 나올 겁니다. 두 사람이 같은 현상을 보고 있고, 심리적으로 한배에 탄 사람이 되는 거죠. 그러니 우리 두 사람이 심장은 떨리지만 힘을 합쳐서 상황을 잘 이겨나가보자고 상의할 수 있는 분위기가 형성됩니다.

우리 아이들은 '그런 문제는 없어' '몰라도 돼' '아니야' '아무 일도 일어나지 않았어'라는 말을 들으면서 더 힘들어할 수 있습니다. 그런 식으로 아이들의 감정과 의견을 묵살하기보다는, 우리보다 더 예민하고 민감할 수 있는 아이에게 엄마는 혹은 아빠는 이런 감정을 느끼고 있다고 솔직하게 얘기해주세요. 그리고 어쩌면 나보다 조금 더 깊은 감정을 겪고 있을 아이들에게 부모가 같은 운명공동체라는 것을 느끼게 해주세요. 그럼으로써 같이 문제를 해결할 수 있는 지점을 발견하고, 뜻밖의 해결책을 도출할 수 있지 않을까요?


## 부모도 힘들다는 것을
## 자각하고 인정하기


두 번째로 아이들이 스트레스받고 힘들어하는 상황에 대해 다시 한 번 생각해봐야 할 부분이 있습니다. 아이들에게 제일 중요한 대상은 누구일까요? 바로 부모입니다. 저도 어렸을 때는 부모님이 싸우기 시작하면 세상이 끝난 것 같았어요. 유치원에 다닐 때로 기억하는데, 그 어린 나이에 싸우는 부모님 앞에 가서 어이없는 재롱을 피워본 일이 기억납니다. 제가 왜 그랬을까요? 뭐라도 해야 했기 때문입니다. 그만큼 아이들에게 부모는 세상에서 가장 결정적인 존재입니다. 팬데믹보다 더 중요한 환경 역시 부모입니다.

'우리 아이가 달라졌어요' '우리 아이가 많이 힘들어해요'라고 느낀다면 그 문장에서 '우리 아이'를 '부모'로 바꿔보세요. 그러면 문제의 출발점을 훨씬 더 정확히 볼 수 있고, 나아가 해결점을 찾을 수 있습니다. 즉 내가 많이 달라진 것이고, 내가 많이 힘들어하는 것입니다. 우리 아이가 아닌 나로 문제의 주체를 바꾸면 문제를 좀 더 정확하게 직시할 수 있어요.

굉장히 많은 경우에 선생님, 부모님, 심지어 직장의 리더가 흔히 하는 착각 중 하나는 내가 '어른'이기 때문에 모든 문제를 해결할 수 있다고 생각하는 것입니다. 이런 그릇된 신념이나 강박관념을 갖지 않아야 하고, 내 아이도 갖지 않게 해야 합니다. 생각보다 많은 분들이 이런 그릇된 신념을 스스로도 가지려 하고, 자기 자녀도 갖게 만들려고 노력합니다. 이건 결코 바람직하지 않습니다.

유대인의 경제교육에서 가장 중요한 것 중 하나가 '적정한 지점'을 찾는 것입니다. 우리 부모가 가난하기 때문에 나는 무엇을 해도 나아질 수 없다는 생각은 절대 갖게 하면 안 됩니다. 또 반대로 우리 부모가 굉장히 큰 부자니까 나는 무엇을 해도 괜찮다는 생각도 갖게 하면 안 됩니다. 이게 무슨 얘기일까요? 우리 부모는 가난하지도 않고 부유하지도 않다는 생각을 하게 하는 것이 중요하다는 뜻입니다. 우리 부모는 나를 힘들게 하지 않지만, 내 일을 다 해결해줄 수 있는 사람도 아니다, 그러니 무언가를 나 스스로 해야 한다는 생각을 하게 해야 한다는 것입니다. 이 중간 지점을 지속적으로 유지하는 것이 유대인의 경제교육에서 가장 중요하다고 많은 심리 전문가들이 말합니다.

이와 마찬가지의 관점이 코로나 팬데믹으로 인해 힘들어하는 우리에게, 특히 부모자식 관계에서 필요합니다. 코로나 때문에 아무것도 할 수 없고 어떤 일을 해도 안 될 거라는 자포자기 생각은 불필요합니다. 반대로 부모의 과장된 행동으로 인해서 우리 부모님은 슈퍼맨이기 때문에 어떤 문제도 일어나지 않을 거라는 생각을 하게 하는 것도 크게 경계해야 합니다. 즉, 이 팬데믹 상황은 굉장히 위험하고 힘들지만, 아이들로 하여금 어떻게 하면 우리 부모와 함께 이 상황을 잘 이겨내고 버텨낼 수 있을지 생각하게 해야 합니다. 그러기 위해서 부모가 계속해서 노력하고 아이와 대화하고 행동해야 한다는 것입니다.

하지만 굉장히 많은 부모들이 둘 중 한쪽의 극단에 치우친 행동과 생각을 아이들에게 보여주고 있습니다. 이것을 경계해야 합니다. 특히 아이러니하게도 책임감 있고 아이를 매우 사랑하는 부모들이 이런 행동을 많이 합니다. 엄마 아빠는 어른이기 때문에 아무 문제없고, 전혀 걱정할 필요가 없다며 자꾸 아이를 안심시키려 합니다.

그런데 계속해서 이렇게 세상 돌아가는 상황에 대해 그저 눈감고 넘어가게 한다면 나중에 오히려 더 큰 문제가 됩니다. 그렇게 자란 아이들은 나중에 정말로 감당하기 힘든 문제가 생겼을 때 자포자기하거나 반대로 크게 분노하는 극단적 반응을 일으키기 쉽습니다.

게다가 이런 생각이나 염려는 가정에서만 일어나는 게 아닙니다. 제가 개인적으로 존경하는 어떤 기업의 전 CEO에게 현직 시절에 했던 일 중에서 크게 후회하는 게 무엇인지 여쭤본 적이 있었습니다. 그분은 자신만 어른이라고 생각했던 걸 가장 크게 후회한다고 답했습니다. 나만 어른이라고 생각했기 때문에 모든 문제를 혼자서 해결하려 하고, 그 문제에 관해 조직의 다른 구성원들에게 알려주지 않으려 했던 것이 가장 크게 후회된다고 했습니다. 사실 그분은 CEO로서 굉장히 뛰어난 사람이었습니다. 그리고 굉장히 많은 업적을 남기셨죠. 업적을 얘기하는 것만으로도 사람들에게 두고두고 칭

송받을 만한 분입니다. 그런데 그렇게 자성하더라고요. 자신의 가장 큰 실수는 나만 어른이라고 생각했던 거라고요.

나만 어른이 아니라는 걸 늘 잊지 말아야 합니다. 우리는 모두가 독립적인 인격체죠. 그러니 우리는 가정에서도 결국은 이 세상의 한 구성원으로서 결코 피할 수 없는 역경과 고난을 견디고 있다는 걸 아이들에게 분명히 인식시킬 필요가 있습니다.

한편으로는 부모가 모든 걸 다 해결해줄 수 있는 존재가 아니라는 걸 알려줄 중요한 기회이기도 합니다. 그럼에도 합심해서 노력하면 문제를 잘 해결해나갈 수 있다는 것도 알려줄 수 있습니다. 그 적정한 지점을 함께 찾고 고민해보는 노력을 통해서 아이의 적극성과 자기주도성을 키울 수 있지 않을까요?

## 아이에게
## 놀이와 장난을 허락하라

세 번째로 생각해볼 부분은, 아이가 집 안에서 받는 스트레스가 너무 많다는 것입니다. 아이의 스트레스를 덜어주려면 어떻게 해야 하는지 질문하는 분도 많습니다. 아이들이 많이 답답해하는 건 사실이에요. 그런데 '답답하다'는 게 무슨 뜻일까요? 에너지를 발산하지 못하고 있다는 겁니다.

아이들은 정말 놀라운 에너지를 갖고 있어요. 저는 제 두 딸을 볼 때마다 제가 일하고 있는 대학 캠퍼스에서 가끔 마주치는 다람쥐 같다는 생각을 자주 합니다. 다람쥐들은 24시간 내내 무언가를 하고 있죠. 하루에도 몇 번씩 물을 먹고, 어딘가로 계속 뛰어다닙니다. 아이들도 이렇게 다람쥐처럼 종종거리고 돌아다니면서 넘치는 에너지를 계속 발산해야 합니다. 많이 자고 많이 웃고 화도 많이 내야 합니다. 그런 아이들이 한 공간에만 있어야 한다니, 너무나도 어려운 일일 거예요.

이렇게 집에만 있기를 어려워하고 답답해하는 아이들을 위해서 많은 전문가들이 밖에 나가서 운동을 좀 하게 해주라고 조언합니다. 그런데 이 '운동'이라는 말을 우리가 너무 어른의 관점에서만 생각하는 것 같아요. 운동을 레저나 스포츠에 국한시키기 때문에, 아이들이 운동할 기회를 오히려 부모가 제한하고 있는 게 아닐까요.

어른들의 시각이 아이들보다 협소할 때가 많습니다. 어른들은 운동이라고 하면 오로지 자신이 아는 활동을 할 때에만 운동이라고 생각하죠. 어떤 문제를 해결할 때도 어른들은 오로지 정해진 방법을 통해서만, 혹은 그 질문이나 대화를 통해서만 풀어야 한다고 생각하는 경향이 있습니다. 예를 한 번 들어볼까요?

예일대학교 카렌 윈Karen Wynn 교수는 3~5개월 연령의 유아들도 얼마든지 덧셈과 뺄셈을 할 수 있다는 걸 보여주었습니다. 실험 내용은 다음과 같습니다. 종이상자로 만든 인형극 극장이 있습니다. 손이 들어와서 인형 2개를 놓고 갑니다. 그런 뒤에 인형 앞에 커튼이 쳐지고, 왼쪽에서 빈손이 나타나 장막 뒤에 있는 인형 하나를 가져갑니다. 2개 중 하나를 빼냈으니 무대에는 하나가 남아 있어야 하죠.

그런데 커튼이 걷히고, 무대에 남은 인형은 여전히 2개입니다. 2 빼기 1인데 2가 되는 거죠. 그러면 아이들은 무대를 쳐다봅니다. 평상시보다 훨씬 더 오래 쳐다봅니다. "왜? 왜?" 하는 표정으로 궁금해하다가 엄마를 부르기도 합니다. 이상하다는 거예요.

같은 상황에서 커튼이 올라갔을 때 무대 위에 인형 하나가 남아 있다면, 아이들은 오래 쳐다보지 않습니다. 2 빼기 1은 1이니 이건 당연하다는 거죠. 잠깐 보다가 금방 다른 일을 하고 놉니다. 이게 무슨 뜻일까요? 플러스 기호나 마이너스 기호를 사용하지 않았을 뿐, 생후 5개월 된 아이들도 덧셈과 뺄셈을 하고 있다는 뜻입니다. 기호체계를 사용해서 셈을 하는 것만이 사칙연산이 아니고, 태어난 지 불과 몇 달밖에 안 된 어린아이들도 사칙연산의 개념을 이해하고 있다는 것을 알려준 아주 기념비적인 연구입니다.

이 연구를 통해서 아이들이 무언가를 할 수 있는지 없는지를 단순하게 판단하고 넘어가면 안 된다는 걸 알 수 있습니다. 아이들의 관점으로 보면 인형이 들어가고 나가는 일이 사칙연산이 되는 것처럼, 아이들에게 운동은 우리가 생각한 것보다 훨씬 더 범위가 넓을 수 있다는 겁니다. 그리고 아이들이 하는 운동 중에 최고는 모든 종류의 장난입니다.

장난은 가장 많은 종류의, 가장 넓은 범위의 운동입니다. 구글 이미지 검색에서 한번 '장난'이라고 쳐보십시오. 이 세상의 모든 '헛짓거리'가 다 나와 있습니다. 간지럼 태우기, 꿀밤 때리기, 술래잡기, 찰흙 놀이…. 장난의 종류가 엄청 많죠?

장난을 치면서 아이들은 까르르 하고 많이 웃습니다. 이렇게 웃을 때 인간은 가장 많은 에너지를 소모합니다. 그래서 아무런 의미가 없고 도움도 안 되며 지적 발달에 유익할 것 같지 않은 장난을 한참 치고 난 다음에 아이들이 부모에게 달려와서 배고프다고 하는 겁니다.

그러니 한번쯤 돌아보세요. 아이들이 답답해한다면, 지금까지 아이에게 "장난치지 마"라고 했을 때의 장난에 대해 한번 되돌아볼 필요가 있어요. 우리에게 헛짓으로 보였던 것도 수십, 수백 가지 종류의 장난이었을 겁니다. 아파트에 산다면 층간소음이 생길 수 있는 것만 빼고는, 아이들이 얼마든지 하게 해주세요. 아이들은 장난을 치면서 웃고 깔깔대겠죠. 그 과정에서 답답함을 해소하는 겁니다.

그렇기 때문에 성인들도 무언가 답답한 상황에 처했을 때 장난을 굉장히 많이 합니다. 의외로 장난이 많은 곳이 대학교 1학년 기숙사입니다. 답답해서겠죠. 교도소나 군대에서도 재소자든 군인이든 장난을 많이 칩니다. 왜 인간은 이런 온갖 종류의 장난을 계속해서 칠까요? 돈이 되는 것도 먹을 게 나오는 것도 아닌데 말입니다.

인간을 규정하는 가장 중요한 특징 중 하나가 바로 장난입니다. 도마뱀은 장난을 치지 않습니다. 고등동물로 갈수록 그리고 영장류로 갈수록 장난이 많아집니다. 인간은 놀라울 정도로 장난을 많이 치죠. 장난을 통해서 창조하고 연결하며 에너지를 발산합니다.

아이들이 자주 하는 장난을 같이 해보면서 답답함을 함께 풀어보는 건 어떨까요? 말씀드렸다시피 아이들은 우리가 생각하는 것보다 굉장히 똑똑하고, 많은 것을 알고 있습니다. 하지만 아무리 똑똑해도 아이들이 모든 문제를 다 해결할 수 있는 건 결코 아니잖아요.

아이들이 어른들보다 약한 면도 분명히 있습니다. 여러 인지발달심리학의 연구들을 종합해보면, 아이들은 어떤 현상을 있는 그대로 이해하고 받아들이는 능력은 어른 못지않습니다. 심지어 어른보다 뛰어난 경우도 많아요.

하지만 어떤 일에 숨겨진 진짜 원인을 이해하는 능력은 아직 발달되어 있지 않습니다. 아이들에게는 스컹크나 고양이가 같은 동물로 보입니다. 같은 줄무늬 혹은 같은 냄새를 가지고 있기 때문에 같은 동물이라고 생각한다는 것은 아직 아이들의 추론능력이 떨어진다는 것을 보여줍니다.

추론능력 혹은 추리능력, 즉 어떤 일의 진짜 원인을 차근차근 파고 들어가 알아내는 능력을 요구할 때 어떻게 얘기하나요? 곰곰이 한번 생각해보라고 권하죠. 이건 아직 아이들이 할 수 있는 일이 아닙니다. 그리고 특히 지금과 같은 팬데믹 시대에 불안해하거나 힘들어하는 아이에게는 더더욱 권할 만할 일은 아니겠죠.

이런 때일수록 지금의 현실을 솔직하게 공유하고, "아빠도 많이 힘들어" "엄마도 불안해"라고 알려주는 건 괜찮습니다. 하지만 "아빠가 이렇게 힘들어하는 이유를 너 곰곰이 한번 생각해봐"라면서 아이들에게 성찰을 요구한다면 오히려 잘못된 결과를 만들어낼 가능성이 큽니다.

우리는 지금까지 거꾸로 해왔습니다. 사실에 대해서는 제대로 알려주지 않으면서, 스스로가 더 이상 못 견딜 정도로 힘들면 아이에게 "아빠는 지금 너무 힘드니까 너도 왜 그런지 곰곰이 생각해봐"라며 아이를 몰아세우지는 않았나요? 평소에 있는 그대로의 사실을 정확히 공유하는 지혜가 필요하고요. 그 과정에서 아이들이 문제를 여러분보다 더 있는 그대로 받아들이고 있다는 것을 잘 감안한다면 좋겠습니다. 이렇게 한다면 아이들과 함께 팬데믹 위기 상황을 더 잘 헤쳐 나갈 수 있지 않을까 합니다.

잊지 마십시오. 아이들은 우리 어른보다 위기 상황을 더 잘 알고 있습니다. 팬데믹 위기 상황에 대해서도 우리 생각보다 더 잘 알고 있습니다. 팬데믹 스트레스로부터 아이를 지키려면 평상시에 아이와 조금 더 허심탄회하게 대화할 필요가 있습니다. 그리고 집 안에서 아이가 장난을 칠 수 있게 해주시기 바랍니다.

# 당신의 늘어난 충동구매에는 이유가 있다

코로나 시대에 자신을 지킬 수 있는 가장 좋은 방법은 두말할 필요 없이 개인위생 관리와 사회적 거리두기입니다. 그런데 거리두기를 하다 보니 이제는 혼자 있는 시간이 많아졌어요. 저 또한 그렇습니다. 그동안 각종 모임이다 뭐다 해서 혼자 있는 시간이 거의 없다가, 갑자기 그런 시간이 늘어나니 처음에는 뭘 어떻게 해야 할지 모르겠더라고요. 아마 많은 사람들이 저랑 비슷한 모양이에요. 주위를 둘러보니 이제는 집에서 할 수 있는 소소한 취미들을 만드는 사람들도 있더라고요.

여러분은 혼자 있는 시간에 주로 어떤 일을 하나요? 조사해보니 다수의 사람이 혼자 있는 시간에 쇼핑을 가장 많이 하고 있었습니다. 스마트폰을 보더라도 쇼핑, TV를 보더라도 쇼핑, 우리는 계속해서 쇼핑을 하고 있습니다.

저는 팬데믹 시대를 거치면서 인터넷 쇼핑몰의 VVIP가 됐습니다. 그런데 제가 산 물건의 거의 절반 이상이 별 필요 없는 것임을 알고는 정말 어이가 없었습니다.


## 팬데믹 시대,
## 우리가 쇼핑을 멈출 수 없는 이유

그런데 이것이 비단 저만의 문제는 아닌 것 같습니다. 또 우리나라에만 국한된 상황도 아닌 것 같고요. 작년 블랙프라이데이에 대형 TV들이 물류창고에 줄지어 서 있던 모습을 뉴스나 방송에서 본 적이 있을 겁니다. 실제로 이베이코리아의 조사에 따르면 2020년 해외 온라인 쇼핑은 전년 대비 무려 48% 증가했다고 합니다.(《연합뉴스》 2020년 12월 24일 자) 2020년 하반기 온라인 쇼핑 이용량은 그보다 더 많은 62%가 증가했고요.

상황이 이렇다 보니, 통장 잔고는 줄어드는데 집 안에 물건들이 늘어만 가는 걸 보면 짜증이 날 수밖에 없죠. 그러다가 '혹시 내가 쇼핑중독인가?'라고 생각하면서 스스로를 염려하기도 합니다. 팬데믹 시대에 이처럼 우리가 쇼핑을 멈출 수 없는 데는 분명 심리적인 이유가 있을 겁니다. 그게 뭘까요? 바로 우울하기 때문입니다. 우울한 사람은 중독에 빠지기 쉽고, 우리가 가장 손쉽게 빠지는 중독은 쇼핑일 테니까요.

그보다 먼저, 용어 정리부터 하겠습니다. 흔히 '쇼핑중독'이라는 표현을 쓰는데, 그보다는 '쇼핑과몰입'이 더 정확한 표현이라고 생각합니다. 중독이라고 하는 것은 내성이라든가 금단증상 같은 것이 반드시 동반되어야 하기 때문이죠. 하지만 우리는 쇼핑을 하지 않아도 괴롭지 않을 방법이 얼마든지 있습니다. 그래서 저는 마약 혹은 알코올과 관련해서 흔히 쓰는 '중독'이라는 표현보다는, 쇼핑에 과도하게 몰입하고 있다는 측면에서 '과몰입'이라는 표현이 더 적절하다고 생각합니다.

최근 전문가들이 '게임중독'이라는 표현보다 '게임과몰입'이라는 표현을 더 많이 쓰는 것과 같은 맥락입니다. 적당한 게임은 지적인 측면의 발전이나 여러 가지 추리능력 향상에 도움이 되지만, 게임을 과도하게 하면 부작용이 생기잖아요. 마약은 아주 소량만 복용해도 쉽게 중독되고, 금단증상이나 내성과 같은 다양한 부작용들이 생기기 쉬우니까 그 해악은 굳이 강조하지 않아도 될 것입니다.


## 우울하기 때문에 쇼핑에 빠진다


무언가에 과도하게 몰입한다는 것은, 그 대상이 나에게 무언가를 보상해주기 때문에 하게 되는 행동입니다. 특히 쇼핑에 과몰입하는 현상은 사람들이 우울할 때 더 뚜렷하게 관찰되고 있습니다. 바로 '코로나 블루'가 시대의 키워드로 떠오르고 있는 요즘 같은 시기죠.

실제로 이를 연구한 논문이 있습니다. 〈심리과학Psychological Science〉은 전 세계 유수의 수준 높은 논문들이 실리는 학술지인데, 신시아 크라이더Cynthia Cryder라는 연구자가 이 저널에 관련 논문을 발표한 바 있습니다. 우리가 언제 쇼핑에 과몰입하기 쉬운지를 잘 보여주는 논문이죠.

슬픈 일이 생기거나 별로 안 좋은 상황이 벌어지면 우리의 자존감은 급격히 떨어집니다. 지금의 내 처지가 서글프고 한없이 바닥으로 가라앉는 느낌이 들어서 내 안에 무언가가 점점 무너지는 느낌이 들 거예요. 이런 느낌이 지속되면 당연히 이 상황을 끌어올리고 싶은 욕구가 생길 거예요.

무너진 나의 자존감, 혹은 길을 잃고 헤매는 나의 자의식을 끌어올리는 방법 가운데 가장 손쉬운 것이 뭐가 있을까요? 바로 무언가를 소유하는 거죠. 무언가를 소유하고 싶다는 생각이 강하게 드는 데는 다 이유가 있습니다.

왜 그럴까요? 소유의 반대는 상실입니다. 자존감이 떨어졌을 때, 상실의 반대인 소유가 나의 자존감을 상승시켜준다는 걸 우리 뇌는 알고 있습니다. 그래서 우울하거나 기분이 한껏 가라앉아 있는 사람은 어떻게든 무언가를 소유함으로써 떨어진 자의식을 끌어올리고자 하는 욕구를 자연스럽게 가지게 됩니다.

내가 지금 우울하다면 즉각적으로, 가능한 한 빨리 물에 흠뻑 젖은 솜 같은 기분을 끌어올리고 싶겠죠. 그때 가장 쉬운 방법은 무언가를 소유하는 것입니다. 재미있는 건, 이때 내가 가지고 싶은 것은 나를 우울하게 만든 것과는 전혀 관련이 없을 수도 있다는 겁니다. 이때 우리 뇌는 유혹을 받습니다. 무언가를 소유하고 싶은 욕구는 쇼핑이라는 행동으로 이어지죠. "우울한 사람은 구두쇠가 아니다Misery is not Miserly"라는 말도 있지 않습니까.

우울할 때 어떻게든 무언가를 소유함으로써 우울로부터 빠져나오려는 건 우리 인간이 가지고 있는 의외로 보편적인 본성에 가깝다는 것입니다.

문제는 이럴 때 내가 가지고 싶은 물건이 내가 좋아하는 물건, 혹은 나만의 개성을 잘 살릴 수 있는 물건이 아닐 가능성이 크다는 겁니다. 우리가 안 좋은 상태로부터 벗어나고 싶다는 생각이 들 때, 어떤 물건이 눈에 들어오기 더 쉬울까요? 이때 내가 관심을 더 많이 가질 수 있고 내 눈에 더 쉽게 떠오르는 물건, 나중에는 흥미가 사그라들겠지만 지금 이 순간에는 더 매력적으로 보이는 물건은, 남들은 다 가지고 있는데 나만 안 가지고 있는 물건이에요.

저도 최근에 다른 교수님들은 연구실에 다 하나씩 구비되어 있는 노트북 받침대를 샀는데, 사실 저는 노트북을 안 씁니다. 제 또래 친구들이 다 가지고 있는 물건을 산 적도 있는데, 사실 저는 그 물건과 전혀 상관이 없는 사람이었더라고요. 바로 골프백이었어요.

이처럼 자존감이 떨어져 있고 그것을 소유로 채우려다 보면, 남들은 가지고 있는데 나만 안 가지고 있는 물건이 쉽게 눈에 들어오고 결국은 그것을 사게 된다는 겁니다. 그럼 이 문제에 어떻게 대처할 수 있을까요?

다음 그림에 힌트가 있습니다.

슬픈 분위기, 우울한 상황, 떨어지는 자의식, 끌어올리고 싶은 욕구, 그것을 가장 즉각적으로 만족시켜주는 쇼핑. 이 흐름에서 나를 지나치게 집중해서 바라보는 '자기 초점', 즉

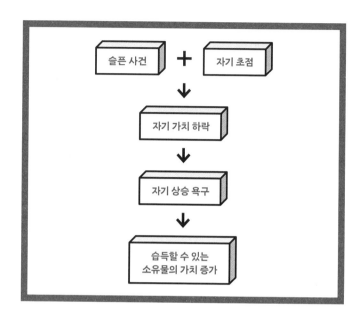

셀프 포커스self-focus에 주목해주세요. 이 자기 초점이 바로 '지름신'을 부르니까요.

우울한 사람들은 자기 자신에게만 초점이 맞춰져 있습니다. 자신만 본다는 얘기예요. 우울의 기본적인 특징이죠. 우울이 분노와 다른 기제라는 게 바로 여기서 드러납니다. 화가 난 사람은 상대방만 봅니다. 자기를 못 보게 되죠. 그렇기 때문에 화가 난 사람에게 거울을 보게 하면 '아, 내가 이렇게 비상식적인 모습을 하고 있구나'라면서 화를 진정시킬 수 있어요.

하지만 우울한 사람은 그렇지 않습니다. 우울한 사람에게는 거울을 보여주지 말라고 합니다. 우울한 사람은 나만 쳐다보고 있기 때문에 나만 안 가진 것 같고, 나만 없는 것 같고, 나만 다른 것 같은 느낌을 받기 쉬워요. 이런 이유로 이 공허한 느낌을 채우기 위해서 쇼핑을 하게 되는 것이죠.

## 무분별한 쇼핑을 막는 방법

나의 우울함을 채우기 위해 쇼핑을 할 때 나만 안 가지고 있는 물건, 결국은 내가 좋아하지 않는 물건, 나한테 크게 필요하지 않은 물건을 계속해서 사는 이 쇼핑과몰입으로부터 벗어나는 가장 좋은 방법은 뭘까요? 바로 누군가와 '함께' 쇼핑을 하는 것입니다.

팬데믹 시대에 사람들이 특히 온라인 쇼핑에 과몰입하게 되는 이유 역시 주위에 아무도 없기 때문입니다. 온라인 쇼핑은 분명 편리한 점이 있죠. 하지만 이런 팬데믹 시대에 우울감으로 인한 쇼핑과몰입을 막기 위해서는, 어떤 물건을 사기 전에 반드시 누군가와 그 물건에 대해서 잠시라도 대화를 해봐야 합니다. 오프라인에서든 온라인에서든 말이죠.

다시 말해, 쇼핑과몰입을 막는 첫 번째 방법은 내 의지를 믿기보다는 나와 생각이 다른 사람들을 좀 더 만나서 대화를 해보고 난 다음에 쇼핑 사이트에 다시 들어가도 늦지 않다는 겁니다. 이 사람들은 내가 셀프 포커스에서 벗어나게 만들어줄 가능성이 큽니다. 또한 내가 사려는 물건을 다른 각도에서 바라보게 만들어주기도 하죠.

쇼핑과몰입을 막는 또 다른 방법이 있습니다. 결국 쇼핑이라는 건 내가 돈을 주고 사거나 획득한 물건을 통해 나의 자의식을 끌어올리고 싶은 심리의 산물입니다. 즉 나 자신에게 뭔가를 주고 싶은 일종의 보상 심리에서 시작된 것이란 뜻이죠.

실제로 '오늘은 나한테 칭찬해주고 싶어' '오늘은 나한테 뭔가를 보상해줘야 해' '이건 나에게 주는 선물이야'라면서 쇼핑을 하잖아요. 그런데 이렇게 돈을 들여 자신에게 보상을 하고도 나중에 후회하는 일이 비일비재합니다. 당시에는 보상이라고 생각했지만 제대로 된 보상이 아니었기 때문에 후회하는 일이 벌어지는 거죠.

이럴 때 쇼핑과몰입으로부터 벗어나기 위한 또 다른 방법은 새로운 보상도구를 만드는 겁니다. 우리가 우울할 때, 자의식이나 자존감이 떨어졌을 때 그에 대한 보상을 원하는 것은 정신적인 문제입니다. 마음의 빈 공간, 마음의 허기, 다른 말로 마음의 배고픔 때문입니다.

아이러니하게도 인간은 이 마음의 허기를 쇼핑을 해서 물건으로 채우려 한다는 거죠. 그러나 이 마음의 허기는 다른 방법으로도 채울 수 있습니다. 바로 다른 사람에게 친절을 베풀고 그 사람으로부터 고맙다는 말을 듣는 것이죠. 실제로 그것만으로도 마음의 허기가 채워집니다.

제가 아는 한 교수님은 필요 이상의 욕심이 생길 때마다, 학생들로부터 온 수많은 이메일에 평상시 미처 하지 못했던 답장을 일일이 한다고 합니다. 이번 학기에 너무 바빠서 미처 하지 못했던 답장을, 이날 한꺼번에 몰아서 하는 거죠.

이제까지 '교수님이 내 이메일을 무시하셨구나' '교수님이 내 질문을 별로 중요하게 생각하지 않았나?' 하면서 한편으로는 실망하고 속상해했던 학생들은 답장을 받으면 기뻐할 겁니다. 그날 저녁 학생들은 '감사합니다, 잊지 않으셨군요' '너무 좋은 의견이에요'라며 고마움을 표할 거예요.

이런 답장이 몇십 개가 되돌아오면, 이 교수님은 포만감을 느낍니다. 마음의 배가 부른 거죠. 그래서 이 교수님은 그날 저녁, 비싼 고급 외제 승용차를 구매하지 않아도 됐던 겁니다. 마음의 허기는 물질로도 채울 수 있지만, 다른 마음으로도 채울 수 있습니다.

나중에 후회할 게 뻔하지만, 지금 당장 그 물건을 사지 않으면 안 될 것 같은 강렬한 구매 욕구를 느끼는 중이라고요?

그렇다면 우선 주위에 있는 사람에게 작은 친절을 베풀어보십시오. 그들 역시 나에게 작은 감사의 말을 할 겁니다. 감사하다, 고맙다는 얘기를 많이 들은 사람은 자기의 쇼핑 욕구, 혹은 다른 무언가를 계속해서 소유하고자 하는 욕구를 훨씬 더 잘 진정시킬 수 있고 조율할 수 있다는 것이 대부분의 심리학 연구에서 꾸준히 관찰되는 결과입니다.

그럼에도 불구하고 이 모든 방법들이 효과가 없다고요? 쇼핑과몰입으로부터 벗어나기 위한 한 가지 방법이 더 있습니다. 라면을 드셔보세요. 배가 부르면 실제로 내 마음의 허기를 다른 물건으로 채우고 싶은 쇼핑의 욕구도 적절히 진정됩니다.

실제로 쇼핑센터에 가보면 중간중간에 사람들이 잠시 쉬거나 가볍게 요기를 할 수 있는 푸드코트가 있습니다. 물론 때에 따라 배고픈 고객들의 허기를 달래기 위한 것이기도 하지만, 주된 목적은 지치는 걸 막기 위한 것입니다. 지치면 쇼핑을 빨리 끝내게 되고 결정을 못 내리니까요. 고객이 체력적으로 완전히 지쳐 떨어져 결정을 내리지 못할 정도가 되지 않도록, 간단하게 허기를 채우게 만드는 거죠.

푸드코트 메뉴에는 불고기 덮밥 같은 간단 음식은 있지만 갈비찜처럼 거한 요리는 좀처럼 없습니다. 만약 쇼핑센터에서 갈비찜을 먹으면 고객은 이제 완전한 포만감을 느껴서 카트의 빈 공간에 물건을 가득 담아야겠다는 생각이 줄어들 수 있습니다. 실제로 쇼핑몰을 설계하는 사람들은 고객들의 배를 적당히 고프게 만드는 동선을 짜기 위해 심혈을 기울입니다.

이 상황을 역이용할 수도 있습니다. 지금 지름신이 왔다고요? 지금 이 상태로 쇼핑몰에 들어가면 분명히 하룻밤 자고 나서 후회할 거 같다고요? 그렇다면 지금 라면을 드세요. 2개를 끓이세요. 계란도 2개 넣고 만두도 한 3개쯤 넣으세요. 포만감을 느끼면 마음의 빈 공간을 쇼핑으로 채우려 할 가능성을 줄일 수 있습니다. 이렇게 우리가 욕구의 기본적인 원리를 이해하면, 어떤 일들을 해내는 의외의 방법들을 얼마든지 찾을 수 있다는 것입니다.

심리학에는 '보복소비'라는 말이 있습니다. 팬데믹 시기에는 우울감만 느끼는 게 아닙니다. 화가 날 때도 있어요. 화가 난 상태에서도 사람들은 무언가 보상을 받으려고 합니다. 실제로 쇼핑몰을 방문한 사람들을 대상으로 한 연구에서 부정적인 마음이 소비로 이어지는 결과가 나왔습니다. 계획에 없던 물건을 소비한 사람들은 그 쇼핑몰이 온라인이든 오프라인이든 들어가기 전에 기분이 안 좋았습니다.

지금 좋지 않은 내 기분에 대해 보복을 하려는 심리, 즉 이

전 상태로 돌아가려고 하는 강한 충동이 계획에 없던 물건을 구입하게 만들었다는 거죠. 우리는 이런 걸 '충동구매'라고 합니다. 재밌는 건 충동구매를 하는 사람들은 구매 행위를 하기 이전에 이미 충동적으로 변해 있다는 것입니다.

기분이 나쁘시다고요? 일단 기분을 나쁘게 한 원인을 찾아 기분을 풀고 쇼핑하세요. 그것만이 나의 보복소비, 충동구매로 인한 후회를 막을 수 있는 가장 좋은 방법 가운데 하나입니다. 먼저 화를 진정시키고 쇼핑을 하는 것이 현명한 행동입니다.


## 내게 만족감을 주는 것이
## 무엇인지 알기

가장 중요한 건 '보상받고 싶다'는 이 잠재적인 생각이 쇼핑과몰입을 만들어낸다는 겁니다. 이 점을 꼭 기억하세요. 이때 내가 나한테 보상할 수 있는 저렴하지만 효과적인 방법을 알고 있으면 좋겠죠.

저는 맥주 두 캔을 마시면 꽤 만족스럽더라고요. 맥주 두 캔, 쥐포 한 장, 땅콩 스무 알을 가지고 TV를 보면서 한 30분 동안 앉아 있으면, 스스로 만족감을 느끼면서 뭔가 보상을 받고 있다는 강한 느낌이 듭니다.

팬데믹 시대는 우리에게 갇혀 있는 답답함, 외로움만 느끼게 하는 것은 아닙니다. 혼자 있는 시간이 많아지면서 그 시간 동안 내가 진짜 무엇을 좋아하는지, 또 내가 좋아하는 그것을 얼마나 누려야 만족하는지 알 수 있는 절호의 기회가 생긴 것이기도 하죠.

지난 1년간, 저는 제 인생에서 거의 처음으로 혼자 있는 시간을 많이 가질 수 있었습니다. 그 전까지는 수많은 사람들과 계속해서 맥주를 마셔도, 저 자신이 얼마만큼 마셔야 가장 기분이 좋은지 알 방법이 없었습니다. 왜냐고요? 맥주의 참맛을 느껴보지 못했거든요.

그런데 어느 날 혼자 있는 시간에 갑자기 심심해서 맥주한 캔을 딱 따서 마셔보곤 굉장히 신기한 경험을 했습니다. '맥주가 이런 맛이었구나!' 그러고 나서는 쥐포를 조금 뜯어 입에 넣어봤죠. '맥주와 함께 먹으니 이런 맛이었구나.' 이번에는 땅콩을 두 알 입에 넣어 천천히 씹어봅니다. '오, 땅콩은 이런 식감이었군.'

우리는 늘 누군가와 무엇을 함께하죠. 분명 소중한 사람들과 즐거운 시간을 가지는 건 그 무엇보다도 행복한 일입니다. 하지만 인간은 혼자 있을 때에야 비로소 어떤 일에 온전히 집중할 수 있어요. 음식을 먹을 때 눈을 지그시 감으면 그 맛을 더 깊이 느낄 수 있어요. 눈을 감으면 잠시 세상과 나를 분리시키고 나와 음식 맛에 오롯이 집중할 수 있으니까요.

한번 생각해보세요. 나는 무엇을 얼마만큼 섭취하거나 소비해야 행복한 사람인가. 얼마나 많은 것을 소유해야 만족할 수 있는 사람인가. 가만히 생각해보면, 가지고 싶었던 물건으로 욕구를 채우는 방법은 만족의 지속 기간이 생각보다 짧습니다. 오히려 소박하고 큰돈이 들지 않는 일들로 나 자신에게 보상해주었을 때 만족감이 더 크죠. 일상에서 쉽게 할 수 있고 쉽게 구할 수 있는 것들을 평상시 잘 파악해둔다면, 쇼핑과몰입을 비롯해 여러 가지 예측할 수 없는 다양한 일들과, 나중에 후회할 일들을 막을 수 있습니다.

행복한 사람들은 공통적으로 한 가지 특징이 있습니다. 그 사람들은 내가 나에게 어느 정도 보상해야 마음속에 '오늘 하루 만족했다'라는 느낌이 드는지, 또 그렇게 할 수 있는 방법과 수단을 평상시에 잘 파악해두고 있습니다. 구수한 된장국 한 사발, 따끈한 국수 한 그릇에도 느낄 수 있는 만족감을 잘 기억해두고, 이 팬데믹 시대를 내 삶의 작은 만족감들을 하나하나 찾아갈 수 있는 절호의 기회로 삼아보면 어떨까요.

# 지름신을 물리치는 소비법

온라인 쇼핑 많이 하시죠? 저도 그렇습니다. 그런데 사놓고 포장만 뜯은 채 사용하지 않는 물건이 정말 많아요. 왜 샀나 싶은 생각이 들죠. 그 무섭다는 지름신에게 당한 겁니다.

그렇다면 지름신에게 당하지 않고 현명하고 똑똑하게 소비할 수 있는 방법은 없을까요?

## 쇼핑을 하기 전에
## 당신이 살 물건의 가격을 매겨라

이런 현상과 관련해 인간의 심리를 연구한 논문이

있습니다. 논문 제목은 이겁니다. "The Anchoring and Adjustment Heuristic: Why the Adjustments are Insufficient." 거칠게 번역을 해보면 '앵커링, 즉 닻 내리기 그리고 휴리스틱 조정하기'라는 뜻입니다.

먼저 '휴리스틱Heuristic'이라는 단어를 알아보겠습니다. 사전에서는 '어림셈법'이라고 정의하고 있는데, 좀 더 쉽게 설명하면 '대충 맞게 만들어주는 마음의 모든 생각법들'을 휴리스틱이라고 합니다. 예컨대 어릴 적 사생대회에 나가서 풍경화를 그릴 때 연필이나 손가락을 이용해 구도를 잡으셨죠? 사실 정확한 구도를 잡기 위해서는 측량기가 있어야 하지만, 실제로 그렇게 하는 사람은 없습니다. 대충 손가락으로 구도를 잡아보면 맞으니까요.

"떡볶이는 어디가 맛있어?" "대충 신당동 가서 먹으면 맛있어." 이런 식의 생각들이라고도 할 수 있습니다. 우리는 이렇게 수많은 종류의 휴리스틱을 매일 씁니다. 그중의 하나가 바로 앵커, 즉 닻이고요. 닻을 내리면 배가 더 이상 움직일 수 없죠? 즉 위치 조정Adjustment을 많이 할 수 없게 되죠. 그래서 어떤 숫자든 들으면 사람들은 그것으로부터 마음에 닻이 내려져 현재 상황에서 생각을 많이 못 움직인다는 겁니다.

우리는 어떤 숫자든 그 숫자를 듣고 난 다음에는 거기에 마음의 닻이 딱 내리꽂힙니다. 그 숫자가 임의의 숫자라고 하더라도 상관없습니다. 배를 바닥에 고정시켜주는 장치인 닻처럼 그 숫자가 앵커의 역할을 하면서, 그것이 임의로 정한 것이거나 나에게 별로 의미가 없다고 하더라도 우리의 마음이 그 숫자에서 많이 움직이지 못하게 됩니다.

우리는 이러한 현상을 이용할 수도 있고 역으로 내가 당할 수도 있습니다. 운이 좋다면 이런 현상에 당하지 않기 위해 방어할 수도 있겠죠. 이와 관련된 수많은 현상을 연구한 논문들을 '앵커링 이펙트Anchoring Effect'를 본 연구 혹은 '닻 내리기 효과'를 본 연구라고 얘기합니다. 니컬러스 에플리Nicholas Epley와 그 유명한 토머스 길로비치Thomas Gilovich가 바로 이 앵커링 이펙트를 연구한 대표적인 사람입니다.

2006년 〈심리과학Psychological Science〉에 소개된 이 두 사람의 논문 말고도 70~80년대에 정말 많은 관련 연구들이 쏟아져 나왔습니다. 대표적인 연구 하나를 소개하겠습니다. 연구에서는 사람들에게 질문을 제시한 다음, 그 질문에 대한 답을 먼저 추정해서 적게 합니다. 또 다른 사람들에게는 그 범위를 물어봅니다.

그 질문들이란 다음과 같습니다. '미국의 초대 대통령 조지 워싱턴은 언제 대통령에 당선되었을까요?' 사실 우리도 훈민정음 창제 연도나 임진왜란이 일어난 날짜 등에 대해서는 정확히 알지 못합니다. 이처럼 그 일이 일어난 것이 언제,

어디쯤인지 어렴풋이 알 것 같은데 정확한 연도나 지점을 잘 모를 수 있는 질문들을 하는 겁니다. 또 다른 질문은 이런 거죠. '에베레스트산에서 물이 끓는 온도는 몇 도일까요?' 그다음에는 '보드카가 어는점'이나 '체온이 가장 낮아지는 온도' 등 다양한 질문들을 던져봅니다.

그런 다음 사람들한테 '앵커'를 주는 거예요. '조지 워싱턴이 대통령에 당선된 해는 1776년 즈음이다.' '에베레스트산에서 물이 끓는 온도는 212℉(=100℃)보다 낮거나 높다.' '보드카의 어는점은 32℉(=0℃)보다 높거나 낮다.' 여기서 숫자는 임의로 제시한 것입니다.

그런데 사람들한테 이렇게 앵커를 주면 아주 쉽게 농락당한다는 것입니다. 실제로 워싱턴이 대통령에 취임한 해는 1789년입니다. 그런데 1776년을 앵커로 제시하니까 사람들의 답은 평균적으로 실제보다 앞선 1781년이라는 숫자였습니다. 즉 제시한 앵커에서 많이 벗어나지 못했습니다.

그나마 역사에 대한 지식이 어느 정도 있는 경우에는 추정을 할 수도 있겠지만, 에베레스트에서 물이 끓는 온도나 보드카가 어는 온도 같은 경우는 확실한 답을 아는 사람이 별로 없잖아요? 이런 경우에는 더 철저히 당한다는 거예요. 물이 끓는 온도에서 앵커를 212℉로 제시했더니, 실제로 에베레스트에서 물이 끓는 온도는 167℉인데 사람들이 제시한 답은 175°F였습니다. 실젯값보다 더 높은 앵커를 제시하니까 추정치도 덩달아 올라간 것은 물론, 212°F에서 많이 벗어나지 못했습니다.

정리하면, 사람들은 무엇이든 앵커가 한번 주어지면 그것으로부터 많이 벗어나지 못해 실젯값에 근접하지 못한다는 겁니다.

이 앵커를 흔히 볼 수 있는 데가 어디일까요? 바로 시장입니다. 저는 정찰제가 정착되어 있지 않은 외국의 어느 시장에서 물건을 산 적이 있습니다. 그 나라와 그 시장에 아주 정통하고 익숙한 고등학교 동창과 함께 갔었죠. 제가 어떤 시계를 하나 사려고 했는데, 가격이 우리나라 돈으로 10만 원이라는 겁니다.

저는 당연히 친구에게 '8만 원에 달라고 해봐' 하고 시켰습니다. '알았어 인마, 걱정하지 마.' 이러더니 친구가 상인과 얘기하기 시작했습니다. 그 나라 말을 못 알아듣는 저는 그냥 보고만 있었는데, 제가 봐도 상인의 표정이 '아, 그 가격은 좀 힘들고요. 그럼 이 가격에 하시죠' 이런 느낌이었어요.

저는 친구가 8만 원 정도를 불렀고, 상인이 그 가격에는 힘들고 9만 원에 하자는 정도로 얘기가 된 줄 알았어요. 친구에게 얼마를 불렀냐고 물었더니, 제 친구의 대답이 걸작입니다. 8만 원은커녕 3,000원에 달라고 했답니다. 우리나라였으면 상인한테 욕을 안 먹은 게 다행이다 싶을 정도였는데, 저는 그 상인의 표정이 더 놀라웠어요. 상인의 얼굴에서 '생각해보니 그건 좀 안 되겠고요'라는 표정을 읽을 수 있었거든요. 이것이 바로 서로의 앵커에 당하지 않기 위한 시소게임, 즉 치열한 기싸움이었던 거죠. 저는 그날 10만 원으로 예상했던 그 시계를 3만 5,000원에 샀습니다.

나중에 알고 보니 현지인들은 2만 원에 사는 시계였죠. 하지만 위안을 받았습니다. 왜냐고요? 제가 그 시계를 사서 상인이 비닐봉지에 담는 그 순간, 제가 보고 있는 그 순간에도 상인은 저에게 판 그 똑같은 시계를 뒤에 온 덴마크인에게 9만 7,000원에 팔았거든요. 아마 그 덴마크인은 상인이 제시한 10만 원이라는 앵커에, 자신의 앵커를 9만 원으로 잡았기 때문에 9만 7,000원이라는 가격에 시계를 샀을 겁니다.

이처럼 우리는 상대방의 앵커에서 크게 벗어나기가 어렵습니다. 쇼핑할 때도 판매하는 쪽에서 제시해놓은 가격표를 먼저 보지 않는 것은, 내가 나를 지키는 것 즉 내 스스로의 앵커를 만드는 중요한 비결입니다.

온라인 쇼핑에서는 더 중요합니다. 온라인 쇼핑은 접속만 하면 바로 상대방의 앵커에 당하기 쉬운 구조니까요. 그래서 온라인 쇼핑일수록 내가 살 물건의 목록을 작성하고, 거기서 그칠 게 아니라 내가 지불할 용의가 있는 최대 금액을 적어보는 지혜가 필요합니다. 그나마 오프라인에서는 쇼핑할 목록만 먼저 작성해도 괜찮습니다. 거리를 두고 물건을 볼 수 있기 때문에, 가격표를 보기 전 물건으로 다가가는 그 짧은 시간이나마 내가 가격을 매길 여유가 있으니까요.

우리는 임의의 숫자에도 현혹될 수 있습니다. 스마트 쇼퍼 smart shopper 즉 영리하게 쇼핑하는 사람들 이야기를 다룬 책들을 보면, "가격표를 보는 순간 당신은 백화점에게 지는 거다!"라는 말이 나옵니다. 무슨 뜻일까요? 백화점에서 '90% 폭탄 세일, 단돈 10만 원'이라는 플래카드를 내걸었습니다. 이것을 보는 우리는 100만 원짜리 물건을 90% 할인받아서 10만 원에 산다는 느낌을 받습니다. 순간 '이건 당장 사야 해!' 이런 마음에 사로잡히게 되죠.

그러나 가격표를 보기 전, 그 물건만 놓고 봤을 때 내가 먼저 적정가를 매겼다고 생각해봅시다. 예를 들어 나는 이 물건이 '7만 원 대면 살 거야' 혹은 '8만 원이 넘으면 안 살 거야'라는 기준을 정해놓으면 90%가 아니라 99%를 할인해도 현혹되지 않을 수 있습니다. 이처럼 영리한 쇼핑객은 어떤 물건을 사기 전, 그 물건의 가격표를 보기 전에 먼저 가격을 매기는 습관이 있다고 합니다.

## 흐린 날씨가 현명한 소비를 만든다

쇼핑을 할 때는 흐리고 꾸물꾸물한 날 하세요. 오프라인 쇼핑이든 온라인 쇼핑이든 말입니다. 날씨가 맑고 화창한 날에는 이른바 지름신도 훨씬 더 강한 힘을 발휘하게 되어 있습니다.

예전에는 실제로 날씨와 기억력에 관련된 연구들이 많았습니다. 최근에는 더 나아가, 날씨와 기억력이 결합해서 우리가 어떤 물건을 더 많거나 적게, 혹은 적정하게 사는 것에 큰 영향을 미칠 수 있다는 방향으로 연구가 확장되기 시작했습니다. 이와 관련해 소개할 논문 제목은 이렇습니다. "Can Bad Weather Improve Your Memory? An Unobtrusive Field Study of Natural Mood Effects on Real-Life Memory."

'나쁜 날씨, 그러니까 흐리고 꾸물거리고 어두운 날씨는 기억력을 향상시킬까요?'라는 뜻입니다. 다음 문장을 보면 현장연구field study라는 걸 알 수 있죠. 현장연구란 피험자가 자신이 실험 상황에 있음을 알지 못하는 '자연 상황'에서 행해진 질적 연구 방법을 말합니다. 현장연구를 통한 실험은 대부분의 조건이 통제 가능한 실험실 안에서 이루어지는 실험과는 다르다는 특징이 있습니다. 이 논문은 〈실험사회심리학저널Journal of Experimental Social Psychology〉에 실렸는데, 이 저널은 창조적이고 수준 높은 연구들이 많이 나오기로 유명하죠.

연구를 자세히 살펴보겠습니다. 이 연구는 시드니에서 실제로 신문 가판대와 문구점을 찾은 손님들을 대상으로 실시했습니다. 두 달에 걸쳐 오전 11시부터 오후 4시 사이에 이 두 가게를 찾은 73명의 고객을 대상으로 실험을 진행한 것입니다.

상점의 계산대에는 여러 가지 동물 피규어나 돼지 저금통 등 10개의 소품들이 진열되어 있습니다. 최소한 5분 정도 가게에서 시간을 보내고 무언가를 구매한 손님이 가게를 나가면, 연구원들이 직접 따라 나가서 그 손님에게 어떤 물건을 봤는지 물어봅니다. 실제 실험에서는 효과를 강화하기 위해, 날씨가 안 좋은 날은 매장에 슬픈 음악을 틀고 좋은 날은 행복한 음악을 틀었다고 합니다.

다음 그래프를 한번 살펴볼까요?

이것은 날씨가 좋은(맑은) 날과 나쁜(흐린) 날 회상한 물건의 수를 각각 그래프로 나타낸 것입니다. 초록색은 맞은 개수, 빨간색은 틀린 개수를 보여줍니다. 한눈에 딱 봐도 관찰 결과가 확연하게 차이를 보입니다. 날씨가 안 좋은 날 기억하는 물건의 수가 확연히 많은 것을 알 수 있죠.

기분이 좋을 때와 나쁠 때 맞는 것과 틀린 것이 비대칭적, 즉 거꾸로 나타나고 있습니다. 이 말은 날씨가 좋은 날보다

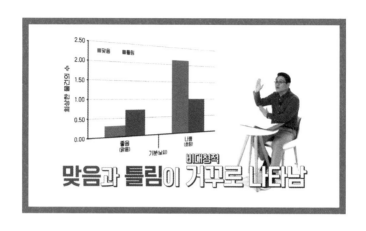

흐린 날 무언가를 정확하게 기억하는 데 유리했고, 부정확한 기억보다 정확한 기억의 양이 더 많다는 것을 알 수 있습니다. 좋은 날씨에 쇼핑한 경우에는 한 개를 떠올릴까 말까인데, 날씨가 안 좋을 때는 그 2배 이상을 성공적으로 기억하고 있죠.

　말하자면, 인간은 날씨에 큰 영향을 받는다는 말입니다. 기분이 좋은 날보다 기분이 나쁜 날, 즉 날씨가 흐린 날 기억의 양도 많고 정확도도 올라갑니다. 다시 말해 흐린 날 물건을 더 자세하고 정확하게 관찰한다는 것이죠. 왜일까요? 기분이 좋은 날 사람들은 날씨에 관심이 쏠리는 것은 물론이고, 친구와 만나서 즐겁게 떠들며 재밌게 보내게 되기 때문에 여러 가지 관심사들이 주의력을 분산시킵니다.

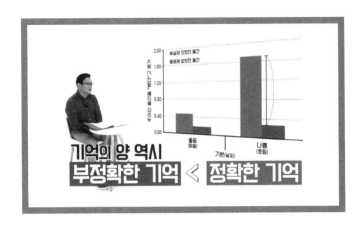

그런데 날씨가 흐린 날은 바깥 풍경을 보기보다는 내가 지금 주의를 기울이고 있는 대상에 좀 더 집중하게 될 것입니다. 과거에도 날씨가 좋은 날보다 흐린 날 기억을 더 많이 한다는 연구 결과는 실제로 있었습니다. 그런데 날씨가 좋은 날보다 흐린 날 무언가를 더 정확하게 기억하기가 유리하고, 부정확한 기억보다 정확한 기억의 양이 더 많아지고 높아진다는 결과가 새롭게 관찰되고 있습니다. 이 연구가 바로 실제로도 그렇다는 것을 증명하고 있죠.

쇼핑과 관련해서 기억의 정확도가 높아진다는 것은 어떤 의미일까요? 바로 내가 지금 그 물건을 직시하고 있다는 뜻이에요. 그저 물건을 피상적으로 판단한 게 아니라 더 정확하게 들여다보고 있다는 겁니다. 쇼핑의 경우 대부분 물건을

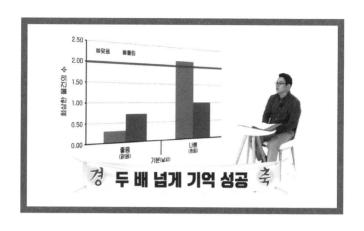

더 정확하게 볼수록 사지 않을 이유가 더 많아지겠죠? '이렇게 좋은 점이 많네?'라고 생각하기보다 '이런 점은 확실히 다른 기능이나 제품에 비해서 성능이 떨어지겠군. 아, 여기 좀 흠이 있네. 자세히 들여다보니까 여기는 마감 처리가 매끄럽지 않군' 하면서 더 세세하게 들여다볼 겁니다.

인생이 먼 거리에서 보면 희극이고 가까운 데서 보면 비극인 것과 마찬가지라고나 할까요. 어떤 제품도 멀리서 보면 멋있고, 가까이 살펴보거나 심지어 뒷면을 보면 하자가 눈에 띄기 마련입니다. 자동차도 그렇습니다. 쇼윈도 너머에 진열되어 있는 자동차는 한없이 멋져 보이지만, 안으로 들어가 차문을 열고 찬찬히 살펴보면 디자인이나 기능 등이 내가 생각했던 것과 많이 달라 보이기도 합니다.

어떤 물건을 훨씬 더 자세히 들여다본다는 것은, 그 물건을 사지 않을 이유를 더 많이 발견할 수 있다는 말입니다. 더 많이 기억한다는 것은 그 제품의 추상적 장점보다는 자질구레한 단점들을 더 많이 기억한다는 뜻으로 해석할 수 있습니다. 그러니까 흐린 날씨에는 제품이나 대상을 더 정확하고 많이 들여다보게 되어서 그 물건을 꼭 사야 할 것만 같고 황홀한 쇼핑을 즐기고 싶게 나를 조종하는 지름신에 당할 확률을 훨씬 줄일 수 있다는 말입니다.

인간과 날씨에 관해 좀 더 근본적인 이야기를 해보겠습니다. 우리 인간이 날씨에 영향을 받지 않고 일하기 시작한 지는 100년이 채 되지 않았습니다. 자연에서 식량을 얻었던 수렵채집사회의 인류부터, 우리 인간에게 날씨는 매순간 생존과 강력하게 직결되는 문제였습니다. 수십만 년 동안 지구상에서 단 한 순간도 예외 없이 날씨에 강력한 영향을 받으며 살아왔죠. 농경이 시작된 신석기시대부터 조선시대에 이르기까지, 날씨는 언제나 우리 삶의 당연한 일부였습니다.

그러나 현대사회에서는 비가 오나 눈이 오나 춥거나 덥거나 매일 같이 등교를 하고 출근을 합니다. 우리 인류는 날씨와 관계없는 삶을 꾸려 나가게 된 것이죠. 그래서 잠시 잊은 거예요. 나 역시 30만 년 동안 이 지구상에 존재했던 호모 사피엔스의 후예란 사실을. 이제 우리는 인류 역사에서 단 0.0001%도 안 되는 찰나의 시간 동안, 날씨와 무관한 '내 인생'을 살게 된 것입니다. 그러다 보니 날씨의 영향에서 자유롭다는 착각을 하게 된 것이죠.

## 쇼핑을 할 때는
## 나와 거리가 있는 사람과 상의할 것

그렇다면 지름신에 당하지 않고 스마트한 쇼핑, 즉 현명하게 물건을 구입하기 위한 또 다른 방법은 무엇일까요? 이 문제에 대해서도 재밌는 이야기를 해주는 논문이 있습니다. 이 논문의 요지는, 당신이 쇼핑을 하고 있지만 당신을 위해서가 아니라 다른 사람을 위해서 물건을 산다고 생각하라는 것입니다. 그러면 더 절약할 수 있고, 더 중요한 건 지혜로운 쇼핑이 가능하다는 것입니다. 논문 제목을 살펴보면 "Similar Psychological Distance Reduces Temporal Discounting"입니다.

직역하면 이런 뜻입니다. '비슷한 심리적 거리는 시간 할인을 감소시킨다.' 여기서 '시간 할인Temporal Discounting'은 시간적 소탐대실小貪大失로 바꿔 쓸 수 있습니다. 소탐대실이란, 작은 것을 탐하다 오히려 큰 것을 잃는다는 말이죠. 즉 시간이 지나갈수록 무언가의 가치가 자꾸 떨어진다discount는 말입니다.

우리는 꽤 많은 경우 시간이 지연되면 더 좋은 것이 있는데도 지금의 작은 욕심(소탐) 때문에 나중의 더 큰 가치를 떨어뜨리는 우를 범합니다. '마시멜로 실험'에 대해 들어본 분들도 있을 텐데요. 사람들에게 이렇게 질문합니다. "지금 빵을 1개 먹을래 아니면 1시간 뒤에 2개 먹을래?" 사람마다 선택이 다를 수 있지만, 아마도 지금 빵을 1개 먹겠다는 분들이 더 많을 겁니다. 시간이 지연되면서 '미래의 2개'의 가치가 '현재의 1개'의 가치보다 떨어지기 때문이죠. 이것이 바로 '시간 할인'의 개념입니다.

논문의 제목을 다시 살펴보면 '비슷한 심리적 거리는 시간 할인을 감소시킨다'고 했습니다. 나와 거리가 먼 사람을 위해 무언가를 할 때 시간 할인이 줄어든다고 해석할 수 있습니다. 즉 소탐대실이 아니라 지혜로운 판단이 가능하다는 말입니다. 이 논문에서 어떤 실험을 했는지 자세히 살펴보겠습니다.

사람들에게 자신과 굉장히 가까운 사람을 떠올리게 합니다. 이렇게 아주 가까운 사람을 1, 그냥 아는 사람을 100으로 설정한 뒤 머릿속에 100명의 리스트를 만들도록 합니다. 생각보다 많은 사람을 리스트로 만들게 하는 이유는, 이렇게 해야 심리적 거리를 구체적으로 파악할 수 있기 때문입니다. 심리적 거리가 1에 해당하는 사람은, 이 역시 사람마다 차이가 있기는 하겠지만 거의 대부분 죽마고우를 넘어서 혈육 혹은 혈육에 가까운 사람일 것입니다. 반대로 100에 가까운 사람은 나와 먼 사람이 되겠죠. 1년에 한 번 볼까 말까한 학교 동창이나, 직장에서 인사만 하는 사이인 동료, 얼굴도 잘 모르는 SNS 친구 등을 예로 들 수 있을 거예요.

이렇게 리스트를 만들었으면, 실험 대상자 중 절반 정도는 1에 가까운 사람을 위해 선택하게 하고 나머지 절반은 100에 가까운 사람을 위해서 선택을 하게 합니다. 예를 들어 누군가 당신에게 파리 여행권을 주면서 선택지를 줍니다. 당신에게는 두 가지 선택지가 있습니다. 파리 여행권을 지금 당장 받거나 1년 후에 받는 겁니다. 사용은 받은 즉시 가능합니다. 당신은 무엇을 고르겠습니까?

6개의 시나리오를 보고 답해주세요. 첫째, 1년 후 5성급 호텔에 최고급 스위트룸 혹은 당장 5성급 호텔의 일반 룸. 둘째, 1년 후 5성급 호텔 스위트룸, 당장 4성급 호텔. 셋째, 1년 후 5성급 호텔 스위트룸, 당장 3성급 호텔. 마지막 여섯 번째 옵션은 1년 후 5성급 호텔 스위트룸, 당장 숙소 제공은 안 되는 260파운드(약 40만 원)짜리 여행상품권 받기. 이처럼 점점 더 높은 강도의 시간 할인을 제시해 참가자들의 선택을 유도하는 것이죠.

선택지를 다시 한 번 곰곰이 따져보세요. 지금 당장의 옵션보다 1년 후의 옵션이 훨씬 좋은 옵션이죠. 그런데 재미있는 것은, 심리적 거리가 1에 가까운 사람을 위해 선택하는 사람들은 대부분 당장 받는 쪽을 선택했습니다. 반면 잘 모르는 사람, 즉 100에 가까운 사람을 위해 선택하는 사람들은 1년 후에 받겠다는 선택을 하는 경향이 굉장히 강했습니다.

시간이 걸리더라도 실현 가능하기만 하다면 훨씬 좋은 옵션을 선택한 것이죠. 대부분의 사람들은 1년 동안 아무리 열심히 돈을 모아 봤자 저렇게 업그레이드된 상품을 사기 힘들거든요. 1년만 기다리면 더 좋은 선택을 할 수 있는데, 사람들은 왜 더 가까운 사람들을 위해 선택할수록 시간 할인을 더 많이 해서 더 안 좋은 선택을 할까요? 바꿔 말하면, 왜 거리가 먼 사람을 위해서는 더 합리적이고 좋은 판단이 가능할까요?

바로 '가깝다'라고 하는 심리적 거리의 차이에서 즉각적으로 만족하고 싶어 하는 인간의 가장 어리석은 본능이 발동하기 때문입니다. 인간은 즉시적 만족을 추구합니다. 욕구라는 것 자체가 즉시적이기 때문이에요. 시험 결과를 받았는데 자기가 생각한 것보다 좋은 점수가 나온 학생들은 어떻게든 집에 일찍 가려고 안달을 합니다. 왜 그럴까요? 빨리 집에 가서 좋은 시험 결과를 가장 가까운 부모님께 보여주고 칭찬을 받고 싶은 욕구 때문이죠.

그런데 아이들에게 오늘 부모님이 출장을 가서서 3일 뒤에나 집에 온다고 얘기해주면 어떨까요? 아이들은 평소의 일과대로 학원을 가거나 수업이 끝나고 다른 일을 하는 등 아무 일도 없었던 듯 행동합니다. 즉시적으로 만족할 수 있는 것을 잠시 뒤로 미뤘기 때문에 보다 합리적인 행동이 가능하다는 것입니다.

우리는 가까운 사람일수록 더 구체적인 욕구에 몰입하게 됩니다. 거리가 멀어지면 추상적이 되기 때문에, 마찬가지로 추상적이고 개념적인 사고가 가능해집니다. 따라서 내가 어떤 물건을 사거나 결정을 내릴 때, 혹은 어떤 갈림길에 있을 때 나와 정말 가까운 사람에게만 조언을 구하면 오히려 나에게 가장 좋은 선택이 아닌, 시간 할인이 된 조언을 받을 가능성이 높아집니다. 반대로 나와 거리가 조금 있는 사람에게 묻거나 상의를 하면 더 합리적인 조언을 받을 확률이 커진다고 볼 수 있겠죠.

이것을 쇼핑에 적용해본다면, 쇼핑을 할 때 절친이 아닌 거리가 있는 사람과 상의하면 좀 더 합리적인 소비를 할 수 있을 겁니다. 거리가 먼 친구는 객관적인 사고가 가능할 테니까요. 하지만 평소에 연락도 잘 하지 않던 친구에게 어느 날 갑자기 사적인 이야기를 늘어놓기가 쉽지 않을 수 있습니다. 그럴 때는 그 사람을 떠올리면서, '그 사람이라면 이 물건을 어떻게 생각할까?'라고 상상해보는 것도 좋겠죠. 더 나아가, 쇼핑을 할 때 내가 쓸 물건이 아니라 남이 쓸 물건을 산다고 생각해보면 객관성을 발휘하는 데 훨씬 더 유리할 겁니다. 그것이 바로 지혜로운 쇼핑이겠죠.

이를 좀 더 확장해서 생각해보면, 우리 인생에는 나와 가깝고 나를 잘 아는 절친뿐 아니라 다양한 거리의 그냥 '아는 사람' 역시 필요하다는 깨달음을 얻을 수 있습니다. 모든 인간관계는 소중하니까요. 이것을 심리학에서는 '느슨한 관계가 주는 유용함'이라고 표현합니다.


지름신을 막는 쇼핑법에 대해 다시 한 번 정리해볼까요? 3편의 논문을 소개했으니 3가지로 지금까지 설명한 내용을 정리해보겠습니다. 오늘 장을 보러 가기 전에, 또는 인터넷 쇼핑을 하기 전에 당장 실천해보세요.

첫째, 쇼핑하기 전 사야 할 물건의 리스트를 작성하고 더불어 내가 생각하는 가격을 반드시 매겨보세요.

둘째, 우리는 생각보다 날씨에 영향을 많이 받는 존재입니다. 필요한 물건이 있을 때는 흐린 날 쇼핑을 해보는 건 어떨까요? 화창한 날씨에 들뜬 마음으로 쇼핑을 나서면 지름신에게 당할 확률이 높아지니까요. 반면 흐린 날씨에는 물건에 좀 더 집중할 수 있다는 것, 잊지 마세요.

셋째, 내가 아닌 다른 사람을 위해서 물건을 산다고 생각해보세요. 아니면 내가 물건을 사야 할 때 주변 사람 중에 나와 거리가 있거나 엉뚱한 생각을 잘하는 사람에게 조언을 구하는 것도 괜찮은 방법이 될 수 있습니다.

# 팬데믹 시대,
# 집이 지저분하게 느껴진다면

집에 있는 시간 늘어났습니다. 저뿐 아니라 거의 모든 분들이 그럴 겁니다. 집에 있는 시간이 늘었을 뿐 아니라 집에서 가만히 앉아 있는 시간도 덩달아 늘었습니다. 특히 소파나 침대에 멍하니 누워 있으면 전에는 전혀 눈에 띄지 않던 것들이 유난히 눈에 들어옵니다. 이런 경험을 해본 분들이 저 말고도 꽤 있을 거예요.

가장 먼저 눈에 들어오는 것은 안타깝게도 집이 굉장히 지저분하다는 겁니다. 남편들은 무심결에 '집이 왜 이렇게 더러워?' 혹은 '지저분해'라고 합니다. 특히 아내가 전업주부인 경우 이것은 금기어에 해당하죠. 저도 이 사실을 잘 알면서 결혼 22년 만에 처음으로 집이 왜 이렇게 더럽냐는 얘기를 한 번 했습니다. 쫓겨날 뻔했죠.

집에 있는 시간이 많아지니까 인테리어나 가구, 소품 같은 것이 만족스럽지 않고 좀 바꿔보고 싶다는 생각이 들기 시작합니다. 그래서 갑자기 일어나 협탁 위치를 조금 바꿔봅니다. 그래도 뭔가 허전하고 마음에 썩 들지 않습니다. 간접조명이 필요한가 싶어서 인터넷으로 조명기구를 2개 주문했습니다. 조명기구를 설치해놓으니, 이번에는 도자기 같은 장식품이 하나 있었으면 하는 마음이 듭니다. 또 인터넷으로 구매를 합니다.

막상 도자기를 놓으니, 이번에는 너무 고풍스러운 느낌이 들어요. 그래서 그 옆에 요즘 유행하는 캐릭터 인형을 한두 개 사서 진열해봅니다. 집에 점점 뭔가가 많아지기 시작합니다. 그러다 보니 점점 집 안 분위기가 뒤죽박죽이 되고 혼란스러워집니다. 이제는 급기야 큰 집으로 이사를 가야겠다는, 말도 안 되는 생각이 들기 시작합니다. 제 이야기가 터무니없이 들릴지도 모르지만, 이런 일이 실제로 많은 집에서 일어나고 있다고 합니다.

## 집은 우리에게 어떤 의미일까

한 조사에 따르면, 팬데믹 시대에 집에서 보내는 시간이 증가하면서 가구, 가전, 홈데코 등 리빙 제품에 대한 구매가 굉장히 많이 늘어났다고 합니다. 팬데믹 이후 리빙 제품에 관심을 가지고 구매를 고려한 적이 있다고 응답한 사람의 수가 전체 응답자 중 무려 82%가 넘는다고 합니다.(《매일경제》 2020년 7월 31일 자)

팬데믹 시대에 왜 우리는 집에 관심을 가지고 꾸미고 싶어 하는 걸까요? 팬데믹 시대에 집은 우리에게 어떤 의미일까요?

그전에 먼저, 왜 더 많은 사람들이 집 꾸미기에 관심을 갖게 되었는지 살펴볼 필요가 있습니다. 우리나라는 이미 4인 가구의 수보다 1인 가구의 수가 더 많아졌습니다. 다시 말해, 집이라고 부를 만한 곳의 숫자 자체가 더 많아졌다는 거예요.

단순하게 계산을 해보자면 5,000만이 사는 나라에서 거의 대부분이 4인 가구라고 하면 집은 1,000만 개가 좀 넘습니다. 그런데 5,000만이 모두 1인 가구라면 집은 5,000만 개가 되는 거죠. 그러니까 집을 꾸미는 데 관심이 있는 사람들이 많아졌다는 것은 산술적으로도 당연한 이치입니다.

예전에는 집 꾸미기가 40대 이상 주부들이 보는 여성잡지의 단골 주제였습니다. 그런데 20~30대 1인 가구가 늘어나면서 이제는 집 꾸미기가 거의 모든 남녀노소가 관심을 갖는 주제가 되었죠. 우리 모두가 한번쯤 생각해볼 만한 주제라는 겁니다.

팬데믹 시대에 그리고 팬데믹 이후 집은 우리에게 어떤 의미가 될까요? 《공간의 심리학》의 저자인 바바라 페어팔에 따르면, 주거 욕구는 주거 만족감을 높이는 데 중요한 역할을 하고 우리 삶 전반에 걸쳐서 기본이 되는 욕구라고 합니다.

이 주거 욕구는 안전, 휴식, 공동체, 자기표현, 환경구성, 심미성 이렇게 6가지의 하위 욕구로 분류됩니다. 그런데 최근에는 안전 욕구가 늘어나는 추세입니다. 안전 욕구란 간단합니다. 집이 안전한 동굴이 되어야 한다는 거예요. 동굴은 바깥세상의 유해한 환경이나 다른 생명체로부터 나를 차단하며 지켜주는 가장 완벽한 공간이죠. 심지어 집은 바이러스 같은 것을 막아내는 데도 적합한 공간입니다.

이 안전 욕구가 팬데믹 시대에 그 무엇보다 중요해졌습니다. 안전을 지키기 위한 이 공간은, 이제 그곳에 머무는 시간이 길어지면서 활기를 주는 공간이 되어야 할 필요성도 강조되고 있습니다. 그렇다면 팬데믹 시대에 집이라는 공간

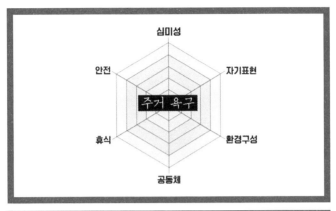

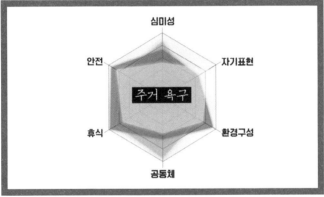

을 안전함과 활기를 주는 공간으로 만들기 위해서 필요한
건 뭘까요?

## 집을 꾸미기 전에
## 정리부터 시작하라

역설적이게도 내가 오랜 시간 머무는 공간에서 활기를 얻으려면 필요한 것을 채워 넣을 게 아니라, 먼저 불필요한 것을 버려야 합니다. 무엇이 필요한지보다는 무엇이 필요하지 않은지를 고민해봐야 한다는 말입니다.

불필요한 걸 버리지 않고 뭔가를 계속해서 사들이면 집 안은 점점 더 혼란스러워집니다. 이런 집에서는 점점 더 마음이 심란해지고 뭔가를 해봐야겠다는 생각이 들기는커녕, 아무것도 할 수 없는 상태가 돼버리고 맙니다. 팬데믹 시대에 집에 있는 시간이 길어지다 보니, 밖에 있는 시간이 많았던 때에 비해 집에서 해야 할 일이 늘어났습니다. 그런데 집에 불필요한 물건들이 많아지면, 그 물건들에 치여 오히려 집에서 할 수 있는 일들이 점점 더 줄어든다는 거예요.

팬데믹 시대에 가장 필요한 건 '정리'입니다. 여기서 정리란 물건을 재배치한다기보다는 필요 없는 물건을 과감히 버리는 거예요. 인간은 재미있게도 물리적 공간과 심리적 공간이 상당 부분 일치합니다. 물리적 공간이 생겨야 마음에도 공간이 생기는 법이거든요.

사실 이는 팬데믹 이전에도 분명히 관찰되던 현상이었습

니다. 가족끼리 사이가 별로 안 좋고 갈등이 심한 경우를 관찰해보면, 공통적으로 보이는 현상이 있습니다. 집 안에 물건들이 빽빽하게 채워져 있다는 것입니다. 그렇기 때문에 심리적으로도 여유가 사라지는 것이죠.

정리를 하겠다고 마음먹었다면, 집 안에 활기를 불어넣고자 한다면 무엇을 살지 결정하기 전에 먼저 무엇을 버릴지 결정하는 것이 중요합니다. 무엇을 버릴지 결정할 때는 한집에 사는 가족들과 서로 상의를 해보는 것도 굉장히 좋습니다. 무언가가 필요한지 필요 없는지는 가족이라도 서로 생각이 많이 다를 수 있고, 이런 과정을 통해 우리 가족이 어떤 생각을 가지고 있는지 잘 알 수 있게 되거든요.

'당신도 이거 필요 없다고 생각해?' '너도 이거 필요 없다고 생각하니?' '엄마도요?' '아빠도요?' '너도?' 이렇게 이야기를 나누다 보면, 재미있게도 의견일치의 아주 색다른 느낌을 맛볼 수도 있습니다.

우리는 흔히 '어디로 놀러갈까?' '무엇을 먹을까?' 혹은 '어떤 물건을 살까?' 이렇게 무엇인가를 소비하거나 채워 넣을 때에만 의견 일치를 봐야 한다고 생각하고, 무언가를 버리거나 비울 때는 가족 중 한 사람의 독단적인 의견으로 결정하는 경우가 많습니다. 그래서 '그거 왜 버렸어?' '그 물건 왜 치웠어?'라는 말이 나오게 되는 갈등 상황이 많이 발생하곤 하죠.

제 딸이 중학교에 다닐 때 일입니다. 한번은 물건을 정리하는데, 딸이 팔레트는 절대 버리면 안 된다는 거예요. 비싼 돈을 주고 샀던 물건도 이젠 안 쓰니 미련 없이 버려도 된다고 했던 아이가, 팔레트를 버리지 못하는 걸 보면서 미술에 관심이 있다는 걸 알게 되었죠. 사람마다 집착을 넘어 애정을 담은 물건이란 게 있습니다. '버림'이라는 주제로 가족들과 한번 대화를 나눠보고, 집 안 정리는 물론 상대에 대한 존중감을 되새겨보는 계기를 만들어보는 건 어떨까요?

한번 날을 정해놓고 '오늘은 우리가 버릴 것을 정하는 날이야. 이건 버릴까 말까?'라면서 가족들과 상의해보세요. 그러면 어느 한 사람이 특정 물건을 왜 버리면 안 되는지 얘기하는 동안, 다른 가족들은 그 사람이 오랫동안 무엇에 관심을 가져왔는지 알 수 있게 됩니다.

1인 가구이거나 혹은 개인적인 물건을 정리할 때도 마찬가지입니다. '나는 이걸 좋아해서 버릴 수 없겠구나' '이건 관심이 덜해서 버릴 수 있겠구나' 생각하며 버릴 것을 고르는 과정에서, 내 에너지를 어디에 좀 더 쏟아야 하는지 결정할 수 있게 됩니다.

주기적으로 주변을 정리하지 않으면 우리가 생활하는 공간에 불필요한 것들이 계속 쌓이고 채워져 있겠죠. 저 역시 마찬가지였습니다. 팬데믹 기간에 저는 제 방과 학교 연구실에서 전체 물건 중 거의 3분의 1가량을 치우고 비워냈습니다. 그랬더니 새로운 연구 혹은 새로운 책을 집필할 수 있는 아이디어가 나오기 시작하더군요. 비워야 다시 새로운 걸로 채울 수 있습니다. 물리적 공간을 비워야 마음속에서도 무언가 다시 채워 넣을 수 있는 것들이 만들어집니다.

## 공간에 대한 다양한 욕구가
## 상충할 때에는

앞서 언급한 바바라 페어팔의 얘기로 다시 돌아가봅시다. 주거 욕구에는 안전, 휴식, 공동체, 자기표현, 환경구성, 심미성 이렇게 6가지 하위 욕구가 존재한다고 했습니다. 그런데 인간은 이 6가지 욕구를 한 공간에서 다 만족시키고 싶어 한다는 겁니다.

이 6가지 욕구는 서로 다른 정도를 넘어서서 상충하기가 쉽습니다. 다른 사람들과 만나 어울리고 싶은 공동체의 욕구가 높아지면 편안하게 휴식을 취하고 싶은 욕구나 불안으로부터 보호받고 싶은 안전에 대한 욕구는 상대적으로 소홀해질 수 있습니다. 휴식은 동굴같이 어둡고 조용한 곳에서 취하는 게 좋을 테니까요. 또한 위험으로부터 자신을 지키려 하는 안전에 대한 욕구가 너무 크다 보면 자유롭게 자신을 표현하고자 하는 욕구를 억눌러야 할지도 모릅니다. 다시 말해 이 6가지를 한 공간 안에서 모두 만족시키기 어렵다는 것을 인정해야 합니다.

이렇게 다양한 욕구들이 상충하는 것을 조금 줄일 수 있는 방법은, 공간마다 테마를 정해보는 것입니다. 집이 좁다면 작은 칸막이로 파티션을 나눠주는 것도 한 가지 방법입니다. 우리나라 건축 구조에서는 대체로 이미 벽이 설치되어 있는 구조가 확고하게 자리 잡고 있기 때문에 벽을 파티션으로 잘 활용하는 것도, 즉 방마다 테마를 정하는 것도 합리적인 방법이 될 수 있습니다.

좀 더 근본적인 방법도 있습니다. 요즘엔 한집에서 오래 살지 않고 이사를 다니는 일이 많죠. 그래서 저는 이사를 가게 되면 먼저 내가 들어갈 집에 이삿짐이 들어오기 전, 빈 공간을 꼭 사진으로 찍어두라고 조언합니다. 살림살이가 이미 들어온 집은 방이나 공간에 테마를 잡기가 어렵기 때문입니다. 빈 공간을 사진으로 남겨두면 테마를 잡기가 훨씬 더 쉬워지죠. 사실 저는 이런 사실을 나중에야 깨달았습니다.

제가 미국 유학 시절 급하게 이사를 들어간 집에서 4년 동안 살았습니다. 4년이란 시간을 한집에서 살다 보니 세월이 쌓아놓은 물건의 양도 계속해서 늘어갔죠. 한국에 돌아오기 위해 아파트에서 짐을 다 치운 다음, 4년 동안의 추억이 켜켜이 쌓인 이 정든 공간을 사진으로라도 남겨야겠다는 생각이 들었어요. 아내와 함께 사진을 한 장 한 장 넘겨보는데, 그제 야 깨달았습니다. '이 방은 가구를 이렇게 배치했으면 좋았을걸.' '이 방은 이런 용도로 사용했으면 딱 좋았겠네.' 4년을 살면서 미리 생각지 못했던 것을, 집을 다 비우고 난 다음에 야 깨달은 것입니다.

이사를 앞두고 있는 분이라면, 혹은 언제가 될지 모르지만 앞으로 이사를 하게 된다면, 짐을 들여놓기 전에 먼저 아무 것도 없는 빈 공간의 사진을 찍어보세요. 그런 다음 그 공간 들을 어떻게 채울지 생각해보세요. 이것은 우리 삶을 더 편 안하고 안락하게 만들기 위해 앞으로 습관화시켜야 하는 방 법이기도 합니다. 나에게 필요한 것은 내가 가장 잘 알고 있 죠. 그렇기 때문에 빈 공간을 보고 객관적으로 생각하는 게 중요합니다.

이때 주의할 것은 집이 아닌 다른 공간에서 생각해봐야 한다는 것입니다. 집을 꾸민다거나 혹은 집에 테마를 정한 다고 할 때, 왜 집에서만 그 생각을 하려고 할까요? 객관적 으로 생각한다는 걸 우리는 다른 말로 이렇게 표현하죠. '한 발자국 떨어져서 생각해본다.' 내 집의 공간을 어떻게 꾸밀지는 그 집의 사진을 찍어서, 집이 아닌 다른 공간, 예컨 대 카페나 도서관 같은 데서 가족끼리 모여 얘기해보는 게 가장 객관적일 수 있습니다. 이미 지금 살고 있는 집이라면 집에 있는 공간 사진을 쭉 찍어서 가족여행을 갔을 때나 다른 곳에서 식사할 때 얘기해보는 것도 좋습니다. 가족 모두를 객관적이고 협력적으로 만들어줄 가능성을 키울 수 있을 겁니다.

## 심리적으로 안정된 주거 공간 꾸미는 법

나의 주거공간에 심리적으로 안정감을 주고 싶다면 또 다른 방법이 있습니다.

우리나라의 집은 기본적으로 외국 사람들이 보기엔 안정 감을 느끼기 굉장히 좋은 공간입니다. 반대로 활력과 즐거움 을 주기에는 다소 부적합한 구조로 되어 있습니다. 우리나라 집들은 층고, 즉 천장 높이가 기본적으로 낮게 설계되어 있 기 때문입니다.

저는 외국, 특히 미국이나 캐나다 혹은 오스트레일리아처 럼 면적이 넓은 나라에서 일반 가정에 갔을 때 평수를 물어 보고 깜짝 놀랍니다. 제가 생각한 것보다 작은 평수임에도 불구하고 집이 커 보이기 때문이죠. 그 이유는 바로 천장 높이 때문입니다.

천장이 높은 집은 넓어 보이고 공간감이 있지만, 이상하게도 잠은 잘 안 오더라고요. 왜일까요? 바로 안정감이 떨어지기 때문입니다. 천장이 낮고 좁으면 우리는 안락함, 편안함, 안정감을 느낍니다. 반대로 천장이 높고 면적이 넓어 개방감이 있을수록 새로운 아이디어나 재미를 추구하는 데는 유리하다는 게 많은 심리학 연구에서 관찰되는 현상입니다.

그렇다면 집에 안정감이 좀 더 필요할 때 어떻게 하면 될까요? 중요한 건 천장의 높이입니다. 그런데 천장 높이는 애초에 원하는 높이로 집을 짓지 않는 한, 인위적으로 조절하기가 힘들죠. 그렇다면 내가 천장 쪽으로 좀 더 올라가면 되죠.

프레임이 높은 침대를 놓는다거나, 매트리스를 좀 더 두꺼운 것으로 바꾼다거나, 이불을 좀 더 두툼하게 깔아보세요. 이런 식으로 5cm 정도만 변화를 주어도 안정감에서 큰 차이를 느낄 수 있습니다.

인간은 높이에 굉장히 예민한 존재입니다. 예민하다는 것은, 사소한 것에도 심리적 변화가 크게 일어난다는 뜻이죠. 그러니 무언가 내릴 수 없다면 나를 조금 더 올려서 안정감을 만들어내는 작은 지혜를 발휘해볼 수 있습니다.

예컨대 자녀가 여럿 있는 경우 2층 침대를 놓으면 아이들

천장이 낮고, 공간이 좁을 때
안락함, 편안함을 느낀다

천장이 높고, 옆으로 개방감이 있을수록
활력, 새로운 아이디어 생성에 도움이 된다

은 어떻게든 서로 2층에서 자겠다고 아우성입니다. 어른들이 생각할 때는 2층이 불편할 것 같은데요. 불편함을 감수하더라도 2층으로 올라가려는 이유는, 천장이 낮아지니 안락하고 더 포근한 느낌을 받기 때문이에요.

집에 안정감이 필요할 때는 또 공간을 약간 좁게 만드는 것이 효과가 있는데, 어떻게 하면 공간을 좁게 만들 수 있을까요? 파티션이나 칸막이로 해결하면 됩니다. 예를 들어 방 가운데에 책장을 놓아서 칸막이처럼 활용할 수 있습니다. 그러면 방이 두 공간으로 분리되죠. 이렇게 잠을 자는 공간을 인위적으로 좁혀주면 안정감이 높아져서 잠을 더 잘 잘 수 있습니다. 침대 한쪽은 벽으로 막혀 있고 다른 쪽은 책장으로 막혀 있기 때문에, 태아가 마치 자궁 속에 들어 있는 것처럼 편안한 느낌을 받으면서 불면증이 해결되는 것이죠.

집에 안정감을 주는 또 하나의 방법이 있습니다. 모든 책을 한방으로 몰아넣는 것입니다. 책은 지식이죠. 많은 사람이 지식은 가볍지 않고 무겁다고 생각합니다. 도서관처럼 책이 많이 쌓여 있는 공간일수록 사람들은 사담을 적게 나눕니다. 책이 싹 빠져나간 공간에서는 굉장히 쉽게 떠들기도 하죠.

우리는 무의식중에 '책은 지식이고 지식은 무거우니 차분하고 조용히 해야 한다'라는 연결고리를 만들어서, 책 앞에서 조용해지고 안정감을 느낍니다. 이렇게 집 안에 있는 책을 한 공간에 몰아두면 그곳에서 안정감을 느끼게 된다는 거죠.

저는 이 효과를 최근 많아진 온라인 강의 촬영에서도 느낄 수 있었습니다. 촬영감독님들이 책이 많이 꽂혀 있는 벽

쪽으로 저를 데려다놓고 진지한 내용을 차분히 얘기하라고 말씀하시더라고요. 반면 활발한 토론을 이끌어내야 할 때는 책이 없는 공간으로 데려가서, 여기가 적합할 거라고 얘기를 했습니다. 촬영감독님들은 시청자의 무의식을 잘 간파하고 있는 것이죠.

여러분의 집에 책이 이 방 저 방에 흩어져 있다면, 이번 기회에 큼지막한 책장을 마련해서 한 공간에 모아보는 것은 어떨까요? 그 옆에 편안한 의자와 작은 테이블을 놓고 차 한잔을 마시면 조금 더 편안한 마음을 가지기가 쉬워질 겁니다.


집에서 보내는 시간이 많아졌는데, 집에 가는 시간이 기다려지지 않는다거나 집에 있는 시간이 즐겁지 않다면 그것도 참 곤혹스럽겠죠. 그렇다면 집에 대한 애정을 키워보는 건 어떨까요? 쉽고 재미있는 방법이 있습니다.

우리는 애정이 있는 것에 흔히 애칭을 부여합니다. 그런데 가장 비싸고 가장 많은 시간을 보내는 집에는 왜 애칭을 안 붙여주세요? 그러니까 늘 똑같은 집이 되는 겁니다. 같은 집이라도 이름을 달리 붙이면 생각이 달라집니다. 한 실험 결과, 어떤 집 사진을 보여주고 '타운하우스' 혹은 '콘도' 등 각각 다르게 불러주니 사람들이 그 집에 대해 기억하고 있는 것이 달라졌습니다. 바로 이 점을 이용하는 거예요.

제가 한 약사 부부를 본 적 있습니다. 이 부부가 일을 마치고 약국 문을 닫는데 한 분이 이렇게 말했어요. "우리 빨리 휴펜션 가자." 그래서 제가 여쭤봤어요. "아니 어디 놀러가세요?" 그랬더니, "아뇨 저희 집 별명이에요"라고 얘기하시더라고요.

인터넷 블로그를 한번 보세요. '누구누구의 무슨 집' '누구누구의 무슨 공간' '누구누구의 무슨 랜드' 이렇게 가상의 공간마다 반드시 이름을 붙여줍니다. 이처럼 진짜 내가 사는 집에도 애칭을 붙이는 겁니다. 내가 어떤 이름을 붙이는지에 따라 분위기가 완전히 달라질 수 있습니다. 이름을 다르게 하는 것만으로도 그 집에 살고 있는 주인공인 나와 우리 가족에게 엄청나게 다른 느낌을 줄 수 있습니다.

비슷한 방식으로 방마다 이름을 다르게 붙일 수도 있겠죠. 어떤 방에 이름을 붙이는 것은 공간을 분리해 집을 더 다양하게 쓸 수 있는 방식이자 가족끼리 할 수 있는 놀이가 되기도 합니다. 막내 딸아이의 방에 제가 '채원이 방'이라고 했더니, 딸아이가 "채원랜드라고 해주세요"라고 하더라고요. 그래서 왜 채원이 방이 아니고 채원랜드냐고 물었더니, 우리 딸 하는 말이 "저는 제 방에서 놀아요. 그냥 사는 게 아니에요"라는 거예요.

지금까지 요 1~2년 사이 우리가 많은 시간을 보내고 있는 집을 어떻게 하면 더 편안하고 즐거운 공간으로 만들 수 있을지 얘기해봤습니다. 가장 중요한 것은 집에 뭘 사서 꾸밀지보다는 뭘 버릴지를 먼저 생각해보아야 한다는 것, 잊지 마세요.

# 장기화된 재택근무,<br>업무 효율이 떨어져<br>고민이라면

　우리는 팬데믹 시대에 정말 많은 '뉴노멀'을 겪고 있습니다. 그중에서도 특히 일상적인 공간에서 당연하게 해왔던 많은 것들을 더 이상 누리지 못한다는 점이 큰 어려움으로 다가옵니다.

　저는 커피 한잔하려고 오랜만에 커피전문점에 갔는데 매장에 앉지 못하게 한다거나, 밥 먹으러 우동집에 갔는데 앉지 말라고 해서 '그럼 밖에서 서서 먹으면 될까요?'라고 어이없는 농담을 던지며 돌아나온 적도 있습니다. 아마 여러분도 비슷한 경험이 있을 겁니다.

　직장에서도, 학교에서도 이렇게 일상이 무너진 경우가 많죠. 저도 두 아이를 두고 있는데요. 아이들이 원격수업으로 학교를 안 가는 날이 많았어요. 아이들이 제가 집에 들어갈 때도 자고 있고, 나올 때도 자고 있더군요. 부모로서 마음이 복잡해지곤 했습니다.

어느 특정한 시점을 계기로, 늘 다니던 장소에 더 이상 갈 수 없게 되거나 이용 시간에 제약이 생기면서 그곳에서 했던 일들 대부분을 집이라는 공간에서 대신 하게 되었습니다. 심지어 사회적 거리두기 조치가 강화되면서 5인 이상은 아예 모일 수 없던 적도 있었죠. 새롭게 세워진 이 사회적 원칙이 익숙하지 않아서 각각 인원수를 쪼개어 4인씩 혹은 2인-3인씩 다른 테이블에 앉으면 되지 않느냐며 변칙을 쓰는 사람도 있었고, 그걸 말리면서 속상함을 느껴본 경험도 있습니다.

이 모든 것들의 핵심은, 우리가 밖에서 누리던 일상과 외부의 생활을 모두 '집'에서 할 수밖에 없는 상황이 벌어지고 있다는 것입니다.


## 일도 공부도 휴식도
## 집에서 하는 시대


이 '집'이라는 공간은 코로나 이전까지만 해도 우리에게는 명백한 휴식처의 의미였습니다. 밖에서 열심히 일하다가도 혹은 누군가와 즐거운 만남을 하다가도 결국은 집으로 돌아옵니다. 편히 쉬기 위해서죠.

이렇게 휴식의 공간으로 생각해온 집을 이제는 훨씬 다양한 용도로 사용해야 합니다. 충분히 당황스러울 수 있는 일이지요. 그중에서 가장 대표적인 것이 일과 공부일 것입니다. 회사에 출근하지 않은 채, 혹은 학교에 등교하지 않은 채 집에서 일과 공부를 해야 하는 날이 많아지고 있습니다. 특히 팬데믹 시기 이전까지는 집에서 일한다는 발상 자체가 잘 허락되지 않았어요. 학생들의 경우 집에서 공부를 하려면 할 수는 있겠지만, 관리나 감독 없이 자율적으로 공부하자니 집중도 잘 안 되고 자세가 흐트러진다는 하소연도 많이 나왔습니다.

이제는 이러한 상황을 어쩔 수 없이 받아들여야 합니다. 심지어 지금의 팬데믹 상황이 종료된다 하더라도, 앞으로는 집에서 일하거나 공부해야 하는 상황이 어느 정도는 유지되거나 더 정착될지 모릅니다. 왜일까요? 팬데믹의 주기가 점점 짧아지고 있기 때문입니다.

지난 100년 동안을 한번 떠올려봅시다. 흑사병과 스페인독감 사이에는 수백 년의 시간차가 있었어요. 그런데 1918년에 발생한 스페인독감 이후부터 2019년에 시작된 코로나19까지 그 사이에는 그보다 많은 세계적 유행병이 발생했습니다. 그 시간차도 점점 짧아지고 있죠. 그러니 앞으로 또 다른 팬데믹이 닥치면서 우리가 어려운 시간을 보내게 되리라는 것은 얼마든지 예측할 수 있습니다.

이제 집에서 일하고 공부하는 것은 어느 정도 당연하게 받아들여야 하는 현실이 되었습니다. 하지만 머리로는 이해하더라도 현실로 받아들이고 적응하기는 쉽지 않죠. 집에서 무언가를 해야 하는데 자꾸 집중이 안 되고 흥미도 떨어집니다. 또한 집에서 일이나 공부를 하도록 시키고 관리해야 하는 입장에서는, 동기부여하기도 어렵고 24시간 눈으로 지켜볼 수도 없으니 불안합니다. 하는 사람과 시키는 사람 모두 불안한 것이죠.

이런 팬데믹 시대에 집에서, 혹은 그와 유사한 장소에서 일과 생활을 어떻게 더 효율적으로 할 수 있을까요? 이제부터 그 방법을 살펴볼까 합니다. 한 발 더 나아가 남들이 생각하지 못한 혹은 기존에 생각하지 못한 의외의 장점들을 발견함으로써, 예전의 직장생활이나 학교생활보다 더 나아질 수 있는 실마리와, 어디서든 일과 공부를 잘할 수 있는 5가지 비법을 공개하고자 합니다.

## 재택근무가 아닌 원격근무,
## 장소의 경계가 아닌 업무의 경계를 만들어라

그 5가지 비법을 공개하기에 앞서, 정체불명의 말 하나를 바로잡고 싶어요. 바로 '재택근무'라는 말입니다. 우리가 재택학습이라는 말은 잘 안 쓰는데, 재택근무라는 말은 많이 써요. 학교에서는 보통 원격학습이라고 하거든요. 근무도 '원격근무'가 맞습니다. 재택근무가 아니에요.

이게 무슨 뜻일까요? 기존에 우리가 한 공간에 모두 모여서 일했다면, 이제는 각기 다른 공간에 떨어져서 온라인으로 소통하며 일합니다. 그렇기 때문에 집이 아니라 하더라도, 서로 어느 정도 안전한 거리를 유지했다면 일하는 장소가 어디가 됐든 상관없어요.

근데 말이라는 게 사람의 사고를 제한하기 때문에, "재택근무합니다"라고 보고받은 직장 상사가 원격으로 회의하는데 부하직원의 화면 배경이 집이 아닌 것 같다면 그 부하직원에게 이렇게 얘기합니다. "자네 지금 어딘가?"

회의에서 중요한 것은 지금 얼마나 필요한 얘기를 하고 있고, 논의된 사항을 얼마나 잘 실천하고 업무에 반영하느냐겠죠. 그런데 재택근무라는 말을 쓰면 집에서 일해야 한다는 사고에 갇힙니다. 집이 아닌 다른 곳에서 접속하면 마치 근무지를 이탈했다고 생각하면서, 부장님이나 상무님이 부하 직원을 닦달하거나 몰아세우는 상황이 벌어집니다. 그러면 핀잔을 받은 사람은 또 다른 고립감이나 구속감을 느낍니다.

회사에 가보면 많은 회사들에서 상사나 관리자가 창가 자리에 부하직원들의 등을 보며 앉아 있습니다. 이걸 권력자의 자리라고 하죠. 이 자리에 있는 사람들은 창문을 등지고 앉아 쏟아지는 따뜻한 햇볕을 받으며 자기 시야에 있는 사람들을 지켜보고 감시할 수 있어요.

그래서 평사원들은 일할 때면 항상 누군가가 나를 지켜보고 있다는 느낌을 이미 받고 있습니다. 여기서 그치지 않고 '네가 지금 일하는 장소가 어디냐'에 계속해서 집착한다면 구성원이 이전보다 더 심한 구속감을 받을 수 있습니다. 어디든 다른 곳에서 업무를 하던 중이었더라도, '아, 부장님한테 괜한 잔소리 듣기 싫다' 하는 마음에 굳이 많은 시간을 써가며 집에 들어가서 온라인에 접속하는 웃지 못할 일도 생깁니다.

그러니 일단 제대로 된 용어는 원격근무라는 것을 숙지합시다. 영어로는 리모트워크Remote Work라고 하죠. 원격근무라는 말을 쓰는 것이 또 중요한 이유는 바로 집에서 일한다는 단순한 개념이 아니라, 내가 회사로부터 멀리 떨어진 상태에서 일하고 있다는 점을 자각하면서 집과 일, 혹은 가정과 업무를 심리적으로 구분하는 게 더 중요하기 때문입니다.

재미있게도 재택근무라고 하면 일하는 사람에게는 혼돈을 야기하고 안이함을 만들어내기 쉽고, 일을 시키는 사람 입장에서는 불안해집니다. 원격근무라는 말을 쓰면 기본적으로 우리의 생각이 '아, 나는 지금 집에 있지만 분명히 직장 일을 하고 있구나'라고 인식하면서 심리적 경계선이 만들어져요. 원격근무라는 말을 사용해야만 일을 시키는 사람도 상대방이 어디에 있는지 궁금해하면서 불필요한 통제를 하지 않고, 상대방이 하는 일에만 집중할 수 있습니다. 그러니 재택근무보다는 원격근무라는 정확한 용어를 사용합시다. 이 용어를 사용해야만 말에 대한 우리의 무의식적 고정관념을 활성화시키지 않을 수 있고, 그로 인한 피해를 줄일 수 있습니다.

그렇다면 원격근무 상황에서 우리가 어디에 있든 집중해서 업무를 잘 처리할 수 있게 하는 방법에는 뭐가 있을까요? 핵심은 우리의 '뇌를 살짝 속여야 한다'는 것입니다. 우리 뇌는 참 재미있어요. 뇌를 약간 속임으로써 '내가 그 상황에 있구나, 그러니 이렇게 해야겠구나' 하는 지령을 스스로 내립니다.

뇌를 약간 속이는 것은 단순히 기만하는 게 아니라, 우리 뇌가 어떤 일을 더 잘하게 만드는 지혜로운 방법입니다. 이걸 영어에서는 넛지nudge라고 하죠. 옆구리를 살짝 쿡 찔러서 긍정적인 방향으로, 혹은 원하는 방향으로 갈 수 있게 하는 큰 차이를 만들어내니까요.

## 팬데믹 시대의 업무 요령 1:
## 자세 신경 쓰기

뇌를 속여 넛지를 일으키는 방법에는 여러 가지가 있습니다. 집에서도 일 잘하는 5가지 비법 중 그 첫 번째이자 가장 중요한 것이 바로 자세입니다. 우리의 뇌는 자세를 통해서 굉장히 쉽게, 긍정적으로 속습니다. 자세가 중요한 이유는, 인간의 몸과 마음이 분리되지 않고 일치되어 있기 때문입니다.

흔히 "자세를 바르게 해"라고 특히 학생들에게 많이 이야기하죠. 어떨 때 그러나요? 상대로 하여금 내 얘기에 경청하게 만들 때 이런 말을 합니다. 자세가 마음과 태도에 영향을 미친다는 사실은 심리학적으로도 아주 많은 연구를 통해 증명되었습니다. 그렇기 때문에 원격근무를 할 때에도 자세는 그 무엇보다 중요합니다.

저는 중요한 메시지나 글을 읽을 때는 연구실에서든 집에서든 일단 일어섭니다. 자세를 바로 하기 위해서죠. 차렷 자세처럼 조금 경직되고 긴장감을 유발하는 자세를 취한 다음 해당 글을 읽습니다. 이와는 반대로 소파에 누워서 무언가를 읽을 때도 있습니다. 어떤 논문이든 책이든 내가 느슨한 마음으로 읽어야겠다, 혹은 너무 경직된 자세를 취하면 안 되겠다 싶을 때 저는 제 연구실에 있는 작은 소파에 거의 눕다시피 합니다. 흥미롭게도 이렇게 약간 딱딱하지만 진지한 자세와, 뭔가 여유롭고 완만한 자세가 우리의 생각에도 영향을 미칩니다. 자세와 생각이 동일시되는 것이죠.

또 다른 예로, 저는 어떤 내용이든 무릎을 꿇고 보기 시작하면 그 내용이 굉장히 거룩해 보입니다. 왜일까요? 우리는 거룩한 것 앞에서 무릎을 꿇기 때문입니다. 반면 무언가를 위에서 내려다보면 왠지 만만해 보입니다. 믿기 어려울 수도 있지만, 이에 관한 연구는 헤아릴 수 없이 많습니다. 그만큼 자세가 우리 생각에 미치는 영향이 크다는 것이죠.

심지어 어떤 자세를 취하느냐에 따라 그 내용을 훨씬 더 전체적으로 조망할 수도 있고, 반대로 훨씬 더 구체적으로 볼 수도 있습니다. 여기서 조망한다는 건 어떤 뜻인가요? 높은 위치에서 내려다본다는 뜻입니다. 높은 위치는 실제로 대개가 권력자의 자리입니다. 거의 모든 기업에서 회장실이 맨 꼭대기 층 아닌가요?

물론 예외도 있습니다. 제가 예전에 방문했던 한 회사는 기업 회장실이 1층에 있었습니다. 굉장히 놀랐어요. 또 어떤 시의 시장님을 방문하러 간 적이 있는데 그분의 집무실도 1층에 있었습니다. 보통 기업이나 지방자치단체의 건물 1층에는 소비자센터나 민원센터가 있잖아요. 그런데 회장이나 시장이 1층에 있으니 굉장히 색다른 느낌을 받았고, 마치 그분들과 허심탄회하게 얘기할 수 있을 것 같은 느낌이 들더라고요. 아니나 다를까 그런 기업이나 지방자치단체의 분위기를 보면 실제로 수평적이고 소통이 원활한 곳이 많습니다.

하지만 허심탄회하다고 다 좋은 건 아닙니다. 늘 허심탄회하고 지엽적인 대화를 하다 보면 큰 그림을 못 그릴 수 있어요. 그래서 보통은 권력이 커짐에 따라 위치도 높아지는 경우가 대부분입니다.

결국 전체 골자를 파악하기 위해서는 조망적인 시각이 필요합니다. 자질구레한 세부사항은 조금 놓치더라도 큰 그림을 그려야 하니까요. 큰 그림을 그리고 싶다면 몸을 일으켜 내려다보세요. 권력감이 느껴지는 높은 자세를 취하고 밑을 내려다보면 큰 골자를 파악하는 데 더 유리해집니다. 우리 눈과 책 혹은 문서 사이의 거리도 마찬가지입니다.

이와 반대로 내가 밑으로 내려간다고 해보죠. 저권력자가 되는 겁니다. 이런 자세를 취하려면 무릎을 꿇고 위를 올려다봐야 합니다. 그러면 무엇이 더 잘 보일까요? 고권력자들이 큰 그림을 그린다면, 낮은 위치에 있는 사람들은 세부적인 일을 잘합니다. 그래서 자세를 낮추고 보면 세부사항을 놓치지 않고 구체적으로 파악하기가 수월해집니다.

원격근무를 할 때 내 자세는 어떤지 카메라로 한번 찍어보시기 바랍니다. 동영상으로 찍어보면 직장에서의 자세와 원격근무를 할 때 자세가 얼마나 다른지 한번쯤 돌아보는 계기가 될 겁니다. 제가 모 기업에서 강의하면서 "원격근무를 할 때 어떤 자세를 취하는지 10분만 찍어서 보내주세요"라고 요청했습니다. 그랬더니 대부분의 사람들이 제출을 못 하겠다고 했습니다. 자기가 봐도 자세가 많이 흐트러져 있었다는 거죠. 그러니 여러분도 한번쯤은 자신의 자세를 돌아보면 좋겠습니다.


## 팬데믹 시대의 업무 요령 2: 녹음하기

두 번째로 강조하고 싶은 업무 요령은 '녹음하기'입니다. 사실 이것은 원격근무가 가진 장점입니다. 우리 주변에는 굉장히 많은 메모광들, 녹음광들이 있습니다. 메모도 중요하고 글도 중요합니다. 그런데 저도 느끼는 바이지만, 학회가 끝나고 나중에 메모를 살펴봤을 때 혹은 교무회의가 끝나고 나중에 수첩을 펼쳐봤을 때, 글은 많은데 무슨 얘기인지 하나도 모르겠는 경우가 많았어요. 글은 이미 한 번 거쳐 간 생각의 단편들입니다. 무언가를 거쳐 갔기 때문에 희석되기 쉽죠. 하지만 내 목소리는 가장 생생한 지금 이 순간의 내 느낌이고 기억입니다. 나의 정서나 나의 평가를 완전히 날것 그대로 기록하는 것이죠.

제 주변의 뛰어난 작가나 연구자들은 늘 뭔가를 그렇게 중얼거립니다. 심지어 학회 장소에서 상대편 연구자의 발표 논문을 들으면서 자기 아이디어를 녹음해서, 사람들로부터 눈총을 받는데도 아랑곳하지 않는 용감한 동료 연구자도 상당수입니다. 왜일까요? 잊지 않기 위해서예요. 방금 말씀드린 이 연구자는 학회에서 다른 연구자들이 발표하는 내용을 요약하는 게 아니라 자기의 느낌 위주로 키워드를 녹음하더라고요.

다른 유형도 있습니다. 동료 교수 한 사람은 어떤 연구자가 발표하는데 자기 감탄사만 넣습니다. "와, 대박." "에이, 저건 못 믿지." "짜증 제대로다." 그런데 바로 이 감탄사들이 내가 이 논문에 대해서 느꼈던 모든 것들을 함축하고 있죠. 그 녹음을 나중에 다시 요약하면 어떤 효과가 있을까요? 그 회의를 아주 짧은 시간에 다시 복기하는 것과 같습니다.

저는 혼자 있는 공간에서 책이나 논문을 읽을 때 항상 소리 내서 말합니다. 중간중간 어떤 느낌이 온다면, 저만의 장난스럽고 남이 들으면 놀랄 수도 있는 어휘를 사용하기도 합니다. 나중에 그걸 들어보면 신기하게도 거의 모든 것들이 복원되고 요약됩니다.

물론 직장에서는 그렇게 할 수 없습니다. 상무님이 무슨 말씀을 하시는데 "저건 진짜 말도 안 돼"라고 할 수 있나요? 그렇게 말할 수도 없고, 그렇게 말했다간 큰일 납니다. 하지만 온라인 회의에서는 얼마든지 가능합니다. 음소거 버튼만 누르면 되거든요. 동시에 내 스마트폰으로 얼마든지 녹음도 할 수 있습니다.

온라인 회의 내용을 나만의 자료로 녹음하고 나중에 다시 한 번 들어본다면, 회의에서 나왔던 내용을 하나도 놓치지 않는 것은 물론이고 그 회의에서 내가 착안한 사항들도 거의 그대로 되살릴 수 있습니다.

오프라인 회의를 할 때는 회의가 끝나고 나서 그 회의에 참석했던 다른 동료에게 물어보는 경우가 많습니다. "그때 그 사람이 무슨 얘기했어요?" "이게 무슨 뜻이에요?" 이렇게 물어본다는 것은 내가 회의에서 듣고 느꼈던 것들을 기록으로 온전히 남기지 못했다는 뜻입니다.

온라인 회의에서는 얼마든지 녹음할 수 있습니다. 이 녹음을 통해서 나는 동료의 생각을 거쳐서 들은 2차적인 해석이 아닌, 나만의 생생하고 완벽한 기록을 남기고 활용할 수 있게 됩니다.

## 팬데믹 시대의 업무 요령 3: 일하고 있다는 암시 주기

세 번째 중요한 포인트는, 나의 뇌에 일하고 있다는 암시를 주는 것입니다. 무슨 뜻일까요? 우리 인간은 공간에 따라 행위를 분리하는 것을 좋아합니다. A라는 공간에서는 A라는 일을 해야 한다고 생각하는 것이지요.

제 경우를 예로 들어볼까요? 저는 대학교 때부터 특이하게도 동성 친구들을 만나는 술집에서는 꼭 동성 친구들만 만납니다. 재미있는 건, 분위기나 가격대가 크게 다르지 않음에도 이성 친구를 만날 때는 한 100m 떨어진 술집에서 만나게 돼요. 특별한 이유는 없었습니다. 그냥 처음에 우연히 그렇게 된 것뿐이에요. 다른 친구들은 그런 구분이 없었습니다. 제가 동성 친구들을 주로 만나는 그 술집에서 다른 사람들은 이성 친구랑 만나는 경우도 얼마든지 있었고, 또 100m 떨어진 술집에서 그 반대의 패턴을 보이는 경우도 많았거든요.

그 두 술집은 굳이 동성 친구들끼리만 가야 하는 분위기도 아니었고, 딱히 이성 친구를 만나기 좋은 분위기도 아니었습니다. 그냥 저만의 관습이 돼버렸던 거죠. 근데 그럼에도 그 관습을 어기면 너무 어색하더라고요.

한번은 한 이성 친구를 만나서, 여기서는 가볍게 한잔만 하고 저 집으로 가서 한잔 더 마시자고 얘기했습니다. 그런데 재미있게도 제 이성 친구는 정반대의 규칙을 가지고 있었습니다. 그 친구는 굳이 거기에서 마시겠다고 해서 가벼운 언쟁까지 벌였죠.

이렇게 사람들은 특정한 무언가에 대해서 특정한 것을 해야 한다는 자신만의 규칙을 만듭니다. 제가 그 두 술집을 구분했던 것처럼, 컴퓨터 화면도 마찬가지입니다. 컴퓨터로 게임을 하거나 웹서핑, 또는 SNS를 하다가 그 창을 밑으로 내렸다고 해서 내가 그 공간으로부터 완전히 벗어나 다른 일을 할 수 있다고 생각하면 안 된다는 겁니다.

보통 집에는 컴퓨터가 많아야 한두 대 있죠. 저도 집에 컴퓨터가 한 대밖에 없습니다. 업무용 컴퓨터와 여가용 컴퓨터가 구분되어 있지 않아요. 일하는 컴퓨터로 게임도 해야 합니다. 하지만 내가 일하기 전에 컴퓨터로 게임을 하거나 SNS 혹은 웹서핑을 하고 있었다면 그걸 다 내려놓아야 합니다. 프로그램을 종료하는 데서 끝나는 게 아닙니다. 잠시라도 방

바깥으로 나갔다가 들어와야 합니다. 그렇게 해야 비로소 일할 준비가 됩니다.

왜 굳이 방을 나갔다가 들어와야 할까요? 우리가 평소에 출근한다는 건 일터로 입장했다는 뜻입니다. 이렇게 일터라는 공간으로 들어가는 것처럼, 우리의 뇌도 심리적으로 업무 공간에 입장해야 합니다. 그런데 가뜩이나 회사보다 훨씬 면적이 좁은 집에서, 그것도 휴식하던 공간에서, 컴퓨터로 게임하다가 그저 프로그램만 종료한 뒤 업무 창을 띄운다고 해서 내 뇌까지 빠져나오지는 않습니다. 진짜로 출근한 게 아니라는 거죠. 그러니 프로그램을 모두 종료하고 방 밖을 나갔다가 다시 들어와야 합니다.

제가 아는 어떤 기업의 한 간부는 그렇게 나갔다가 들어오면서 방문에 회사에서 쓰던 ID카드를 태그하는 시늉을 하고 들어갑니다. 거짓말 같다고요? 실제로 이런 사소한 행동 몇 가지가 우리 뇌에 아주 긍정적인 착각을 하게 합니다. 바로 내가 지금 일터로 입장하고 있다는 착각이죠.

이런 이유로 저는 어떤 기업에 다음과 같이 자문을 한 적도 있습니다. 직장에서 입는 옷을 흔히 오피스룩이라고 하죠. 이제 앞으로는 홈 오피스룩도 개발해야 한다고 했어요. 홈 오피스룩, 무슨 뜻일까요? 온라인 회의에서 남에게 보여주기 위한 옷이라기보다는, 집이라는 공간에서 일할 때 어떻게 옷을 입어야 직장에서와 같은 마음이 되는지도 고민해봐야 한다는 뜻입니다. 직장에 출근했을 때와 똑같이 입어야 할까요? 아니면 평소 집에서처럼 아주 편하게 입어야 할까요? 사람에 따라 그 중간 지점이 있을 수 있습니다.

조사해보면 많은 사람이 보통 상의는 상당히 신경을 씁니다. 화상회의를 할 때 카메라에 상반신만 비치기 때문이겠죠. 흥미롭게도 원격근무 상황뿐 아니라 면접 상황이나 그밖의 오프라인 상황에 대한 연구를 봐도, 사람들은 대개 상대방의 하의보다는 상의에 더 많이 신경을 씁니다. 그래서 어떤 바지를 입었는지 문제 삼는 일은 별로 없죠. 하지만 중요한 장소에서 넥타이를 하지 않았거나, 단추를 너무 많이 풀었다거나 등 상의와 관련해 이슈가 되는 일은 꽤 많습니다. 원격근무 상황에서도 다른 사람들과 화상회의를 할 때 우리는 보통 상의에 더 많이 신경을 씁니다. 남에게 보이는 내 모습 때문입니다.

하지만 재미있게도, 우리의 몸은 하의에 더 많이 신경 씁니다. 즉, 지금 청바지를 입고 있다면 나는 어딘가에 놀러 가고 싶은 상태이고요. 출근할 때 입는 오피스룩 바지나 치마를 입었다면 나는 좀 더 일할 준비가 잘 돼 있는 겁니다. 심지어 양말을 신고 있느냐 신발을 신고 있느냐에 따라서도 집중도에서 어마어마한 차이가 납니다.

결국 문제는 상의가 아니라 하의라는 겁니다. 자, 그렇다면 남에게 보여주는 상의와 내 몸이 받아들이는 하의의 모드를 어떻게 조합해야 할까요? 아직까지는 완성된 정답이 없습니다. 그렇다고 누구에게나 공통적으로 들어맞는 유일한 답이 있는 것도 아닙니다. 내가 원격근무를 할 때 어떻게 입어야 오프라인 근무할 때 못지않게 효율을 낼 수 있는지 한번쯤 생각해보세요. 여러분 각자 자기만의 정답을 찾아보기 바랍니다.

## 팬데믹 시대의 업무 요령 4:
## 컴퓨터 모니터와 눈의 각도 조절하기

원격근무를 잘하는 네 번째 방법은 화면을 향한 눈의 각도를 조절하는 것입니다. 이 내용은 첫 번째 말씀드렸던 자세와도 상당 부분 연결됩니다. 여기서는 조금 더 구체적으로 들어가보죠.

우리가 어떤 것의 대략적인 내용이나 개요를 파악할 때 '거시적'이라는 표현을 씁니다. 반대로 구체적이고 세부적인 것을 알아낼 때는 '미시적'이라는 표현을 씁니다. 우리는 어떤 상황에서 더 거시적이 되거나 더 미시적이 될까요? '거시'

라고 하면 높은 타워의 전망대가 생각나지 않나요? 그곳에 올라가서 아래를 내려다보면서 전망이 좋다고 얘기합니다. 높은 곳에 올라가면 전체적인 풍경을 조망하기는 좋아졌을지 몰라도 건물 하나하나에 달린 간판은 볼 수 없게 됩니다. 건물들의 색상도 흐릿해집니다. 즉, 구체적인 걸 보기가 어려워져요. 이런 현상이 일을 할 때도 똑같이 적용된다니, 참 재밌죠?

실제로 같은 문서를 30~50cm 정도의 똑같은 거리에서 떨어져서 보더라도 위에서 내려다볼 때와 아래에서 위로 올려다볼 때, 컴퓨터 모니터도 위에서 볼 때와 아래에서 볼 때 각각 관점에 다른 영향을 끼칩니다.

어떤 내용을 볼 때 전반적인 내용이나 개요를 파악하기를 원한다면 모니터를 조금이라도 낮은 각도로 내려다보는 게 좋습니다. 반대로 조금 더 구체적으로 내용을 보고 싶다면 자세를 낮춰서 올려다보세요. 수많은 연구에서 이 각도의 효과가 증명됐습니다.

우리는 실제로 일터에서 일을 하면서 이 각도를 무의식중에 잘 맞춰왔습니다. 그래서 의자 높이를 조금 더 올린 상태에서 문서를 보기도 하고, 구체적으로 보고 싶다면 눈을 낮춰서 올려다보기도 했을 겁니다. 그렇기 때문에 이미 우리는 집을 비롯한 다양한 곳에서도 각도나 자세를 바꿀 수 있게 해주는 제품에 많은 돈을 지불합니다.

최근 높이 조절이 가능한 책상이 굉장히 비싼 가격에 많이 팔리고 있죠. 요즘 같은 팬데믹 시대에 이런 제품에 대한 수요가 늘어나고 생산량도 늘었다는 것은, 시선의 높낮이가 기꺼이 그만한 돈을 지불할 정도로 중요한 요인이라는 것을 앞서가는 사람들은 알고 있다는 뜻입니다. 우리 몸이 이 미세한 차이를 감지해서 생각으로 연결하고 있는 거예요. 그만큼 우리는 섬세한 존재입니다.


## 팬데믹 시대의 업무 요령 5:
## 손글씨 쓰기와 타이핑 분리해서 사용하기

다섯 번째, 의외로 원격근무에서 중요한 게 바로 쓰기와 타이핑하기입니다. 펜과 키보드의 차이를 잘 이해하고 사용해야 합니다. 이게 바로 다섯 번째 업무 요령의 핵심입니다. 상황에 따라 펜으로 무언가를 쓸 때도 있고, 키보드로 타이핑할 때도 있습니다. 그런데 저는 가끔 언론계 종사자나, 그룹으로 공부하는 분들께 키보드나 펜 둘 중 하나만 고집해서 사용하지 말라고 조언합니다.

여러분은 1분에 몇 타 정도 치나요? 저는 독수리 타법을 벗어난 지 좀 됐습니다. 그런데 아무리 글씨를 빨리 써도 타이핑 속도를 따라가지는 못합니다. 저는 보통 펜으로 쓸 때보다 타이핑을 할 때 3배 정도 더 빨리 씁니다. 즉, 키보드는 빠르고 펜은 느립니다. 빠르다고 무조건 더 좋을까요? 아니죠. 느리다고 무조건 나쁠까요? 아닙니다. 느린 도구이기 때문에 더 좋은 점이 있고, 빠른 도구이기 때문에 더 좋은 점이 있습니다. 각기 다른 장점을 가지고 있습니다.

어떤 내용을 들으면서 펜으로 메모한다고 해보죠. 속도가 빠르지 않은 입력도구를 가지고 그 내용을 듣고 있는 셈입니다. 속도가 느리므로 많은 것을 남기지는 못하겠죠. 그런데 재미있는 건, 같은 내용의 강연이나 브리핑을 들을 때 펜을 들고 있는 사람이 훨씬 더 핵심을 적기가 유리해집니다. 손이 말의 속도를 따라가지 못하기 때문에 들은 내용을 요약해서 적어야 하고, 그래서 핵심만 요약하게 되는 것입니다. 펜을 통해서는 핵심이 남습니다. 그러므로 무언가 핵심을 제대로 남기고 싶다면 펜이 유리합니다.

이렇게 핵심을 남기는 것, 중요합니다. 하지만 핵심이 언제나 중요하지는 않습니다. 또 핵심만 남기다 보면 그 이후에 새로운 아이디어로 사유가 확장되기 어려울 수도 있습니다. 핵심 이외의 내용들까지도 자질구레하게 많이 남기다 보면 나중에 '어? 이런 게 있었네?' 하며 새로운 아이디어로 연결될 수도 있겠죠. 이후에 다시 그 내용을 보면서 당시에는 생각하지 못했던 다른 것에 착안하거나 혹은 새로운 아이디어를 만들고 싶다면 오히려 키보드로 정리하는 것이 더 유리합니다.

그렇다면 한번쯤 고민해보는 건 어떨까요? 나는 이 회의 혹은 이 강연에서 핵심을 남길 것인가, 아니면 이후에 새로운 아이디어를 위한 자료를 많이 남길 것인가. 바로 펜과 키보드 사이에서 우리가 짧게나마 한번쯤 해볼 필요가 있는 고민입니다.

실제로 제 주위에 있는 뛰어난 사람들은 대개 이 고민을 단 5초나 10초라도 하고는 둘 중 하나를 선택해서 꺼냈습니다. 만약 나 혼자뿐 아니라 여러 사람이 어떤 회의에 함께 참석하고 있다면, "저는 펜을 잡을 테니 당신은 키보드를 잡으세요" 하고 역할분담을 할 수도 있겠습니다.


## 일과 삶의 하모니가 중요하다

원격근무에서 가장 중요한 것은 바로 자율성입니다. 돈 칼슨Dawn Carlson 베일러대학교 교수는 원격근무가 자율성을 키울 절호의 기회이자, 또 반대로 얘기하면 자율성을 가지고 일하지 않는 사람은 도태되거나 망하기 가장 좋다고 얘기했습니다. 직장으로 정해진 시간에 출근하여 정해진 시간만큼 일한다는 건 그만큼 구속성이 있죠. 하지만 자율성이란 건 뭔가요? 스스로 역동적으로 일하는 것입니다.

돈 칼슨 교수는 원격근무 시대에 가정과 직장은 서로 대립하는 존재가 아니라고 강조합니다. 양쪽 다 성공적으로 함께 가야 하는 존재라는 거죠. 마찬가지 이유로 저는 '가족 같은 기업'이나 '회사 같은 가정'이라는 모호한 형태를 경계해야 한다고 생각합니다.

워라밸이라는 말 들어보셨을 겁니다. 일과 삶의 균형이 중요하다는 뜻에서 생겨난 말이죠. 요즘 여러 가지 측면에서 많은 것들을 다시 생각해보게 하는 단어입니다. 직장에서 보내는 시간이 지나치게 길어질수록 또 다른 축인 일상적인 삶이 무너집니다. 그런데 집에서 일하면, 즉 재택근무를 하면 직장에 있는 시간과 집에 있는 시간이 명확히 구분되지 않기 때문에 오히려 일과 삶 양쪽이 다 무너지는 악순환이 발생하기 쉽습니다.

그런데 많은 연구 결과들이 보여주는 것처럼, 직장 생활을 제대로 못 하거나 직장에서 많은 걸 성취하는 데 관심 없는 사람이 과연 다른 삶의 질도 좋을까요? 반대로 가정에서 보내는 시간을 희생하면서까지 일하는 사람이 꼭 직장에서 많은 것을 성취하고 행복해질까요?

시소에 지렛대가 있어서 무게가 한쪽으로 쏠리면 양쪽으로 번갈아 오르내리며 시소를 타기가 어려워지는 것처럼, 이 둘도 어떻게든 양쪽을 양립시키고 조화롭게 만들어야 합니다. 그래서 어떤 연구자들은 워라밸이 아니라 '워라몬work and life harmony'이라는 말을 씁니다. 일과 삶이 하모니를 이뤄야 한다는 것입니다. 제 생각에는 많은 사람들이 워라밸보다는 워라몬의 개념에서 행복해지는 경우가 더 많은 것 같습니다.

그렇다면 재택근무보다는 원격근무라는 개념 속에서 자율적으로 일하고, 그런 뒤에 내가 가용할 수 있는 시간을 통해서 삶의 질을 올리는, 더 연결적인 개념이 필요할 겁니다. 그걸 위해서 이렇게 원격근무가 활성화되는 시기에는 '가족 같은 기업' '회사 같은 가정'과 같은 모호한 개념을 버리고, 내가 어떤 곳에 있든 확실히 일하고 확실히 삶을 즐길 수 있게 하는 심리적 경계선을 만들어내는 지혜가 그 무엇보다 필요할 겁니다. 그 심리적 경계선은 단순한 결심이나 의지만으로 되는 게 아닙니다. 다양한 방법을 통해서 나의 뇌를 긍정적으로, 재치 있게 속이는 지혜가 필요합니다.

## 언제 일이 잘 되는지 기록을 남길 것

마지막으로 한 가지 더 도움이 되는 요령을 알려드리고자 합니다. 앞서 자세, 옷, 위치와 각도, 키보드와 펜에 대해 살펴보았죠. 이 모든 것들이 무엇을 의미할까요? 내가 어떨 때 가장 일을 잘하는가, 혹은 어떨 때 일을 가장 원활하고 자율적으로 하는가와 연결됩니다. 이것을 가장 잘 알려주는 방법이 있습니다. 바로 나만의 기록을 남기는 것입니다.

제가 아는 어떤 분은 "비가 올 땐 아이디어 구상이 잘돼"라며 우산을 들고 밖으로 나갑니다. 또 어떤 분은 "바람이 부네. 이럴 때는 어디든 안으로 들어가서 지금까지 해왔던 일을 정리하는 게 좋더라"라고 합니다. 이분들은 이런 사실을 어떻게 알아챘을까요? 기록이 있기 때문입니다. 기록을 보며 어느 순간 깨달은 겁니다. 저도 매주 월요일에 게재하는 칼럼을 토요일에 가족들과 저녁 먹은 뒤에 쓰면 잘 써진다는 걸 알고 있습니다. 어떻게 알게 됐을까요? 저도 제 기록을 보다가 알게 됐습니다.

흔히 일기를 쓰는 사람들은 자기 통찰력이 좋다고 얘기합니다. 자기 통찰력이 좋다는 건 무슨 뜻일까요? 자기를 잘 성찰할 수 있는 정화 효과가 높다는 뜻입니다. 그런데 일기는 문장이죠. 제가 여기서 말하고자 하는 기록은 일기와는 조금 다릅니다. 문장으로서의 기록은 일기가 돼서 우리를 성찰하게 합니다. 기록으로서의 로그는 우리에게 어떨 때 나는 무엇을 잘하고 어떨 때 무엇을 하면 안 된다고 하는 아주 중요한 데이터가 됩니다.

저는 문장으로 쓰는 일기는 일주일에 한두 번만 남겨도 괜찮다고 얘기합니다. 왜일까요? 내가 감정적인 변화를 크게 겪는 날은 일주일에 많아야 하루 이틀입니다. 물론 내내 힘든 날도 있겠지만, 보통 매일이 그렇지는 않거든요. 하지만 기록으로서의 로그는 매일 남겨두는 게 좋습니다.

오늘 내가 한 일에 점수를 한번 주십시오. 오늘 어떤 옷을 입었고, 몇 시부터 몇 시까지 일했고, 또 어떤 시간에 어떤 자세로 일했는지, 심지어는 컴퓨터에 창을 몇 개 열어놨는지도 써보세요. 그래서 저는 가끔 제가 연구하거나 일할 때의 모습을 셀카로 찍어봅니다. 또 가끔 일이 잘 안 될 때와 일을 참 잘했다는 느낌이 들 때 제 컴퓨터 모니터 화면을 캡처하기도 합니다. 재밌게도 일이 잘될 때의 패턴과 일이 잘되지 않을 때의 패턴이 반복적으로 발견되더라고요. 패턴을 찾아냈으니 이제 역으로 그 패턴을 미리 만들어놓고 일할 수 있겠죠.

이렇게 자기 자신에 대한 기록을 잘 남겨두는 사람들은 그 기록을 바탕으로 자기가 일을 잘할 수 있는 상황 속에 자기를 넣어줍니다. 그것만으로도 일이나 연구, 공부를 잘할 수 있는 훌륭한 환경이 설계되죠. 이런 걸 일종의 퍼스널 빅데이터라고 합니다.

빅데이터가 쌓이면 '사람들이 주로 더운 7월의 목요일에 아이스크림을 많이 먹는다'와 같은 자세한 예측이 가능해집니다. 자기 자신에 대해서도 이러한 퍼스널 빅데이터를 가지게 되면 '나는 화요일 오후 2시에는 이런 일을 해야 잘한다'와 같이 아주 절묘한 패턴을 예측할 수 있게 됩니다.

제가 아는 한, 훌륭한 사람들과 성공한 사람들은 대부분 자기만의 이런 로그 기록들을 가지고 있습니다. 잘 기록해놓은 덕분에 자신을 잘 파악해 역으로 이용합니다. 인간은 의지력과 노력만으로 성공하고 훌륭해질 수 있는 존재가 아닙니다. 내가 이런 날 이런 상황에서는 이렇더라, 이런 복장을 하고 이런 도구를 쓸 때는 이렇게 되더라, 하는 패턴을 깨닫게 만드는 로그를 남기는 것에서부터 성공으로 나아가는 길로 출발할 수 있습니다. 같은 노력과 의지로도 패턴을 꿰고 있느냐 아니냐에 따라 그 결과의 차이는 훨씬 더 커지게 됩니다.

팬데믹 시대를 겪으면서, 새로운 업무 환경과 규칙을 세우고 이에 적응하는 것은 대부분의 기업과 직장인들에게 중요한 화두였습니다. 이 새로운 환경에 우리는 아직 적응해나가는 중입니다. 팬데믹 시대에 집에서도 일 잘하는 비법, 다시 한 번 내용을 정리해볼까요?

먼저 재택근무가 아니라 원격근무가 맞습니다. 그리고 어디서든 일을 잘하기 위해서는 최소한 5가지를 신경 써야 합니다. 먼저 자세를 바로잡아야 합니다. 녹음기를 잘 활용해보기 바랍니다. 또 나에게 일한다는 암시를 사소하게라도 주기 바랍니다. 업무 종류에 따라 컴퓨터 화면을 보는 눈의 각도를 조절해보세요. 키보드를 쓸 때와 펜을 쓸 때를 구분해보세요. 원격근무에서 가장 필요한 건 자율성입니다. 워라밸이 아닌 워라몬에 대해서도 다시 한 번 생각해보세요.

이런 몇 가지 키워드들을 우리가 매일 주기적으로 잠시나마 떠올리고 환기한다면, 또 이 키워드들을 좀 더 친숙하게 만든다면, 원격근무 시대라 하더라도 전혀 헤매지 않고 훨씬 좋고 긍정적인 결과물을 만들어낼 수 있지 않을까 합니다.

# 우리가 물었던 귀여움의 뒷면

귀여운 어린아이나 동물을 보고 "아으, 깨물어 주고 싶어!" 이런 말 해본 적 있으시죠? 다들 비슷한 경험이 있을 거예요. 저 역시 너무 귀엽고 사랑스러운 대상을 보면 "깨물어주고 싶다!"는 말이 저도 모르게 나옵니다. 그런데 이 정도에서 그치지 않습니다. "지구 부셔!" "아파트 뽑아버려야지" "전봇대 뽑아버릴 거야" 이런 말까지 합니다.

저도 지나가면서 많이 들어봤어요. 제가 다니는 학교 축제 때 귀여운 걸그룹이 왔는데, 남학생들이 "본관을 뽀개버리겠다" 이렇게 얘기하더라고요. 저도 그때 본관에 있었는데 "너희들이 나를 시해하려 하는구나" 하고 농담한 적도 있습니다.

이렇게 우리가 아주 귀여운 대상을 볼 때면 '아웅! 깨물어주고 싶다' '볼을 꼬집고 싶다'는 표현도 쓰지만, 귀엽고 좋은 마음이 더 커지면 아예 '지구를 부셔버리겠다'고까지 얘기합니다.

## 귀여운 걸 봤을 때
## 인간은 어떻게 반응할까

생각해보면 참 특이하죠? 표현 자체만 놓고 보면 무시무시합니다. 지구를 부수겠다는 건 거대 악당이나 쓰는 표현인데, 어떻게 귀엽고 사랑스러운 걸 보고도 이렇게 무시무시한 표현을 할까요? 한편으로는 이런 생각도 해봅니다. 한 100년쯤 지난 뒤에, 아니면 지금 당장이라도 이 지구의 언어를 이해하고 있는 외계인들이 와서 우리의 이런 모습을 본다면 '이 지구인들은 귀엽고 사랑스러운 걸 보면 그걸 다 파괴해버리는 아주 이상한 종족이로구나'라고 생각할 수도 있잖아요.

그런데 재밌는 건, 이게 이상하거나 예외적인 행동이 아니라는 겁니다. 정말 많은 사람이 이와 같은 행동을 합니다. 왜 그럴까요? 모두가 성격에 문제가 있어서일까요? 아니면 어릴

적 어떤 일이 엄청난 콤플렉스가 되어서 이런 이상한 행동을 하게 된 걸까요?

아닙니다. 이건 몇몇 사람만이 아니라 인간이라면 모두가 너무나 자연스럽게 하는 행동입니다. 그렇다면 우리는 왜 이렇게 귀엽고 사랑스러운 걸 보면 지구를 부술 만큼 강렬한 마음이 드는 걸까요?

이 문제에 대해 연구한 재미있는 심리학자들이 있습니다. 귀여운 생명체가 우리 인간에게 불러일으키는 행동이나 현상에 관한 연구죠.

우리는 귀여운 걸 보면 실제로 말이나 행동이 과격해집니다. 발을 동동 구르기도 하고, 옆에 있는 걸 마구 주무르거나 구겨버리기도 합니다. 왜 우리 뇌는 귀여움에 대해 이렇게 다소 공격적으로 반응할까요? 또 그게 왜 이상하지 않고 자연스러운 현상일까요? 바로 이 문제를 세세히 파고든 논문을 소개하겠습니다.


## 전혀 상반된 반응이 동시에 나오는 이유


첫 번째로 소개해드릴 논문은, 앞서 말한 현상 자체를 제목에 담고 있습니다. "Dimorphous expressions of positive emotion: displays of both care and aggression in response to cute stimuli."

먼저 'dimorphous'는 우리말로 번역하면 '이형성二形性의'라는 뜻인데요. 청개구리처럼 무언가를 정반대로 표현한다는 의미라고 생각하면 쉽습니다. 긍정적인 감정positive emotion을 느꼈을 때 표정이나 표현expressions을 정반대로 한다는 것이죠. 정리하자면 이 제목은 "인간이 긍정적인 정서를 느꼈을 때 그것을 청개구리처럼 오히려 정반대의 언행으로 표현한다"는 뜻입니다.

부제도 읽어볼까요? 귀여운 자극cute stimuli에 반응response하는데, 잘 돌봐주고care 싶으면서도 공격하고aggression 싶은, 전혀 상반된 표현이나 반응이 동시에 나올 수 있다는displays 겁니다. 왜 그럴까요? 그리고 이런 현상이 실제로 귀여운 것을 볼 때 어떤 방식으로 표현될까요?

이 논문의 저자는 심리학에서 귀엽다cute는 감정에 관해 다룰 때 꼭 언급해야 하는 연구자로, 미국 클렘슨대학교 사회심리학자 오리아나 아라곤Oriana R. Aragón 교수입니다. 아라곤 교수와 그 연구진들은 사람들이 왜 귀여운 것을 보고 공격적인 반응을 하는가에 관해 꽤 오랜 시간 연구해온 것으로 유명합니다.

구체적으로 어떤 연구를 했을까요? 핵심을 먼저 말씀드리자면, 귀여움을 느꼈을 때 인간이 왜 공격적인 반응을 하는지, 그리고 나아가 귀여움의 크기가 커짐에 따라 공격성이 커지는지에 관한 것입니다.

우리는 어떤 대상에 대해 '압도적으로 귀엽다'는 느낌을 받을 때가 있습니다. 여기서 압도적으로 귀엽다는 건 뭘까요? 한번 떠올려보세요. 최근 1년 동안 너무너무 귀엽다고 느꼈던 게 뭐가 있었나요?

제 얘기를 먼저 해보겠습니다. 팬데믹을 거치면서 집에 있는 시간이 많아지다 보니 오랜만에 집에 있는 컴퓨터의 하드디스크를 정리하다가 제 딸의 두 살 때 사진을 봤어요. 세상에, 너무너무 귀엽더라고요. 지금은 훌쩍 커버린 현실의 딸이 등장하면서 비록 그 귀여움은 30초를 못 넘기고 깨졌지만요.

아무튼 제가 딸의 두 살 때 사진을 발견하고 너무 귀여워서 아내에게 보여줬어요. 아내도 저와 똑같은 표정을 짓더라고요. 아내의 얼굴에는 정말 즐겁다는 표정과 더불어 막 몸부림치고 찡그리며 깨물고 싶어 하는 표정이 함께 나왔어요.

귀여움뿐만이 아닙니다. 즐겁거나 행복한 감정이 매우 크게 느껴질 때, 압도적인 감정을 느낄 때에도 우리는 이렇게 복합적인 감정표현을 하게 됩니다.

우리는 어떨 때 압도적인 즐거움을 느낄까요? 또 어떨 때 압도적으로 행복하고 기쁠까요? 예컨대 올림픽에서 금메달을 땄다고 해봅시다. 인생에서 그 이상 큰 성취감과 기쁨을 느끼기 쉽지 않죠. 보는 우리도 기쁘잖아요. 이렇게 너무너무 귀엽거나 너무너무 좋거나 기뻐서 그 감정이 나를 압도한다는 것은, 스스로 주체할 수 없을 만큼 나를 완전히 휘감는 느낌입니다. 그런 느낌을 받으면 사람들은 의외로 반대되는 행동을 합니다.

우리 안에 평상심을 되찾고 싶은 욕구가 늘 존재하기 때문입니다. 귀여움을 느꼈을 때 반대되는 거친 행동을 하고, 기쁨을 느꼈을 때 역으로 슬플 때 보이는 행동을 하는 거예요. 그래서 귀여운 걸 보면 꼬집거나 때리고 싶어 하고, 올림픽에서 금메달을 따면 큰 슬픔을 느끼는 것처럼 대성통곡을 하기도 하죠.

특히 이런 평상심에 대한 욕구는 한국 사람들에게 더 강하게 나타납니다. 항상 균형을 맞추려는 경향성이 동양문화권, 특히 한국에서는 더 강합니다. 그래서 외국 언론은 금메달을 따면 하나같이 눈물을 흘리는 한국 선수들을 보면서 의아하게 생각하거나, 왜 저렇게 우는 걸까 궁금해하기도 하죠. 실제로 한국 사람들이 감정의 균형을 맞추려는 경향이 강하기 때문입니다.

## 항상성을 유지하려는 인간의 욕구,
## 호메오스타시스

한국인에게 강하게 나타나지만, 인간이라면 누구나 다 있는 이러한 특성을 심리학에서는 '호메오스타시스Homeostasis'라고 합니다. '항상성'이라고도 번역하는데, 마치 평형상태와 같습니다. 너무 덥지도 춥지도 않은 상태, 그리고 배가 너무 부르지도 고프지도 않은 '딱 적당하다'고 느끼는 지점들이 있죠?

우리가 '딱 좋아' '딱 적당해' 혹은 '아주 편안해'라고 말하는 상태입니다. 또 과하지도 모자라지도 않은 중간 지점, 균형을 이룬 상태입니다. 우리 인간은 이를 굉장히 중요하게 생각하죠. 또 참으로 역설적으로 우리 인간은 단맛과 쓴맛이 공존하는 걸 그리고 매운맛과 달콤한 맛이 공존하는 걸 좋아하죠.

우리는 신체적으로도 이런 상태를 추구하지만, 우리 마음이나 기분도 마찬가지로 평형상태, 즉 호메오스타시스를 추구합니다. 인간이 이 호메오스타시스를 유지하려 하고 추구하기 때문에 가끔은 착각이 일어나기도 하고, 재미있거나 우스꽝스러운 미신에 빠져들기도 합니다. 어떤 게 있을까요?

아침에 좋은 일이 세 번 연속 일어나면 왠지 오후에 안 좋은 일이 일어날 것 같다거나, 오늘 무언가 별로 안 좋은 일이 있었다면 내일은 좋은 일이 일어날 거라고 기대하는 것입니다. 내가 호메오스타시스를 만들 수 없는데도, 일상이 알아서 균형을 찾을 거라고 가정하고 기대합니다.

전 세계에서 가장 이형적인 감정표현Dimorphous expressions과 호메오스타시스를 잘 이해하고 있는 게 바로 우리 한국문화라고 저는 감히 말씀드립니다. 이 점을 보여주는 가장 절묘하고도 대표적인 게 바로 '시원섭섭하다'는 표현입니다. 누군가와 헤어지거나 학교를 졸업하거나 혹은 어떤 자리를 떠날 때 놀랍게도 이런 호메오스타시스의 결정판을 보여주는 말을 합니다. 놀랍죠? 우리는 이 말을 너무나도 잘 이해할 수 있습니다.

이렇게 호메오스타시스를 추구하기 때문에 갑자기 큰 흥분을 느끼거나 큰 감정이 밀려오면, 재미있게도 우리는 그에 반대되는 말이나 행동을 함으로써 균형을 맞추려고 합니다. 플러스 10의 무언가가 일어나면, 마이너스가 되는 말이나 행동으로 균형을 찾으려고 한다는 뜻입니다. 그렇기 때문에 긍정적 감정이든 부정적 감정이든, 어느 하나를 크게 느끼면 정반대의 행동이나 말이 나오는 경우가 꽤 있습니다.

한번 예를 들어볼까요? 누군가를 보고 너무 기뻐서 울어

본 적 있으시죠? 아마 많은 분들이 그렇다고 답할 겁니다. 또 너무 신이 나서 괴성을 질러본 적은 없으신가요? 저도 그런 적 있습니다. 심지어는 그 소리를 참아보려고 했지만 잘 안 된 경우도 있어요.

　제가 군대에 있을 때 일입니다. 회의 때 갑자기 저희 지휘관이 "김 중위, 자네가 부대를 위해서 아주 열심히 일했으니 내가 휴가 일주일 보내줄게!"라고 하는 겁니다. 생각지도 못한 휴가를 받은 거죠. 그러자 저도 모르게 "핫!" 소리가 나왔습니다. 누가 봐도 격분한 표정을 짓게 되더라고요. 만약 회의 때가 아니고 다른 곳에서 이 말을 들었다면 기쁜 마음에 "와" 하고 소리를 지르고도 남았겠죠. 그걸 막기 위해서 이를 악물고 좋아하는 티를 숨기며 화를 참는 표정을 한 채 민망하게 자리를 끝낸 적 있습니다.

　이렇게 울거나 소리 지르는 것은 슬프거나 화가 날 때 하는 행동이지만, 좋은 일이 있을 때도 이런 행동이 나오곤 합니다. 또 반대의 경우도 있죠. 너무 화가 날 때 웃음이 나는 것이죠. 저도 많습니다. 저희 딸이 수학시험에서 30점짜리 점수를 받아오니 진짜 웃음이 나더라고요. 이런 상황에서 "30점이 그렇게 만족스러우세요?"라고 묻는 사람은 없죠. 말도 안 되는 이야기입니다. 그런데 이렇게 웃음이 나올 때가 있어요.

몇 해 전에 야구 경기에서 9회 말 마무리투수로 나왔던 한 선수가 상대팀에 끝내기 안타를 맞아서, 이기던 경기가 참패로 끝난 적이 있습니다. 그 선수는 자신의 실투로 인해 경기가 역전패를 당한 채로 마운드에서 내려오다 자기도 모르게 "하" 하고 웃어서 팬들에게 엄청난 지탄을 받았던 일이 있어요.

'당신 때문에 경기에서 졌는데 웃음이 나오느냐', '프로야구 선수로서의 자세가 안 돼 있다' 등등 악플이 끝없이 줄을 이었습니다. 그런데 저는 한편으로는 그 선수의 마음이 이해되더라고요. 그런 처참한 순간에 웃음이 나오는 경우가 의외로 꽤 많거든요.

이렇게 부정적인 감정이 들었을 때 오히려 긍정적인 표현을 하고, 반대로 긍정적인 감정이 들었을 때 오히려 부정적인 표현을 하는 것을 실험으로도 확인할 수 있습니다.

오리아나 아라곤의 연구진은 30대 전후의, 거의 300명 가까운 참가자를 대상으로 실험을 했습니다. 이 사람들에게 귀여운 아기 사진을 보여줍니다. 남자아이와 여자아이를 섞어서 8장의 아기 사진을 보여줬어요. 연구진은 포토샵까지 동원해 유아적 특징이 더욱더 강조되도록 귀여움을 극대화했습니다. 눈도 더 크게 하고, 볼도 더 빵빵하게 한 거죠.

제 얼굴은 아무리 눈을 크게 뜨고 볼을 부풀려도 귀여워

보이지 않죠? 어른이라서 그렇습니다. 이와 비슷한 많은 연구에서 귀여운 대상을 보여줄 때 귀엽지 않은 대상도 함께 보여주는데, 그럴 때 사람이든 동물이든 '어른'의 이미지를 사용합니다.

다시 실험 내용으로 돌아가 봅시다. 아이들은 기본적으로 웃는 상이 많은데, 눈도 더 키우고 볼도 탱탱하게 포토샵을 했으니 얼마나 귀엽겠어요. 그런데 이 아이들의 사진을 오히려 귀엽지 않도록, 유아적 특징이 나타나지 않게 가리고 약간 어른스럽게 수정한 버전도 만들었습니다. 그러니까 실험 참가자들 중에는 귀여움이 굉장히 부각된 아이들의 이미지를 보는 경우도 있었고, 상대적으로 별로 귀엽지 않은 아이들의 이미지를 보는 경우도 있었어요. 그러고는 실제로 실험에 참가한 사람들에게 물어봤습니다. 얼마나 귀여운지, 혹은 귀엽지 않은지를요.

## 귀여움을 크게 느낄수록 공격성도 커진다

그러고 나서 다음의 지문들을 제시하고 동의하는지 물었습니다. 첫 번째, '이 사진을 보고 아이가 귀엽다고 느낀다(I feel like this baby is cute).' 그러니까 얼마나 귀여운가를 물어보는 거죠. 두 번째 지문은 '이 사진을 보니 아기를 안고 싶다 (I want to hold it!).' 세 번째 지문은 '이 사진을 보니 아이를 보호해주고 싶다(I want to protect it!).' 여기까지는 참 동의하기 쉽습니다. 당연하고 자연스러운 정서로 보이죠.

그런데 이어서, '이 사진을 보니 아기 볼때기를 꼬집어보고 싶다(I feel like pinching those cheeks!)'는 지문이 나옵니다. 좀 공격적이죠. 또 '이 사진을 보니 아기를 그냥 물어뜯고 싶다!(I want to eat you up! through gritted teeth)'는 문장도 제시됩니다. 이 마지막 문장은 원문 그대로 번역하면 좀 무시무시합니다. 아기를 와작와작 먹어버리고 싶다는 뜻이죠.

이건 실제로 사람을 먹고 싶다는 뜻이 아니라, 우리나라 사람들이 '깨물고 싶다' '주머니에 넣어 가지고 다니고 싶다'고 말하는 표현과 비슷합니다. 사람을 주머니에 넣으면 큰일 나죠. 숨은 의미를 살펴보자면 주머니에 넣어서 항상 품에 가지고 다니고 싶을 만큼 격하게 좋다는 표현입니다. 이와 비슷한 표현이 영어에서의 '잇 유 업(Eat you up)'입니다. 직역하면 '너를 먹어버리고 싶다'는 의미인데, 실제로는 '너무너무 귀엽다', 그래서 '한입 깨물고 싶다'는 뜻입니다.

이 연구자들도 참가자들에게 우리 식으로 표현하자면 '볼을 꼬집고 싶다' '엉덩이를 꼬집고 싶다' '깨물고 싶다'와 같은 여러 표현들에 대해 물어본 거예요. 아이 사진들을 보면

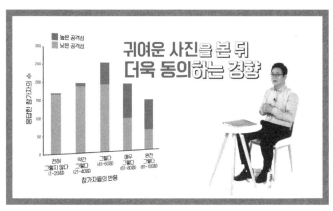

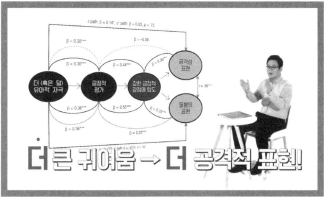

서 그런 느낌이 얼마나 드는지 알아본 겁니다. 결과는 어떻게
나왔을까요?

예상했듯이 더 귀여운 사진을 보고 난 다음에 사람들은
이 모든 표현들에 더 많은 점수를 줬습니다. 꼬집고 싶고 깨
물고 싶다는 공격적인 표현도 귀여울수록 더 많이 한다는 거

예요. 반대로 귀엽지 않은 건 꼬집기도 싫고 깨물기도 싫어했습니다. 이렇게 얼마나 귀엽냐는 물음에 높은 점수를 줄수록, 다소 거칠거나 공격적인 느낌에 대한 점수도 같이 올라갔습니다.

작고 귀여운 것들을 보면 그로 인한 공격성도 작게 표출됩니다. 근데 참 재밌는 건, 정말 크게 귀여운 것들이 있어요. '전봇대를 뽑겠다' '지구를 부수겠다'는 표현까지 쓰게 하는 경우요. 예컨대 제 아내와 두 딸들은 아이돌 그룹을 보면서 실제로 이런 말을 합니다. "우리 집을 부숴버릴 거야!" 아니 부술 게 얼마나 많은데 하필 우리 집을 부숩니까? 그런데 그런 큰 귀여움을 만나면 큰 공격성을 보입니다. 작은 귀여움을 만나면 작은 공격성을, 큰 귀여움을 만나면 큰 공격성을 보이죠.

이것도 우리 인간으로부터 관찰할 수 있는 재미있는 행동의 호환성이에요. 마치 주사위 2개를 던져 두 수의 합이 큰 값이 나올 때 돈을 받는 사람과, 적은 값이 나올 때 돈을 받는 사람의 행동이 달라지는 것과 같습니다. 저도 실제로 이런 실험을 많이 합니다.

학생들에게 주사위 2개를 던졌을 때 한쪽 편의 학생들에게는 합이 12가 나오면 상품을 주겠다고 하고, 반대쪽 편에 있는 학생들에게는 합이 2가 나오면 상품을 주겠다고 합니다. 그러면 주사위 2개를 던져서 합이 12가 나올 확률과 2가 나올 확률은 똑같습니다.

그런데 12처럼 큰 숫자가 나와야 돈을 받는 학생들은 "12 나와라!" 하고 크게 외치면서 몸동작도 크게 하며 주사위를 던집니다. 2처럼 작은 수가 나와야 돈을 받는 학생들은 주사위를 어떻게 던질까요? "2" 하고 작게 말하며 살짝 조심스레 던집니다. 옆에서 이렇게 말하는 학생도 있어요. "야, 세게 던지지 마. 세게 던지면 2 안 나와." 말도 안 되는 거죠.

재미있게도 사람들은 큰 결과와 큰 원인, 작은 결과와 작은 원인을 연결합니다. 이렇게 크기에서도 호환성을 맞추려는 경향이 강합니다. 바로 이러한 점이 귀여움의 크기에도 적용되고, 행동으로도 나타납니다.


앞서 오리아나 아라곤 교수가 했던 실험에 사용된 자극들, 즉 재료들은 작고 귀여운 사진들입니다. 연구자들은 실험재료를 준비할 때도 신경을 많이 쓰는데요. 그에 대한 사람들의 반응을 측정하는 방법에도 굉장히 심혈을 기울입니다. 얼마나 귀여운지를 말로만 물어본 게 아니라 에어캡, 즉 뽁뽁이를 준비해서 측정했습니다.

연구진의 재치가 돋보이는 것이 바로 이 지점입니다. 실험 참가자들에게 작고 귀여운 아기 사진을 보여주면서 얼마나 공격성을 보이는지 측정할 때도 작고 사소한 공격성을 볼 수 있는 에어캡을 사용한 거죠. 만약에 아이 사진을 보여주고 해머 두들기기나 자동차 부수기처럼 과격한 행동으로 측정하려고 했다면 결과가 안 나왔을 겁니다.

그렇다면 뽁뽁이를 나눠준 결과가 어땠을까요? 작고 귀여운 사진을 봤을 때 뽁뽁이를 더 많이 눌러 터트렸습니다. 에어캡을 누르는 빈도가 더 높아졌죠.

이렇게 작고 귀엽고 재미있는 실험이 의외로 굉장히 유명한 학술지에 실리는 경우도 많습니다. 이런 걸 보면 우리도 우리 삶에서 이런 재미있는 실험들을 얼마든지 해볼 수 있겠다는 생각이 들지 않습니까?


## 귀여움을 느낄 때 나타나는 공격성은
## 인간 진화의 결과


오리아나 아라곤 연구진 논문의 부록appendix을 보면 아주 흥미로운 자료가 하나 나와요. 바로 많은 언어권에서 귀여운 자극과 공격적인 표현이 연관되어 있음을 보여준 것입니다.

보통 논문에는 핵심적이고 중요한 말만 적혀 있지만, 무엇을 근거로 이런 주장을 하는지, 어떤 연구 과정이 있었는지 밝히고 싶을 때 연구자들은 부록을 붙입니다. 잡지에도 별책 부록이 있는 것처럼 부록을 달아서 거기에 실험에 사용했던 재료나 혹은 실험 참가자들이 보인, 측정하지는 않았지만 굉장히 재미있었던 반응들을 덧붙이는 경우가 있어요.

그래서 때로는 논문 본문보다 보충자료가 더 중요한 경우도 있습니다. 그 실험을 나중에 따라 하거나 아니면 비슷한 연구를 하는 사람들에게도 큰 도움이 되겠죠. 요즘에는 인터넷에 URL을 달아 보충자료를 저장해놓고, 부록에 간단하게 안내하는 경우도 있습니다.

각국의 표현들을 같이 한번 살펴볼까요? 첫 번째로 인도네시아어 'gemas'는 뭔가가 너무 귀여워서 폭력을 행사하고 싶다는 뜻입니다. 귀여우니 깨물어주고 싶고 꼬집고 싶다는 생각이 들 때 쓰는 표현인데, 뜻 자체는 폭력적일 수 있는 말이에요.

체코어도 한번 볼까요? 'muchlovat!' 이 말은 너무 귀여워서 그 사람이나 대상을 쥐어 짜버리고 싶다는 뜻입니다. 이건 정말 공포영화 대사 같지 않나요?

독일어로는 'Hij/zij is(ziet eruit)om op te(v)reten'이라는 표현을 쓰는데, 그 사람이 먹고 싶게 생겼다는 뜻이에요.

다음으로는 우리에게 조금 더 톤이 친숙한 프랑스어를 보죠. 'mignon à croquer'는 '깨물고 싶을 만큼 귀엽다'는 의미입니다.

이탈리아어로는 어떻게 될까요? 'da strapazzare!'는 짜버리고 싶다는 뜻이고, 'Lo mangerei'는 먹어버리고 싶다는 뜻이에요. 우리는 귀여움을 표현할 때 '깨물다, 찌르다, 꼬집다'와 같은 표현이 많은데, 유럽에서는 '짠다'는 표현을 많이 쓴다고 합니다.

조금 더 우리나라에 가깝고 여행도 많이 가는 베트남의 표현을 볼까요? 'Yêu quá, chỉ muốn cắn/cấu một cái!' 이건 귀여워서 물어뜯고 꼬집고 싶다는 뜻이에요. 우리랑 아주 비슷하죠. 유럽으로 가면 꼬집는다는 표현보다는 짜낸다는 표현이 많았는데, 우리나라에 조금 더 가까운 베트남에 오니 확실히 표현도 비슷해집니다.

그런데 한번 보세요. 모든 나라에서 이렇게 귀여운 걸 보면 깨물고 싶고 부수고 싶고, 심지어는 짜내고 싶다고 표현해요. 이런 표현을 우리나라만 하는 게 아니라는 겁니다. 모든 나라에서 합니다. 제가 미국에서 유학하던 시절에도 많이 봤어요. 사람들이 길을 지나가다가도 귀여운 아이를 보면 멈춰서 발을 동동 굴러요. 저는 처음에 버스 놓친 줄 알았는데, 아이가 너무 귀여워서 발을 동동 구르는 거였더라고요.

정말 귀여운 걸 봤을 때 오히려 폭력성이 올라가고 파괴적인 언행을 하는 것은 전 세계적으로 자연스러운 현상인 거죠. 인간이 그렇습니다. 왜일까요? 진화심리학에서는 바로 이 2가지 감정이 동시에 나와야만 오히려 더 적절하게 인간 종을 보호할 수 있기 때문이라고 설명합니다.

대개 거인을 보고 귀엽다고 하지는 않죠? 그런데 이제 막 태어나서 얼마 안 된 연약한 아이를 보면 귀엽다는 느낌이 들죠? 또 보호해야 한다는 생각도 듭니다. 이렇게 보호해야 할 때 누군가의 공격으로부터 맞서 싸울 힘이 있어야 하고, 더 중요한 건 즉각적으로 반응할 수 있는 즉응태세를 갖추고 있어야 합니다. 그래서 우리 뇌에 '귀엽다, 지키자, 너무 사랑스럽다'와 '공격에 대비하자'는 반응이 동시에 나오는 겁니다.

우리가 누군가를 두고 귀엽다고 얘기하는 것은 내가 그 사람과 사랑에 빠졌다는 것을 스스로 굉장히 솔직하게 고백하는 것인 경우가 많습니다. 왜냐하면 이 귀여움은 바로 궁극적인 감성인 애정에 따뜻함이 합쳐진 거거든요. 찬사예요.

저는 그것도 모르고 예전에 학교 다닐 때 어떤 여학생이 저에게 귀엽다고 하면 "내가 귀여워? 멋지지 않고?"라고 하면서 속상해했어요. 그 여학생이 저를 깔보거나 남자로 안 보는 줄 알고 그 여학생에게 "오늘 밥 먹자고? 됐어!"라며 바보 같은 행동을 했던 거죠.

그 여학생이 저에게 그런 말을 함으로써 저를 좋아한다는 표현을 아주 솔직하게 했던 건데 제가 알아차리지 못한 거예요. 그 여학생은 호감을 자연스럽게 표현한 것인데 말입니다. 남성분들, 여성이 귀엽다고 하면 좋은 뜻으로 받아들이세요. 나에게 여러 종류의 긍정적인 감정을 가지고 있다는 뜻이니까 절대로 자존심 상하거나 기분 나빠하지 마십시오. 그런데도 우리는 멋있다는 얘기를 듣고 싶어 하죠.

멋있다고 얘기하는 것과 귀엽다고 얘기하는 것 사이에는 중요한 차이가 있습니다. 바로 온도감의 차이예요. 귀엽다고 하는 건 따뜻한데 매력적이라는 뜻입니다. 그런데 멋있다고 얘기하는 건 그저 전두엽에서 계산해서 내린 객관적인 판단의 결과예요. 이성적이고 논리적인 판단에 의해서 매력이 있으며, 다른 사람들이 당신을 그렇게 느낄 거라고 하는, 온도감이 없는 매력을 얘기하는 겁니다.

멋있다는 얘기를 주로 어디서 많이 하나요? 백화점 같은 곳에서 많이 들을 겁니다. 백화점에 가면 옷을 입었을 때 점원이 "참 멋있으세요"라고 하지 "참 귀여우세요"라고는 절대 얘기하지 않습니다. 백화점에서 일하는 분들은 자기의 감정은 빼고 고객에 대한 객관적인 멋스러움을 표현해주는 겁니다.

## 두려움의 대상을 귀엽게 만들면
## 호감도가 올라간다

이렇게 작고 귀여운 것들을 봤을 때 공격성이 같이 나온다는 것을 생각한다면, 최근 10년 동안 아니, 지난 100여 년 동안 우리가 사랑했던 캐릭터들의 공통점을 하나 알 수 있습니다. 바로 공격적인 것이 작고 귀여워지면 우리 인간의 긍정적 감정과 부정적 감정을 다 충족시켜주는 캐릭터가 된다는 겁니다.

그중 하나가 카카오프렌즈의 캐릭터 '라이언'이죠. 사자는 맹수입니다. 맹수는 우리에게 공격성, 폭력성, 거친 느낌을 줍니다. 그런 맹수를 어린이처럼 귀엽게 만들었어요. 귀여운 사자라고 하니까 사람들로 하여금 긍정적 감정과 부정적 감정을 모두 충족시켜주면서 완벽한 호메오스타시스가 되는 겁니다.

지금은 제가 이렇게 아무렇지 않게 말합니다. 이러한 호메오스타시스의 개념을 알고는 있었지만 세상을 바라보는 관점에 적용시키지는 못했던 저는 라이언 캐릭터가 반드시 실패한다고, 절대로 성공할 수 없다고 개발 단계에서 그 회사 관계자들에게 조언했어요. 이런 게 바로 회사를 암흑 속에 빠뜨리는 위험한 개발이니 절대 이런 데 돈을 투자하지 말라고 말씀드렸죠. 그래서 지금도 두고두고 그분들께 놀림을 받고 있습니다.

드라마 〈응답하라 1988〉에서 성동일 씨가 "저 친구는 반드시 실패한다"고 하면 흥하고, "저 친구는 반드시 성공한다"고 하면 망해서 대폭망 예언의 아이콘으로 떠올랐죠. 제 별명이 심리학계의 성동일 씨입니다. 제가 참 못 맞힙니다. 하지만 어떤 일이 일어난 다음에는 학자들이 해석은 제대로 할 수 있어요.

라이언 캐릭터처럼 공격성과 무서움을 내포할 수밖에 없는 대상이 작고 귀여워짐으로써 인간의 항상성을 만족시켜 오랫동안 사랑받는 캐릭터들이 있습니다. 미키마우스도 그렇습니다. 쥐는 징그럽고 무섭지만, 귀엽게 만들어 아직까지도 많은 사랑을 받고 있습니다. 꼬마 유령 캐스퍼는 어떤가요? 유령은 원래 무섭습니다. 그런데 그 무서운 유령이 귀여운 꼬마가 되니까 사랑받습니다. 공룡도 덩치가 너무 크죠. 우리가 공룡 시대로 돌아간다면 1초도 살아남기 힘들 것 같다고 느낄 겁니다. 하지만 거대한 공룡이 아기가 되어 수유리에 살고 있으면 귀여워지는 겁니다. 둘리처럼 말이죠.

이 법칙은 여전히 유효합니다. 정말 많은 사랑을 받는 걸 만들고자 한다면, 무섭고 폭력적인 걸 아기로 만들어보세요. 지난 몇 년 사이 최고의 히트를 기록한 아기상어도 이 조건에 들어맞습니다. 이 법칙은 앞으로도 계속 유효할 거예요.

그렇기 때문에 저는 수많은 캐릭터 개발자들께, 이제 인간이 가장 싫어하고 무서워하는 것들을 전부 다 아기로 만들라고 말씀드리고 싶습니다.

저는 '아기 거미'가 나온다면 슈퍼캐릭터가 되지 않을까 감히 예측해봅니다. 미야자키 하야오 감독도 지브리 스튜디오를 닫고 은퇴했다가 다시 컴퓨터 그래픽으로 애니메이션을 만드는 걸 새로 배우고 있는데요. 천하의 이 미야자키 하야오 감독도 벌레를 아이처럼 만들어서 등장시키는 애니메이션을 제작 중이라고 들었습니다.

## 팬데믹 시대,
## 떨어진 집중력을 귀여움이 높인다!

귀여움과 관련된 재미있는 논문을 하나 더 소개해보겠습니다. 귀여움을 다룬 논문이 의외로 많아요. 심지어 귀여운 것을 보거나 옆에 두기만 해도 집중력이 높아진다고 주장하는 연구도 있습니다. 공부할 때 귀여운 캐릭터를 옆에 두거나 귀여운 사진을 걸어놓아 보세요. 저도 연구실에 제 두 딸이 어릴 때 사진을 놓아두었어요. 그러면서 잠시나마 다 커버린 아이들의 지금 모습을 잊고 어릴 때 귀여웠던 모습을 떠올리면서 집중력이 높아지는 신기한 경험을 합니다.

귀여움이 우리에게 미치는 영향력은 의외로 그저 깨물고 싶다, 부수고 싶다는 귀여운 공격성에 그치지 않습니다. 귀여움이 우리의 집중력을 높인다는 것이 꽤 많은 연구를 통해 밝혀지고 있습니다. 스포츠 경기장에서는 시합을 앞둔 선수들의 집중력을 높이기 위해 그라운드 앞에 혹은 스타디움에서 귀여운 캐릭터들이 계속 돌아다니며 재롱을 부립니다. 선수들이 이 캐릭터를 보면서 의외로 집중력이 높아지는 효과를 얻는 거죠.

왜 그럴까요? 그리고 어떻게 그럴 수 있을까요? 그 원리와 과정을 밝혀주는 논문 하나를 살펴보겠습니다. 일본 연구자들의 논문인데요, 제목은 이렇습니다. "카와이의 힘(The Power of Kawaii)." 카와이かわいい는 일본어로 귀엽다는 뜻입니다. 결국 귀여움의 힘을 밝히는 논문이죠. 부제를 한번 볼까요? "Viewing Cute Images Promotes a Careful Behavior and Narrows Attentional Focus." 귀여운 이미지를 보면 사려 깊은 행동을 하는 능력이 향상되고, 또 재미있는 건 주의하고 집중하는 범위가 좁혀진다는 겁니다. 그러니까 좀 더 조심스럽게 행동하게 되고, 좀 더 초점화된 주의를 가지게 된다는 거죠.

여담이지만 논문 제목만 봐도 일본 연구자들의 특징이 보입니다. 귀여움이라는 일반적인 표현을 사용하면 되는데 굳이 '카와이'라는 일본어를 그대로 옮겨서 마치 용어처럼 사용했죠. 단순히 귀엽다는 뜻을 넘어서, 일본의 문화를 표현하려고 노력한 것입니다. 많은 일본 연구자들이 이렇게 마치 일본어에만 독특한 의미가 있는 것처럼 어떤 개념을 용어로 만들어서 세계적 통용화를 시도하는 걸 좋아합니다.

이 논문의 연구자들은 대학생을 대상으로 해서 무작위로 두 그룹으로 나누었습니다. 그런 다음 아무것도 보여주지 않은 상태에서 작은 게임 미션 하나를 수행하게 했죠. 이 게임은 게임보드에 그려진 환자의 몸에 14개의 구멍이 있는데, 핀셋을 사용해서 그 구멍 안에 있는 작은 부품을 구멍 가장자리에 닿지 않고 집어 올리는 미션입니다. 핀셋으로 아주 조심스럽게 주변을 건드리지 않고 뽑는 거예요. 조심스럽게 다른 걸 안 건드리고 뽑았다면 마찬가지로 조심스럽게 다른 걸 안 건드리고 집어넣는 일도 가능할 수는 있겠죠.

사실 이 테스트는 지적으로 문제가 있거나 뇌병변 증세를 보이는 분들이 일반 기업에 취직하고자 할 때, 그 사람들이 얼마나 작업을 잘 수행할 수 있는지 측정하는 검사로 활용되기도 합니다. 한국장애인고용공단 같은 곳에서 만들어낸 검사들을 보면 이 연구자들이 한 테스트와 상당히 유사한데, 뇌가 운동과 얼마나 잘 협응하는지를 확인하는 과정으로,

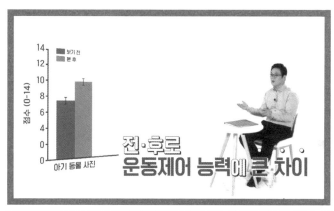

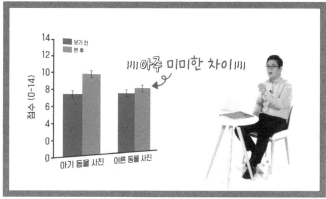

집중력뿐 아니라 운동제어가 얼마나 가능한지를 관찰하는 것이죠.

연구자들은 이 미션을 얼마나 잘 수행하는지 관찰하면서, 과정을 하나 추가합니다. 동물 이미지를 보여주는 거죠. 동물 이미지를 보기 전과 보고 난 후에 이 운동과 관련된 작업을 얼마나 잘하는지 살펴본 겁니다. 한 그룹에는 귀여운 아기 동물 사진을 보여줬고 다른 그룹에는 어른 동물 사진을 보여줬어요.

여담이지만 아기 동물이라는 말은 많이 들어봤어도, 어른 동물이라는 말은 잘 안 쓰지 않나요? 무슨 뜻이냐면, 동물이 대개 거칠고 공격적인데, 이걸 귀여운 특성을 증폭시켜서 아기 캐릭터를 만드는 경우가 많으니까 '아기 동물'이라는 표현은 많이 쓰게 됩니다. 그런데 어른 동물은 별다른 의미가 없어 보이죠. 새끼가 아닌 동물은 우리에겐 거의 다 어른처럼 보이거든요.

어쨌든 이렇게 아기인 동물과 다 큰 동물, 즉 귀여운 동물과 귀엽지 않은 동물의 사진을 보여준 뒤에 사람들의 미션 수행능력을 측정합니다. 물론 사진을 보여주기 전에도 측정했습니다. 그 사람이 평상시에 할 수 있는 능력치를 측정한 뒤에, 사진을 보여주고 똑같은 일을 하게 했습니다. 먼저 아무것도 보지 않은 상태에서 측정하고, 그다음 동물 사진을 보여줍니다. 그런 뒤에 또 측정을 합니다. 그랬더니 어른 동물을 보여줬을 때와 아기 동물을 보여줬을 때 확연한 차이를 보였습니다.

귀여운 아기 동물을 본 뒤에 작업을 한 사람들은 보기 전에 했던 것보다 능력이 더 많이 향상돼 있었습니다. 상승폭이 뚜렷했어요. 그런데 귀엽지 않은 어른 동물 사진을 본 사람들은 사전과 사후의 차이가 거의 나지 않았습니다. 보기 전과 보고 난 후에 차이가 없다는 건 영향을 받지 않았다는 거죠.

무슨 뜻일까요? 귀여움이 운동능력과 상관이 있다는 겁니다. 집중을 잘해서 내 손과 발을 통제하는 능력이 향상되었다는 겁니다. 왜일까요? 연구자들은 집중력이 더 강해졌기 때문에 운동능력이 향상되었다는 가설을 세웠습니다. 특히 시각적인 인지능력과 집중력이 영향을 받았다고 보았어요. 그렇다면 정말 연관이 있었을까요? 집중력이 강해졌다는 건 크게 보기보다는 봐야 할 것만 제대로 봤다는 뜻이겠죠. 그러니까 오히려 숲을 보지 않고 나무만 보았는지를 밝혔을 거예요.

이 가설을 증명하기 위해 연구자들은 두 번째 실험을 합니다. 두 번째 실험 내용은 이렇습니다. 이전 실험에 참가하지 않은 새로운 48명이 새로운 참가자로 실험에 참여합니다. 진행방법은 앞선 첫 번째 실험과 똑같았는데, 이번에는 세 번째 그룹이 추가되었습니다.

첫 번째는 아기 동물을 본 그룹이고, 두 번째는 평범한 어른 동물을 본 그룹입니다. 여기까지는 앞선 실험과 똑같죠. 세 번째는 뭐였을까요? 맛있는 음식 사진을 본 그룹입니다. 왜 이런 그룹을 추가했냐면, 일반적으로 귀여운 대상을 봤을 때도 기분이 좋지만, 맛있는 음식을 봤을 때도 기분이 좋아지기 때문이죠. 그러니까 귀여운 것과 좋은 것의 차이를 밝히고자 연구자들이 이런 그룹을 추가한 겁니다.

이번에는 시각적인 자극을 주며 실험했습니다. 다음의 숫자 배열을 보고, 여기에 숫자 8이 몇 개 있는지 한번 세어보세요.

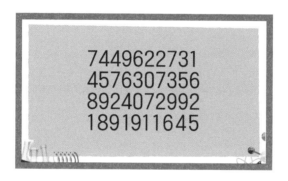

이 그림에는 8이 2개 있습니다.

그러면 이번에는 다음 그림도 보시죠. 여기에는 숫자 0이 몇 개가 있나요?

숫자 0이 3개 있습니다.

이런 테스트를 여러 번 하게 했습니다. 단순히 숫자를 찾으면 되니 쉬워 보이지만, 이런 테스트를 계속해서 반복하다

보면 의외로 힘들고 짜증이 나기도 합니다. 집중해서 봐야 하기 때문이죠. 참고로 이런 종류의 실험은 서양인보다 동양인들이 더 잘합니다. 서양 사람들은 테스트를 하다가 짜증내며 나가는 경우도 많습니다. 그 정도로 집중력이 필요한 작업입니다.

아무튼 문화를 막론하고 이것은 꽤 어려운 과제입니다. 여러분도 한 3분, 10분, 20분만 해보세요. 20분 동안 하면 참가자들이 실험실을 박차고 나갈지도 모릅니다. 계속해서 시각적으로 주의를 기울이는 게 쉬운 일이 아니거든요.

결과는 어땠을까요? 다음과 같습니다.

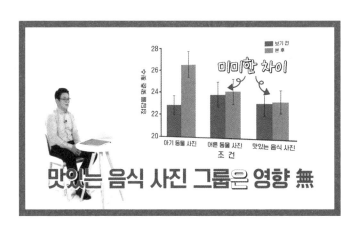

어른 동물 사진이나 맛있는 음식 사진을 보여줬을 때는 전후의 차이가 거의 없었습니다. 그런데 아기 동물 사진을 보여

준 경우에는 보기 전과 후의 정답률이 확연한 차이를 보입니다. 보고 난 뒤에 정답률이 올라간 것이지요. 그만큼 귀여운 사진이 사람의 집중력을 끌어올리는 효과가 있다는 설명이 가능합니다.

두 번째 미션도 있습니다. 이번에는 대상을 말 그대로 크게 보는지 작게 보는지에 대한 테스트를 했습니다. 거시적으로 전체적인 그림을 보는지, 집중력을 발휘해서 봐야 할 것만 자세히 보는지를 확인했죠.

다음 그림을 한번 보죠. 여러 개의 F가 열을 지어 서 있는 그림입니다. 그런데 크게 보면 H가 됩니다. F도 되고 H도 되는 이 그림을 놓고 어떻게 읽는지에 따라, 크게 보느냐 작게 보느냐 중 어떤 관점을 가지고 있는지를 판단할 수 있겠죠.

이런 그림을 네이본 과제Navon Task라고 합니다. 네이본이라는 심리학자가 1977년에 고안한 글자 감별 과제로, 이 연구자의 이름을 본떠서 네이본 과제라고 합니다.

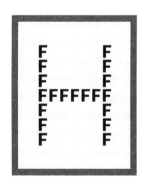

대상을 크게 보는 사람은 이 글자가 먼저 H로 보일 거고요, 구체적으로 보는 사람은 F가 먼저 보일 겁니다.

이 네이본 과제를 제시해봤더니 귀여운 사진을 본 사람은 귀엽지 않은 사진이나 맛있는 음식 사진을 본 사람들에 비해서 큰 H가 아닌 작은 F를 확인하는 과제를 훨씬 더 잘했습니다. 즉, 이 논문의 부제인 주의 집중 범위를 좁히는(Narrows Attentional Focus) 과제를 훨씬 더 잘하더라는 겁니다.

이상의 결과들을 종합하면, 귀여운 이미지를 본 다음에는 그저 단순히 운동신경이 향상될 뿐 아니라, 주의집중을 해서 시각적으로 초점화하고, 구체적이고 세부적인 일을 하는 능력이 향상된다는 사실을 추론해볼 수 있죠. 더 재미있는 지점은, 이것이 단순히 좋은 이미지를 보고 기분이 좋아져서 생기는 효과가 아니라는 데 있습니다. 음식이나 그 외에 내가 그저 좋아하는 것을 보고 난 뒤에는 이런 효과가 일어나지 않았으니까요.

이 연구를 통해서 연구자들이 하고 싶은 이야기는 무엇일까요? 귀엽다는 게 좁고 세밀하게 초점화해서 보게 하는 효과가 있다는 겁니다. 즉, 모든 일을 다 잘하게 만드는 건 아니라는 뜻이죠. 큰 그림을 그려봐야 할 때, 조금 더 넓은 시야로 생각해봐야 할 때는 도움이 안 될 가능성이 높습니다.

일본 사람들이 얘기하는 '카와이'는 단순한 귀여움이 아니라 일본문화에 대한 정의이기도 합니다. 일본문화를 대변

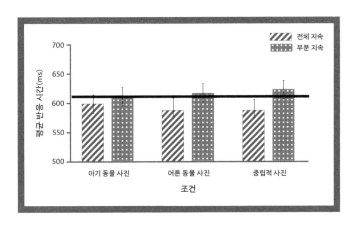

하기 위해 강조하는 표현이고 단어입니다. '카와이 컬처'라는 말도 있듯이, 카와이는 일본 사람들이 잘 만들어내는 것들 중 하나입니다. 일본 사람들은 작고 귀여운 걸 잘 만들죠. 그런데 큰 흐름을 짚는 데는 방해가 될 수도 있습니다. 대표적인 게 소니입니다.

제 사례를 들어볼까요? 제가 얼마 전에 25년 동안 사용했던 소니 오디오를 가전제품 재활용센터에 갖다 주었습니다. 그 와중에 오디오를 점검해보다가 깜짝 놀랐어요. 25년 동안 썼던 오디오인데 전면에 부착돼 있던 30여 개의 버튼 중에서 제가 누른 건 5개밖에 없더라고요. 나머지 25개는 무려 25년간 사용하면서 한 번도 누르지 않았던 기능들입니다. 그런데 이 일본 기업은 그 모든 기능들에서 카와이를 추구하면서 큰 H가 아닌 작은 F를 만들어넣었던 겁니다. 이렇게 너무 작은 부분에만 치우치다 보면 큰 흐름을 보지 못하는 경우도 생깁니다.

이상의 내용을 종합해보면 몇 가지 중요한 결론에 도달할 수 있습니다. 귀여운 이미지는 우리의 집중력을 높여줍니다. 큰 그림을 그리는 데는 효과가 없을지 몰라도 작고 구체적인 일들을 잘하게 만드는 데는 분명히 효과가 있는 것으로 보입니다. 작고 구체적인 지식을 계속해서 외우거나 습득해야 할 때 공부방에 귀여운 사물이나 이미지를 놓아둔다면 효과가 있으리라고 당연히 추론해볼 수 있겠죠.

또 작은 귀여움은 작은 공격성과 연관이 있고, 큰 귀여움은 큰 공격성을 유발합니다. 우리는 좋아하는 아이돌을 보면서 '부신다, 뽀갠다, 뽀사버린다'는 등 굉장히 거친 표현을 하면서 발을 동동 구르고 큰 동작을 취하며 귀여워합니다. 그런데 그런 아이돌 중에 키가 190cm가 넘는 분들도 많아요. 그렇게 체구가 큰 친구가 귀엽다면 우리는 또 얼마나 큰 공격성을 표현하게 되겠습니까.

이렇게 여러 가지 귀여움이 불러일으키는 효과를 생각해본다면, 이 효과를 얼마든지 응용할 수 있습니다. 실수하면 안 되는 일, 집중력을 요하는 일을 앞두고 있을 때 이런 작고 귀여운 캐릭터를 보거나 주변에 놓으면서, '이 귀여운 캐릭터를 빼앗기지 않으려면 열심히 하자'는 메시지를 마음에 새겨볼 수도 있겠죠. 그렇게 해서 스스로 집중하는 효과와 동기부여를 동시에 얻을 수 있어요. '아기 상어 인형을 빼앗기지 않으려면 오늘도 열심히 하자'고 다짐하면서 단어를 외워보거나 혹은 정밀함을 요하는 작업을 해보시기 바랍니다.

지금까지 귀여움에 관한 두 편의 흥미로운 논문을 살펴보았죠. 내용을 한번 정리해보겠습니다. 우리는 왜 귀여운 걸 보면 옆 사람을 치거나 꼬집고 싶어지고 발을 동동 구르게 될까요? 지구가 하나의 커다란 원으로서 균형을 잡듯이 우리 인간도 균형을 잡고 싶은 겁니다. 그래서 나라고 하는 이 작은 행성에서 플러스와 마이너스의 평형점을 찾고 싶은 것이 우리의 마음입니다. 귀여운 걸 보면서 공격성을 만들어내서 균형추를 잡으려는 것도 그 흥미로운 노력의 일환입니다.

과학적인 연구들을 통해서 이런 현상들을 잘 이해하고 이용할 수 있게 되면 어떤 일이든 효율적으로 잘할 수 있게 됩니다. 심지어 손동작에서부터 초점을 맞추는 일까지도요.

만약 아이가 집중을 잘 못 한다면 백록담이나 백두산 천지를 찍은 사진보다는 아이 방에 작고 귀여운 캐릭터 인형을 놔주시고, 거시적인 물건이나 그림이 있다면 치워보세요.

반대로 우리 직원들이, 우리 부서의 팀원들이 거시적인 생각을 못 한다면, 혹은 새로운 연결을 못 만들어내서 아쉽다면, 너무 귀여운 캐릭터들로만 사무실이 채워져 있지 않은지 한번 생각해볼 필요도 있습니다. 이 모든 것들이 의미하는 것은, 결국 우리 인간이 주변 상황과 환경에 굉장히 민감하게 반응한다는 또 하나의 결론으로도 연결할 수 있겠습니다.

# 2부

# 내 감정과 심리

# 제대로 알고 이용하기

# 왜 자꾸만 불안할까

팬데믹 시대에 정말 걱정들이 많으시죠? 인지심리학자의 한 사람인 저에게도 많은 분들이 정말 여러 가지 얘기들을 하십니다. "저 많이 불안해요, 이유 없이 화가 나요." "정말 여러 가지 걱정으로 잠을 이루지 못합니다."

친구들이나 다른 주위 사람들과 대화를 주고받는 단체 채팅방에 들어가 보면 이런 여러 가지 고민 걱정들을 그대로 느낄 수가 있습니다. 얼마 전에는 친구들이 모여 있는 단체 채팅방에 들어갔는데, 한 친구가 아주 사소한 일에도 화를 내거나 이유 없이 짜증을 내서 그 방이 거의 풍비박산 직전이었던 경우도 있었습니다.

## 당신만 불안한 것이 아니다

요즘 같은 시기에는 우리의 심리를 정확하게 알아보는 시간이 필요합니다. 내가 우울한지 불안한지 힘든지, 슬픈지 화가 나는지, 나아가 상실감이 느껴지지는 않는지까지도 살펴봐야 합니다. 이런 모든 것들에 대해 정확히 아는 것이 중요한 이유는, 각각의 감정에 따라 해결 방법이 다 다르기 때문입니다.

이런 여러 가지 고민과 걱정 중에 제일 많이 하는 이야기가 '불안'입니다. 왜 불안은 우리를 더 힘들게 할까요? 우리는 왜 불안을 느낄까요? 이 불안이라고 하는 것은 평생 살아가면서 정말로 없앨 수 없는 것일까요?

솔직히 저는 학생들에게 종종 이렇게 이야기합니다. "불안이 없다면 심리학은 존재하지 않았을 학문일 수도 있다"고 말이죠.

많은 분이 이런 말을 합니다.

"아무 일도 없는데 불안과 걱정이 머릿속을 떠나지 않습니다. 이런 불안감은 대체 왜 생기는 건가요? 저만 이렇게 불안한 건가요?"

그냥 하는 말이나 질문으로 보기에는 거의 모든 사람이 이런 생각을 갖고 있고, 모두가 해답을 원하는 질문이기도 합니다. 심리학자인 저도 예외가 아니죠. 그렇다면 심리학자로서 저는 이런 말씀을 가장 먼저 드리고 싶습니다. 불안은 당신만 느끼는 것이 아닙니다.

## 불안은 고립감을 동반한다

불안은 당신 혼자만 느끼는 것이 아닙니다. 우리 모두가 느끼고 있습니다. 불안하지 않은 인간은 없습니다. 그렇기 때문에 '난 많이 불안해. 요즘 불안이 너무 심해. 불안 때문에 견딜 수가 없어' 이런 여러 가지 생각으로 불안해하고 있다면, 무엇보다 나 말고도 불안을 느끼는 사람이 얼마나 많은지를 한번 살펴봐야 합니다.

사실 불안은 인간이 느끼는 자연스러운 감정입니다. 그러니까 내가 어떤 것에 대해 불안해하고 있다면, 그 이유를 알 수 없더라도 같은 고민을 하고 있는 다른 많은 사람들을 지켜보기만 해도 내 불안감은 상당히 감소될 수 있습니다.

왜일까요? 불안은 반드시 '고립감'을 동반하기 때문입니다. 무언가로 인해 불안하다면, '이 불안, 초조함, 떨림, 이런 것들을 나만 느끼는 건가?'라는 생각에 빠지기 쉽다는 거죠.

불안은 '안 좋은 일이 생길 것 같다, 혹은 나쁜 일이 일어날 것 같다'는 왠지 모를 느낌으로 인한 초조함이라 정의할 수 있습니다. 공포 영화가 불안한 이유도 마찬가지죠. 공포 영화를 볼 때 우리는 뭔가 안 좋은 일이, 크게 안 좋은 일이 일어날 거라는 걸 알고 있습니다. 다만 그 안 좋은 일이 언제 어떻게 나올지 모르는 상태죠. 하지만 예측은 할 수 있어요.

그렇다면 이 '불안'이라는 것을 한번 잘 생각해봅시다. 만약 안 좋은 일을 먼저 경험했거나, 나와 같은 고민을 하고 있거나 아니면 내 고민을 함께 나눠줄 사람이 옆에 있다면, 나는 어느 정도 불안에 대해 자연스럽게 예측하고 예상할 수 있을 겁니다.

불안은 안 좋은 일이 있을 거라는 막연한 예측에서 생겨나는 초조함인데, 이때 그 고통이 얼마나 아플지 알 수 있고, 고통에서 얼마큼 벗어날 수 있으며, 어떤 경우에 이런 안 좋은 일이 생길지 공유할 수 있다면 어떨까요? 안 좋은 일을 훨씬 더 다양한 시점에서 겪는 다른 사람들을 보기만 해도 내 불안이 상당히 진정돼서 불안과 초조가 극심한 방향으로 가는 걸 막을 수 있습니다. 엉뚱한 행동이나 반대로 아무것도 하지 못하는 상태에서 빠져나와, '이제 여기에 집중해야겠구나'라고 생각하며 마음을 추스를 수 있다는 것이죠. 이것은 마취제와는 완전히 차원이 다릅니다. 마취제는 분명히 고통이 존재하고, 그래서 당연히 느낄 수밖에 없는 고통을 느끼지 않도록 신경을 마비시키는 것이죠. 하지만 불안은 안 좋은 일이 생겼을 때 찾아올 고통을 아직 겪지 않았는데도 가지게 되는 초조함입니다. 즉, 불안과 관련해서 우리가 어떤 것을 얼마만큼 알아야 되는가가 무엇보다 중요합니다.

## 나 같은 사람이 많다는 데서
## 안도감을 느끼는 인간

가끔 손끝의 감각이 이상하거나, 갑자기 식욕이 떨어지거나, 우연히 거울을 봤는데 혓바닥 색깔이 이상해 보일 때가 있습니다. 그런데 이런 몇 가지 사소한 변화만으로 '내가 혹시 큰 병에 걸린 건 아닐까?' 혹은 '정말 심각한 병의 전조 증상이 아닐까?'라고 생각하며 인터넷에 열심히 검색을 해봅니다.

나에게 분명 어떤 문제가 생긴 것 같아서 검색을 했는데, 그 문제에 관한 다양한 정보들을 찾으면 어느 순간 그것만으로도 안심이 될 때가 있습니다. 학생들도 공부를 할 때 이렇게 얘기합니다. "어떤 문제가 궁금해서 검색해봤더니 나랑 거의 비슷한 질문을 하는 친구들이 많은 거예요. 내용을 읽기도 전에 마음이 훨씬 편안해졌어요."

왜 그럴까요? 나 같은 사람이 많다는 데서 안도감을 느끼기 때문입니다. 저는 예전에 이런 일이 있었습니다. 컴퓨터 작업을 하는데 매번 하던 일이 잘 안 되고 어떤 '파일이 누락돼서 프로그램이 구동되지 않습니다'라는 메시지가 뜨는 거예요. 정말 황당했죠. 그래서 인터넷에 그 메시지 문구를 그대로 넣고 검색을 해봤습니다. 재밌는 건, 제가 입력한 것과 거의 똑같은 문장의 질문과 정보들이 쭉 검색되니까 '이거 내가 얼마든지 쉽게 해결할 수 있는 문제겠구나'라는 생각이 들었습니다. 순간 불안이 진정되고 이제 어떻게 해야겠다, 여기서 뭔가를 더 꼼꼼히 살펴봐야겠다 하는 동기가 생기더라고요.

반대로 다른 에러 메시지가 떠서 비슷한 방법으로 검색을 해봤는데, 검색 결과가 거의 없었던 적도 있었습니다. 왜 이런 문제가 생겼을까 고민하며 해결 방법을 찾으려 했는데, 비슷한 사례가 없다는 사실을 알고는 순간적으로 이런 생각이 들었어요. '어? 이거 나만 겪는 문제인가?'

그다음에는 프로그램 오류를 바로잡아야겠다는 생각이 사라지고, 어이없게도 '아예 새로 컴퓨터를 살까?' 하는 생각이 들더라고요. 컴퓨터를 바꾸려면 지출이 커지니까 문제가 생기죠. 그보다 더 큰 문제는 엉뚱한 행동을 하려는 마음이 들었다는 것입니다.

이처럼 불안은 나와 비슷한 고민을 하는 사람들이 있다는 것을 확인하는 행위만으로도 굉장히 긍정적인 방향으로 나아갈 수 있다는 에너지를 남기고 적정한 수준에서 해결됩니다. 개인병원보다 종합병원을 선호하는 사람들은 심지어 이렇게 얘기하기도 합니다. 종합병원은 규모가 크니까 당연히 아픈 사람도 많겠죠. 그러니까 여기서 '나 같은 사람이 많다'는 걸 보는 순간 그것만으로도 위로가 된다고요. 그런데 개인병원에 갔더니 세상에 이 병으로 아픈 사람은 나밖에 없는 것 같아서 굉장히 불안해지더라는 겁니다.

실제 의사들도 비슷한 이야기를 합니다. 종합병원에서 진료할 때와 개인병원에서 진료할 때 같은 환자를 같은 식으로 진료해도, 개인병원에서보다는 종합병원에서 환자의 상태가 더 좋더라는 겁니다. 왜일까요? 불안 바로 저 건너편에는, 나만 이 불안을 겪고 있을 거라는 생각과 그 생각이 이 불안을 증폭시키는 악순환이 도사리고 있기 때문입니다.

이럴 때 나와 같은 불안을 겪거나 비슷한 고통을 겪을 것으로 예측되는 사람들을 만나게 하는 것만으로도 심리적 치료 효과를 보는 경우가 있습니다. 대표적인 것이 미국에서 개설된 '페이션츠 라이크 미patientslikeme.com'라는 사이트입니다. '나와 같은 환자patients like me'라는 뜻이죠. 처음에 이 사이트

는 한 가지 특정 질환에서 출발했습니다. 그런데 2011년부터 빠르게 확장되어 지금은 실로 다양한 병명, 다양한 질환에 해당하는 사람들이 자신과 비슷한 증상과 치료 과정을 이 사이트에 공유하고 있습니다.

그러면서 '이 문제가 나만의 외롭고 고립된 싸움이 아니구나'라는 걸 알게 되고, 그 자체로 힐링이 되면서 심리적으로 안정감을 찾게 되는 것입니다. 환자가 '이 질환이나 이 질병은 나만 겪는 고통이 아니구나'라는 것을 느낄 때, 환자는 그 것만으로도 심리적 압박감이 상당히 낮아지면서 '그래, 그러니까 다른 사람들처럼 나도 병을 고쳐야겠다'는 생각을 갖게 된다고 합니다.

마찬가지로 의사가 말 한마디를 어떻게 하느냐에 따라 환자의 마음가짐이 전혀 달라지는 경우도 있습니다. 제가 몸담고 있는 아주대학교의 병원 의사 선생님이 이런 얘기를 해주었습니다. 환자를 진단할 때 같은 이야기를 하더라도 어떻게 하느냐에 따라 환자가 받아들이는 온도차가 크다는 걸 절실히 느꼈다는 거예요. 이 선생님은 제가 개인적으로 참 존경하는 분인데, 어느 날 찾아온 한 환자에게 이렇게 말했답니다.

"이 병은 유전입니다." 그랬더니 환자가 부모님을 굉장히 원망하며 불안해하더래요. 그래서 다시 "아, 이 질환은 선생님의 부모님도 앓은 것이고, 그러니까 부모자식 간 공동의 운명입니다"라고 설명했답니다. 그러자 그 환자는 자신의 병을 직시하고 오히려 부모님께 위로의 말을 전했다고 해요. 부모님을 원망하기보다는 병을 함께 이겨내보자는 마음을 만들어낸 것이죠. 여러 번 강조하지만 불안이라고 하는 것은, 내가 경험하는 불안의 고통을 다른 사람들도 같이 겪는다고 느낄 때 그 자체로도 상당히 완화될 수 있습니다.


## 불안이 우리를 움직이게 한다

그렇다면 불안은 무조건 나쁜 것일까요? 아닙니다. 불안에도 분명한 순기능이 있습니다. 예컨대 날씨가 추워지고 있다고 합시다. 어제까지 좋은 날씨였는데, 오늘부터 기온이 다소 떨어지고 기상 상태가 안 좋아지고 있다면 어떻게 해야 할까요? 옷장 깊숙이 넣어두었던 겨울옷을 꺼낸다거나 두툼한 이불을 준비하는 등 추워진 날씨에 대비하겠죠.

그렇습니다. 불안의 가장 중요한 순기능은 '대비'입니다. 어떤 일에 불안감을 갖고 있는 사람은 그 일에 대비를 한다면, 바꿔 말해서 불안하지 않은 사람은 대비를 하지 않는다고 볼 수 있습니다. 흥미롭게도 대학에서 학점이 좋은 학생들과 별로 좋지 않은 학생들을 비교해보면 근면성에서만 차이가 나는 게 아닙니다. 기본적으로 성적이 좋은 학생들은 그렇지 않은 학생들보다 적정한 수준으로 불안이 더 높게 나타납니다.

다시 말해 불안은 우리로 하여금 무언가를 하고, 움직이게 만들어주는 원동력이 될 수도 있다는 거죠. 물론 아주 극심한 불안으로 아무것도 할 수 없는 상태까지 가는 건 피해야겠지만, 불안을 전혀 느끼지 않으면 인간은 아무것도 안 하게 됩니다. 불안은 우리 인간에게 '필요악'이고, 우리를 늘 움직이게 만들어주는 중요한 힘이 될 수도 있다는 말입니다.

그러니 불안과 잘 지낼 생각을 해야 합니다. '불안을 없애야지'라고 생각하는 것보다는 불안을 잘 다스리고 적절한 수준으로 만들어서, 나를 고통스럽게 하고 혼란스럽게 하지 않는 범위 내에서 나를 움직이게 만드는 에너지로 바꿔야 한다는 거예요.

예컨대 내일이 시험이라고 합시다. 그런데 아무 생각 없이 게임을 하고 있어요. 왜일까요? 불안하지 않기 때문입니다. 이 상황에서 지금 하는 게임을 그만두고 시험공부를 열심히 하게 만드는 것, 이것이 바로 불안의 힘입니다. 내가 그만큼 필요한 수준의 불안을 느끼고 있다는 말이니까요.

## 불안을 유용하게 쓰는 법

이제는 불안을 없애야 하는 질병이나 질환으로 생각하는 습관을 버려야 합니다. 내가 지금 불안을 느끼고 있다면, 지금 움직이고 싶다는 뜻입니다. 불안을 적절하게 유지하고 긍정적인 에너지로 바꿔서 유용하게 쓰고 싶다면 어떻게 해야 할까요?

먼저 나와 같은 불안을 겪고 있는 사람들을 만나고 그들과 같이 이야기를 나누면서, 생각이 극단적이거나 엉뚱한 방향으로 흘러가지 않도록 해야 합니다. 그렇게 나의 불안을 적정한 수준으로 유지하게 된다면, 이제 다음 단계로 넘어가 또 다른 조치를 취해야 합니다. 바로 '팩트' 즉 사실을 알기 위해 움직이기 시작해야 합니다.

많은 사람들이 정말 다양한 문제에 대해서 각자의 방식으로 불안을 토로합니다. 직장인이라면 '내가 이 회사를 언제까지 계속 다닐 수 있을까?'라는 고민을 하고, 사업가라면 '내년에도 살아남을 수 있을까?'라는 불안에 시달리죠. 또 '10년 후에도 지금처럼 잘 살 수 있을까? 아니 지금보다 더 형편없이 살게 되는 건 아닐까?' 같은 불안감은 많은 사람들이 공통적으로 안고 살아갈 것입니다.

그런데 재미있는 것은, 불안을 호소하는 사람들과 직접 대화를 해보면 자기가 왜 불안한지 그 실체를 제대로 파악하고 있는 사람은 드물다는 것입니다. 무엇이 불안하고 고민이 많다고 말은 하지만, 정작 불안의 팩트, 즉 실체에 대해서 알고 있는 바는 의외로 굉장히 적다는 말입니다.

예전에 사드THAAD나 자유무역협정FTA 문제 등 여러 가지 사회적인 이슈들이 터져 나올 때마다 "사드 때문에 불안해, FTA 때문에 불안해"라고 말하는 업계 종사자를 본 적이 있습니다. 그런데 이렇게 불안하다고 하면서도 사실 사드가 뭔지, FTA가 뭔지 잘 모릅니다. 다시 한 번 말하지만, 우리는 자신을 불안하게 만드는 대상에 대해 제대로 알기는커녕 잘못된 정보를 갖고 판단합니다.

　결론적으로, 우리가 불안한 이유는 불안에 대한 정확한 사실을 모르고 있기 때문입니다. 최근 들어 확인되지 않은 가짜 뉴스나 말도 안 되는 이야기들 때문에 사람들이 불안해하니까, 미국 CNN 방송의 한 앵커가 'Fact First'라는 문구가 적힌 티셔츠를 입고 출연을 했답니다. 그런데 이 티셔츠가 금방 동이 났다고 해요. 오죽했으면 그랬을까 싶지만 그만큼 우리 사회가 불안에 시달리고 있다는 뜻이고, 아주 객관적으로 표현하자면 어떤 '사실들'에 대해 정확히 모르고 있다는 말이 되겠죠.

## 당신이 불안한 이유는
## '사실'을 모르고 있기 때문이다

'불안은 사실로 해소하고, 분노는 진실로 해소해야 한다'고 말하고 싶습니다.

사형수에 관한 한 연구 결과에 따르면, 사형 집행 날짜를 모르는 사형수는 너무 불안한 나머지 스스로 목숨을 끊는 어처구니없는 일이 벌어진다고 합니다. 반면 자신이 죽을 날짜를 알고 있는 사형수는 불안해하는 게 아니라 자신의 생을 슬퍼한다고 합니다. 사형 날짜가 다가올 때 막연한 불안감에 시달리기보다는, 최소한 자신의 죽음을 기다리며 슬픔에 빠져 그간의 삶을 정리하는 시간을 갖는다는 것이죠.

그러나 사형수들 중에는 분명 분노하는 자들도 있을 겁니다. 어떤 사람들이 그럴까요? 자신은 죄가 없고, 진실은 다른 곳에 있다고 생각하며, 여전히 자신은 억울하다고 생각하는 사람들일 겁니다. 불안, 슬픔, 분노 등의 모든 감정은 각기 다른 곳으로부터 출발합니다. 이 불안을 잠재우려면 결과보다 더 중요한 것이 있습니다. 바로 어떤 사실을 있는 그대로 얘기해주는 대화입니다.

불안을 만들어내는 요소들에는 여러 가지가 있을 겁니다.

그 가운데 중요한 요소 하나가 바로 '불평등'이죠. 예를 들어 나는 빵을 2개 받았는데, 내 앞 사람은 4개를 받았습니다. 나와 내 앞 사람이 동등한 입장에 있다면 이럴 때 우리는 불평등하다고 느낍니다. 이처럼 물리적인 자원을 가시적으로 분배할 때는 불평등한지 아닌지를 굉장히 쉽게 알아차릴 수 있습니다.

우리를 불안하게 만드는 굉장히 중요하고 미묘한 또 다른 불평등이 있습니다. 일본에서 흔히 관찰된 사례인데요. 부부가 별문제 없이 잘 살다가도, 중년 이후 부인이 사망하게 되면 남편은 4~5년을 버티지 못하고 사망한다는 겁니다. 우리는 여기서 아주 간단한 결론을 내릴 수 있습니다. '남성은 혼자가 되면 불행해진다.' 물론 성급한 일반화일 수도 있지만, 평균적으로는 이러한 결론에 도달하기가 그리 어렵지 않을 겁니다.

그런데 문제는, 전혀 예상하지 못한 정반대의 패턴이 관찰됐다는 점입니다. 부부 사이에 특별히 문제가 있었거나 사이가 나쁘지 않더라도, 남편이 먼저 사망한 경우에는 부인의 삶의 질과 행복도가 높아진다는 결과가 나왔습니다. 연구자들은 부인에게 물었습니다. "남편이 당신에게 잘 대해주지 않았나요?" "아니요, 잘 대해주었습니다." "그러면 집안에 풍파를 많이 일으켰나요?" "아니요, 평탄하게 살아왔습니다.”

그런데 왜 남편이 먼저 사망하고 나서 부인의 행복도가 낮아지지 않고 오히려 높아지는 경우가 다수 발생했을까요? 면밀하게 연구해보니 이들 부부의 관계는 불평등했습니다. 그저 그 사실을 서로 모르고 살았을 뿐이죠.

나는 빵을 2개 받고 다른 사람은 4개 받은 것만 불평등한 게 아닙니다. 가장 큰 불평등은 서로 '상의하지 않는 것'에서 생겨납니다. 상의하지 않는다는 건, 사실을 공유하지 않는다는 뜻입니다.

예컨대 대부분 남편들은 집에 어떤 문제가 생기면 부인과 상의하지 않았습니다. 일본에서는 이런 문화가 남자들에게 굉장히 강한 미덕으로 자리를 잡았습니다. 이런 현상은 우리나라에도 상당히 널리 퍼져 있는 편이죠. 가장인 남편이 실직했거나 집안에 금전적인 문제가 생겼는데, 남편이 이 문제를 부인과 상의하지 않았다고 해봅시다. 결과적으로 문제가 긍정적인 방향으로 해결됐다 치더라도, 나중에 모든 전후 사정을 알게 된 부인의 마음이 어떨까요?

물론 자신에게 걱정을 끼치지 않으려고 사실을 숨긴 채 문제를 잘 해결한 남편이 고마울 수도 있을 겁니다. 하지만 다른 한편으로는 '나 없이 일이 돌아가고 있구나' '나와는 무관하게 일들이 진행됐고 나 모르게 모든 것들이 결말이 나버

렸구나'라고 생각할 수도 있습니다. 이런 일이 계속된다면 결국 부인은 어떤 생각을 하게 될까요?

'지금 이 순간, 이번 주, 이번 달이 행복해도 나 없이 돌아가는 일들이 있을 수밖에 없구나' 혹은 '지금 아주 즐겁게 살아가도 내가 모르는 일들이 어디선가 벌어지고 있겠구나'라고 생각하게 될 겁니다. 그러다 보면 "아무 일 없는데, 그러니까 오히려 더 불안해" "좋은 일만 있으니까 더 마음이 편치 않아"라는 말들이 나오게 되는 거예요.

좋은 일이 있으면 좋아야 하고 행복한 일이 있으면 행복해야 하는데, 이상하게 마음 한구석이 불편한 상황이 생기는 거죠. 그래서 나 몰래 내가 모르는 사이에 혹은 나 없이 일어나는 일들이 사라지면, 즉 정보의 불평등으로 인한 불안이 해소되면 심지어 당사자가 당황할 정도로 삶의 질이 높아지는 경우가 발생할 수 있습니다.

이러한 불평등을 해소하려면 어떻게 해야 될까요? 방법은 간단합니다. 상의해야 합니다. 상의의 주제는 지금 일어나고 있는 사실에 대한 정확한 이야기들이죠. "지금 우리 상황이 좋지 않아. 아마 점점 더 어려워질 거야. 이제 어떻게 하면 좋을까?" 한국문화에서 이런 대화는 남편과 아내, 부모와 자녀 사이에서는 거의 볼 수 없었던 일입니다. 그런데 사실은 문제를 쉬쉬하는 분위기가 더 큰 불안을 야기할 수 있습니다.

과거의 예를 한번 들어볼까요? IMF 시기를 떠올려보세요. 당시 실직한 가장이 이 사실을 숨긴 채 양복 차림으로 매일같이 집에서 나와 공원으로, 산으로 하루 종일 돌아다니다 퇴근 시간에 맞춰 집으로 돌아왔다는 얘기, 한번쯤은 들어보셨을 겁니다. 이 모든 사실을 나중에 가족이 알게 된다면 그 마음은 어떨까요?

다른 예로, 어떤 사람이 큰 병에 걸렸는데 살날이 얼마 남지 않았다는 사실을 가족들에게 끝까지 숨긴 채 혼자서 주변 정리를 하다 죽음을 맞았다고 한다면, 남은 가족들의 마음은 어떻겠습니까?

어떤 문제가 발생했을 때 내가 어른이고 가장이기 때문에 상대방이나 가족에게 문제 상황을 제대로 알려주지 않고 혼자서 해결하려고 애쓰는 것은 미덕이나 배려일 수도 있습니다. 하지만 다른 사람들 입장에서 보면 꼭 그렇지만은 않습니다. 어떤 문제에 대해 제대로 알 수 없는 상황이 계속해서 이어지다 보면, 원인 모를 불안감을 필요 이상으로 많이 느끼게 되는 악순환이 생겨날 수 있기 때문입니다.

## 불안을 없애고 싶다면,
## 누군가와 상의하라

환경 자체가 모든 사람이 불안을 느낄 수밖에 없는 상황이라면 어떨까요? 지금이 팬데믹 시대란 것은 누구나 알고 있습니다. 팬데믹이 아닌 일반적인 상황이라면 나는 불안한데 다른 사람은 불안하지 않을 수 있고, 반대로 다른 사람은 불안한데 나는 아닐 수 있죠.

불안에는 여러 가지 요인들이 작용할 수 있지만, 지금의 팬데믹 상황처럼 불안이 세상의 거의 모든 사람들을 강하게 지배하고 있을 때는 어떤 사람을 만나야 할까요?

결론부터 말씀드리자면, 자기감정에 솔직한 사람을 만나야 합니다. 예컨대 직장에서 우리 팀이 큰 프로젝트를 맡아서 발표를 앞두고 있다고 합시다. 규모가 크다 보니 파트별로 발표를 해야 하는데, 첫 발표를 맡은 나는 불안해서 견딜 수가 없습니다. "와, 너무 떨린다. 실수하면 어떡하지?" 그때 다른 발표자가 "그래? 난 별로 안 떨리는데. 걱정하지 마, 나만 믿어"라고 합니다. 그런데도 나는 여전히 식은땀이 흐르고 불안이 가시지 않습니다.

또 한 가지 예를 들자면 저는 학창 시절 테니스를 했는데요, 큰 경기를 앞두고 있었습니다. 이 경기의 승부에 따라

4강 진출이 결정되는 상황이었죠. 제가 이기면 우리 팀이 4강으로 올라갈 수 있었기 때문에 부담이 이만저만이 아니었습니다. 그때 선배와 감독님이 오셔서 이렇게 얘기하시더라고요. "긴장 풀어."

그때 갑자기 이런 생각이 머리를 스쳤습니다. '아, 내가 긴장하고 있었구나.' 선배가 또 이렇게 얘기합니다. "무서워할거 없어." 그랬더니 이번에는 '상대방이 진짜 센 놈인가 보다'라는 생각이 퍼뜩 떠올랐습니다. 두 분의 격려가 도움이 되기는커녕 없던 긴장감과 두려움도 생겨날 판이었죠.

이처럼 뭔가를 하지 말라고 하는 조언은 대부분 큰 효과가 없습니다. 내가 내 감정을 정확히 파악할 수 있게 해주는 게 더 도움이 되죠. '긴장하지 마라, 두려워하지 마라'고 하는 말은 내 긴장과 두려움을 부인하는 것일 뿐, 문제를 해결해주는 경우는 거의 없으니까요.

그래서 저는 우리 학교에서 직접 학생들을 뽑는 자리나, 기업에서 신입사원을 선발할 시 외부 심사위원으로 초빙되었을 때 현장에서 "긴장 푸세요, 불안해하지 마세요" 같은 말은 안 합니다.

학교의 교수님들이나 회사의 면접관 앞에서 현재 긴장하고 불안해하고 있다는 건 누구보다 학생 혹은 지원자 본인이 가장 잘 알고 있어요. 자신의 그러한 상황과 감정을 감추려고 하기 때문에 더 불안하고 긴장할 수밖에 없는 것이죠. 그러니까 오히려 이런 상황을 이해하고 솔직하게 터놓는 말이 더 위로가 되고 힘이 됩니다.

미묘한 차이일지 모르지만, '긴장 푸세요, 불안해하지 마세요'라는 말보다는 '지금 많이 긴장되죠?' 혹은 '지금 많이 불안하겠네요'라는 말이 실제로 마음을 편안하게 만드는 데 도움이 된다고 볼 수 있죠.

예전에 테니스 복식 경기 시작 전에 제가 불안해하니까 파트너가 이렇게 말했습니다. "야, 나도 불안하다." 그 친구는 정말 아무렇지 않게 한 말일지 모르지만, 이 말을 듣는 순간 왠지 모르게 긴장이 탁 풀리는 느낌이었어요.

그렇습니다. 불안을 없애고 싶고 불안을 완화시키고 싶다면, 지금 내 주변에서 일어나고 있는 사건의 사실뿐 아니라 감정의 사실도 정확히 얘기해줄 수 있는 사람을 곁에 두어야 합니다.


## 자기감정을 부인하는 사람은 피하라

우리는 지금 사상 초유의 팬데믹 상황을 겪고 있습니다. 모든 사람이 각자의 자리에서 각자의 이유로 불안해합니다.

우리의 뇌는 알고 있죠. 그런데 마치 자기는 아무렇지 않은 것처럼, 불안하지 않은 것처럼 행동하는 사람을 만나면 내 불안은 더욱더 커질 수밖에 없습니다. 그럼 나처럼 힘든 사람만 만나라는 말인가요? 아닙니다. 그건 당연히 아닙니다.

자기감정을 부인하고 자기가 현재 느끼는 바를 왜곡해서 얘기하는 사람을 피하라는 말입니다. 특히 요즘 같은 팬데믹 시대, 즉 불안이 모든 사람에게 엄습해 있는 상황에서 이런 사람과의 만남은 오히려 더 큰 부작용을 만들어낼 가능성이 큽니다. 그러므로 우리는 자기 불안을 솔직히 털어놓고, 내 불안에 대해서도 허심탄회하게 얘기해줄 수 있는 사람을 만나야 합니다.

잘 생각해보세요. 내가 "나 불안해"라고 불안한 상태를 얘기했는데 상대방이 자기는 불안하지 않다고 한다면, 과연 이런 사람에게 내 속마음을 편안하게 털어놓을 수 있을까요? 아니겠죠.

내가 불안하고 힘들다고 얘기했을 때 "어이구, 나도 불안하다"고 맞장구를 쳐주면 아마 나도 자연스럽게 불안감을 토로할 수 있겠죠. 상대방이 "넌 언제 불안하냐? 요즘 너를 가장 불안하게 만드는 문제가 뭐야? 나도 요즘 도통 잠을 잘 못 자"라고 얘기한다면, 비슷한 고민을 하고 있고 서로 감정적으로 솔직해졌으니 훨씬 더 속 깊은 얘기를 할 수가 있을 거예요.

예를 들어 당신이 밀가루 반죽 한 덩어리를 가지고 있습니다. 이걸 가지고 뭘 만들 수 있을까요? 글쎄요, 당장은 쉽게 감을 잡을 수가 없고 약간 불안해지기도 할 겁니다. 그럼 우선 이 밀가루 반죽에서 한 덩어리를 떼어내 만두를 10개쯤 빚어보는 겁니다. 큰 덩어리의 20% 정도로 만두를 10개 빚었다면, 이제 나머지 80%로 만두 40개를 만들 수 있겠다고 예상할 수 있겠죠.

다시 불안으로 돌아오면, 불안이라는 이 큰 덩어리에서 자질구레하고 구체적인 몇 가지를 떼어내 20% 정도 서로 솔직하게 얘기를 해보는 거예요. 그러면 나머지 80%도 어느 정도 감이 잡히겠죠. 그렇기 때문에 자기 불안을 솔직하고 구체적으로 남에게 얘기할 수 있는 사람, 그런 얘기를 터놓음으로써 상대방도 자신의 감정 상태를 파악하고 마음을 열게 해주는 사람. 팬데믹 시대에 이런 사람들과 어울리면서 서로의 불안감을 해소하는 것은 그 무엇보다 중요합니다.

## 상황을 예측할 수 있으면
## 불안은 줄어든다

이렇게 불안이 많고, 불안을 강하게 자각할 때 또 한 가지 염두에 두어야 할 것이 있습니다. 어떤 상황을 나 혹은 상대방이 충분히 예측할 수 있도록 그 상황에 대해 '예고'해주는 정보가 필요하다는 것입니다.

예를 들어 약속이 있어서 늦게 귀가할 경우, "오늘 조금 늦을 거야"라고 막연하게 얘기하기보다는 "10시쯤 들어갈게"라고 말하는 겁니다. 그러면 부모님이나 아내, 혹은 남편이 불안감을 덜 수 있고 조금 늦더라도 잔소리를 피할 수 있겠죠.

다른 예로 친구가 당신에게 돈을 빌렸는데 "내가 한번에 못 갚아도 나눠서라도 갚을게"라고 말합니다. 여기서 끝나지 않고 "이번 달에 20만 원, 다음 달에 30만 원, 그다음에 20만 원, 또 그다음에 30만 원, 이렇게 100만 원 갚을게"라고 말한다면 어떨까요?

이렇게 무언가를 구체적으로 얘기해주면 '예고'가 됩니다. 이러한 예고는 듣는 사람에게 '내가 훨씬 더 대비를 잘할 수 있겠다'는 마음의 시뮬레이션을 가능하게 합니다. 우리의 불안은 실제로 그 일이 언제 어떻게 일어날지 모르기 때문에 생기는 거니까요.

이렇게 불안할 때일수록 기업에서든 가정에서든 반드시 피해야 할 말이 있습니다. "넌 그런 거 몰라도 돼." "그런 것까지는 알 필요 없어." 불안이 심할수록, 대부분의 사람들에게 불안이 엄습해 있는 환경일수록 이런 얘기는 금물입니다. '내가 더 선배니까, 선생님이니까, 부모니까, 가장이니까 너는 몰라도 돼. 그런 것까지 알 필요 없어'라는 말은 상대방을 배려하는 마음에서 하는 말일 수도 있지만, 그것은 오히려 불안을 증폭시켜 안 좋은 결과를 초래할 수도 있습니다. 상대방이 소외감과 무력감을 느끼는 것은 물론, 상황을 예측할 수 없게 만들어 문제 상황에 대비할 수 없게 되니까요.

지금까지 한 이야기들을 정리하자면, 불안은 참으로 많은 요인들에 의해 커지기도 하고 작아지기도 합니다. 결국 가장 중요한 것은 인간에게 불안은 무언가를 하게 만드는 '에너지'라는 것입니다. 그 에너지가 너무 과해져서 쓸 수 없는 상태가 된 것이 '극도의 불안'이죠.

하지만 적당한 수준의 불안은, 말하자면 자동차 연료가 적당한 수준으로 차 있는 상태와 같습니다. 지금 불안한가요? 그렇다면 내가 아직 살아 숨 쉬고 있다는 뜻입니다. 지금 불안한가요? 그렇다면 내가 아직 무언가를 원하고 있고 무언가를 하고 싶다는 얘기에요.

내가 아직 망하지 않았고 아직 죽지 않았고 아직 완전히 끝나지 않았기 때문에 느끼는 감정이 바로 불안입니다. 지금 불안하다면 한번쯤은 이렇게 생각해보세요. '나 아직 죽지 않았구나.' '나 아직 무너지지 않았구나.' '나 아직 무언가를 하려고 하는구나.'

지금까지 심리학자들이 수많은 연구를 통해 알아내고 실증해낸 몇 가지 방법을 구체적으로 설명했습니다. 이러한 방법들을 활용해 불안과 잘 지내고, 불안을 긍정적인 에너지로 바꿔 잘 이용할 수 있으면 좋겠습니다.

당신의 불안, 혼자서 느끼는 감정이 아닙니다. 불안은 모두가 느끼는 감정입니다. 혼자만 그렇다고 생각한다면 그것이야말로 정말 잘못된 생각입니다. 여러 번 반복하지만, 적당한 불안은 우리의 성장에 크게 도움이 된다는 사실을 명심하세요. 그래도 너무 불안해서 불안감을 떨쳐버리고 싶다면, 누군가와 만나 솔직한 대화를 나누고 그것을 통해 내 불안과 상대방의 불안을 만들어내는 요인을 정확하게 찾아보세요. 혼자일 때보다 여럿이 머리를 맞대면 불안을 해소할 좋은 지혜가 떠오를 겁니다.

사실 저도 불안할 때가 정말 많습니다. 녹화 직전에 방 안 치웠다고 집에서 전화가 왔어요. 이제 집에 들어가면 어떤 욕을 먹을까 슬슬 불안해지기 시작합니다. 녹화를 마치고 집에 들어가는 길에 전화할 겁니다. "나 지금 집에 들어가는데 무서워 죽겠어"라고 얘기할 거예요. 아마도 이렇게 솔직한 감정을 얘기함으로써 혼날 가능성이 훨씬 줄어들 겁니다. 솔직해져야 합니다.

당신이 불안한 이유는 사실을 모르고 있기 때문입니다.

소크라테스가 말했죠. '너 자신을 알라.' 마찬가지입니다. 불안을 없애고 싶다면 '너의 불안을 알라.'

## 또 이용하는 팬데믹 질병

팬데믹 초기에 이런 생각을 해본 분들이 정말 많을 거예요. '나 혹시 코로나 걸린 거 아닐까?' 몸에 조금만 열이 나는 것 같아도, 이유 없이 몸이 으슬으슬한 것 같아도 덜컥 겁이 납니다. '진짜 코로나에 걸린 거면 어떡하지?' '나 때문에 주변 사람들까지 피해를 보면 어떡해?' 이런 생각도 들고요. 그러다 '아무 일도 없는데 왜 이렇게 불안하지?'라는 생각이 들면서, 심한 경우 불면의 밤을 보낸 적도 있을 거예요.

저는 불면의 밤까지는 아니지만, 솔직히 팬데믹 이후 군대에 다시 가는 꿈을 자주 꿉니다. 더 재밌는 건 꿈속에서는 복무 기간이 늘어난다는 거예요.

저는 실제 군 생활을 38개월 동안 했는데, 팬데믹 초창기에는 군대에 6개월을 더 복무해야 하는 꿈을 꾸었어요. 며칠 전에는 갑자기 38개월 동안 처음부터 군복무를 다시 하라는 국방부의 특명을 받고 엉엉 울면서 가족과 이별하는 악몽을 꾸기도 했습니다.

이 모든 일들이 불안을 만들어내는 원인이 되기도 하죠. 그렇다고 불안이 꼭 나쁘기만 한 걸까요? 아닙니다. 앞서도 언급했듯이 불안하다는 건, 내가 아직 죽지 않았다는 것을 뜻합니다. 나에게 어떤 에너지가 남아 있기 때문에 불안한 거예요. 너무 우울하고 회복할 수 없을 정도로 무기력 상태에 빠진 사람들이 공통적으로 보이는 현상은 불안조차 느끼지 않는다는 것입니다.


## 불안이 인간의 판단에 미치는 영향

그렇다면 불안이 나에게 안 좋은 영향을 미치고 없애버려야 할 것이라는 고정관념을 깨고, 그것을 역이용할 방법은 없을까요? 지금부터 불안의 근본적인 메커니즘을 이용해서 나를 한 단계 업그레이드할 수 있는 방법을 얘기해보겠습니다.

먼저 불안은 사람을 행동하게 만드는 힘이 있습니다. 불안을 느껴야 할 상황에 불안을 느끼지 않으면 오히려 큰 문제가 될 수 있습니다. 시험을 앞두고 있는데 불안감을 느끼지 않는다면 어떻게 될까요? 공부를 해야겠다는 생각이 들지 않을 테니 좋은 성적을 기대하기는 어렵겠죠. 이런 관점에서 본다면 불안이라는 힘은 내가 무언가를 하게 만들고 앞으로 나아가게 하는 에너지가 될 수 있습니다. 혹은 지금 나를 불안하게 하는 이 상황에서 탈출하게 만들고, 이 상황을 타개할 활로를 모색할 지혜를 발휘하게 만들 겁니다.

그러면 먼저 불안이 무엇인지 이해해봅시다. 불안할 때, 이 불안과 잘 연결되어 있는 인간의 시선과 관심을 이해할 필요가 있습니다.

인간은 불안을 싫어합니다. 불안이란 모호하고 불확실할 때 커지죠. 즉 모호하고 불확실한 것이 불안과 연결될 때, 불안을 부정적인 것으로 생각하는 마음도 더 커질 것입니다.

이런 메커니즘을 잘 보여주는 실험이 바로 대니얼 엘스버그Daniel Ellsberg의 실험입니다. 엘스버그의 역설 또는 엘스버그 패러독스Ellsberg Paradox라고도 부릅니다.

단지에 공이 90개 있습니다. 그중 30개는 빨간색이고, 나머지 60개는 까만색과 노란색이 섞여 있습니다. 확실한 것은

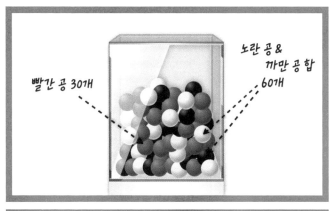

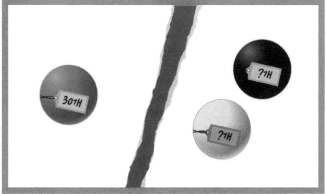

빨간색 공이 30개라는 것, 그리고 까만색 공과 노란색 공을 합치면 60개라는 것, 이 두 가지 사실입니다. 여기서 불확실한 사실은, 까만색 공과 노란색 공이 각각 몇 개냐 하는 것입니다.

이처럼 공이 90개 담겨 있는 단지를 앞에 놓고 사람들에게 게임을 하자고 제안합니다. 눈을 가리고 '○○색 공이 나오면 돈을 받겠습니다'라고 말한 뒤 공을 뽑았을 때, 자신이 말한 색깔의 공이 나오면 돈을 받는 게임입니다. 다른 색 공이 나오면 돈을 받지 못하죠.

이때 사람들한테 "당신은 빨간색 공이 나오면 돈을 받는 게임을 하겠습니까, 까만색 공이 나오면 돈을 받는 게임을 하겠습니까?"라고 제안합니다. 실험 결과 대부분의 사람들이 "빨간색 공이 나오면 돈을 받는 게임을 하겠습니다"라고 얘기했습니다. 왜일까요? 빨간색 공이 30개라는 건 확실히 알지만, 까만색 공이 몇 개인지는 모르기 때문이죠.

재밌는 건 그다음 게임입니다. 앞선 게임의 결과와 상관없이 다시 공을 집어넣어 90개를 만든 다음 이렇게 질문합니다. "당신은 빨간색 공이나 노란색 공이 나오면 돈을 받는 게

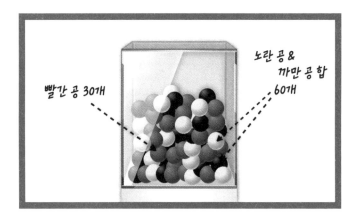

빨간 공 30개

노란 공 &
까만 공 합
60개

임을 하겠습니까, 아니면 까만색 공이나 노란색 공이 나오면
돈을 받는 게임을 하겠습니까?"

이때 사람들은 대부분 까만색 공이나 노란색 공이 나오면
돈을 받는 게임을 하겠다고 합니다. 까만색 공과 노란색 공
을 합치면 60개라는 게 확실하다고 생각하기 때문이죠.

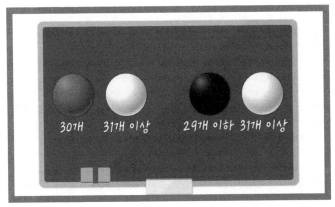

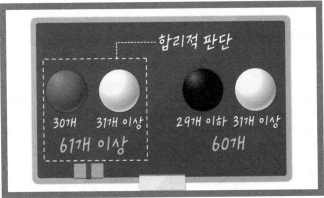

그런데 잘 생각해보세요. 같은 사람이 첫 번째 게임에서는 30개인 빨간색 공이 나오면 돈을 받는 게임을 하겠다고 했습니다. 까만색 공이 아니고요. 이 사람은 첫 번째 게임을 하면서 당연히 까만색 공이 30개가 안 된다고 가정한 셈이 되고, 노란색 공은 31개 이상이라고 자동적으로 가정한 것이 됩니다. 그렇다면 두 번째 게임에서는 빨간색 공이나 노란색 공이 나오는 게임을 해야 합니다.

그런데 사람들은 첫 번째 게임에서는 확실한 30개, 두 번째 게임에서는 확실한 60개를 택합니다. 자기 행동이 자동적으로 만들어낸 가정을 스스로 짓밟는 행동을 계속해서 한다는 겁니다. 왜 이런 결과가 나올까요?

답은 간단합니다. 불확실한 것을 싫어하기 때문이죠. 불확실한 건 마음을 불안하게 하니까요. 이후의 연구들을 보면, 전반적으로 불안함을 강조하거나 크게 만들면 만들수록 엘스버그의 역설에 해당하는 현상들이 더 많이 일어납니다.

## 지금 불안하다면 일을 잘게 쪼개라

불안할 때는 구체적인 것이 더 잘 보이고, 짧고 구체적인 메시지에 더 잘 움직이게 됩니다. 평상시와는 달리 말이죠. 다시 말해, 불안을 잘 이용하면 오히려 불안할 때 더 잘되는 일을 잘할 수 있다는 겁니다.

이렇게 불안할 때는 평상시보다 더 짧게 끊어서 가는 미니 게임 방식의 발상들이 필요합니다. 예를 들어 마라톤은 42.195km를 완주해야 합니다. 엄청난 거리죠. 마라톤 선수들은 '내가 이 지점에서 그 속도를 낼 수 있을까?' 혹은 '이 이후의 지점에서 내가 확실히 페이스를 유지할 수 있을까?' 이런 생각을 하며 불안에 빠지기도 하죠. 그래서인지 아주 노련하고 전문적인 마라토너라도 오버페이스로 경기를 망치거나 언더페이스로 나중에 후회하는 경우가 종종 발생합니다.

그런데 재밌는 것은, 결승점에 가까운 메인 스타디움에 들어서면 거의 대부분의 선수가 마지막 스퍼트를 냅니다. 왜일까요? 이제 확실하게 끝이 보이기 때문에 남은 힘을 완전히 다 쏟아부어야 한다고 생각하는 것이죠.

이러한 원리를 우리의 일상생활에도 적용해보면 어떨까요? 예컨대 각자의 일상 속에 메인 스타디움을 한 40개쯤 만들어보는 것입니다. 4km 단위로 스타디움을 만들면 매번 그렇게 계속해서 스퍼트를 내거나 페이스를 유지하는 게 가능하지 않을까요?

불안한 사람에게는 100에 해당하는 일을 100이라는 한 덩어리로 얘기하는 것이 아니라, 10씩 10개로 쪼개어 얘기하면 일을 훨씬 수월하게 해나갈 수 있습니다. 범위를 작게 계획하거나 작은 단위로 구획하면 그 일들을 하나씩 순차적으로 각개격파하면서 제대로 수행해나갈 수 있게 됩니다. 이렇게 하나씩 정복해나가는 거예요.

 100만큼의 일을 10개로 쪼갰다면, 10개의 일 혹은 프로젝트 각각에 이름이나 제목을 붙여줘야 합니다. 그 일의 구체적인 성격이나 목표를 설정하면 일을 더 체계적으로 해나갈 수 있기 때문이죠. '두 달 동안 이 프로젝트를 하자'고 얘기하기보다는, 두 달을 다시 8주로 세분해서 각 주마다 해야 할 일에 구체적인 이름을 붙여주는 거죠.

 예컨대, 첫째 주는 ○○ 총정리, 둘째 주는 계획 잡기, 셋

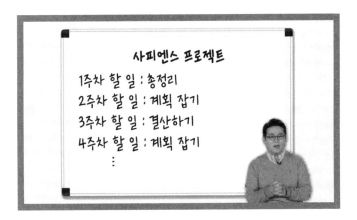

째 주는 결산하기, 넷째 주는 다시 계획 잡기. 이런 식으로 계속해서 하나의 큰 프로젝트를 작은 단위로 쪼갠 다음, 각각의 일에 구체적인 이름을 붙여주는 것이 무엇보다 중요합니다.

팬데믹 상황인데도 어떤 기업들은 평상시보다 더 성과가 좋거나, 적어도 팬데믹 이전만큼 선전하기도 합니다. 이런 기업들을 살펴보면, 조직 자체의 지침이나 리더의 방침에 따라 평상시보다 업무를 더 잘게 쪼개서 합니다. 또한 프로젝트에 유머러스하거나 의미 있는 이름을 붙여줌으로써 구성원들이 즐겁게 일하고, 어려운 상황을 함께 타개해나가는 걸 어렵지 않게 볼 수 있습니다.

그래서 이 팬데믹 시기에 '대청소'는 가급적 삼가는 것이 좋습니다. 대청소라는 것은 말 그대로 대★ 청소지요. 가족들에게 "자, 우리 맨날 집에 있으니까 대청소나 한번 할까?"라고 말하는 것은, 가뜩이나 불안하고 예민해 있는 사람에게 크고 부담스러운 일을 떡하니 안겨줌으로써 일도 하기 전에 벌써부터 지치고 막막하게 만드는 것입니다. 이런 행동은 동기부여도 안 되죠.

그러면 어떻게 해야 할까요? 대청소 역시 작은 청소로 쪼개어 해야 합니다. 저도 한번 실천해봤습니다. 오늘은 첫 번째 서랍을 정리하고, 내일은 두 번째 서랍을 정리하는 식이죠. 이렇게 하나씩 차근차근 정복하면서 만만하게 보이는 것들부터 정리한 결과, 3주 뒤에는 대청소가 끝나 있었더라고요.

이렇게 일을 잘게 쪼개는 데는 또 다른 중요한 이유가 있습니다. 불안할 때일수록 작지만 확실한 뭔가를 해냄으로써 약간의 성취감을 얻을 수 있거든요. 이 성취감은 그 크기가 작더라도 우리 뇌의 보상회로를 자극합니다. 이 작은 성취감들이 쌓이면 나중에는 더 큰 일에도 도전해볼 수 있는 마음 근육이 만들어집니다. 아주 간단하고 짧은 시간 운동을 하더라도 매일 꾸준히 하다 보면, 오랜 기간 단련이 됐을 때 근육이 만들어지는 것과 같은 원리죠.

팬데믹 시대에는 일을 잘게 쪼개는 것 못지않게 중요한 것이 있습니다. 바로 만나는 사람의 크기와 단위를 쪼개는 것입니다. 예를 들어 여러 사람이 모여서 하는 회의는, 큰 지표나 거시적 관점 혹은 일의 핵심적 가치를 논할 때는 원활하게 돌아갈 것입니다. 이때는 사안을 굵직굵직하게 훑어볼 수밖에 없습니다.

그러나 좀 더 구체적인 이야기를 나눌 때는 여러 사람이 모여서 하는 회의는 별로 도움이 안 됩니다. 그 일에 주도적으로 관여하는 사람들을 제외하면 나머지 사람들은 세부적인 사항에 대해 잘 모를 테니까요. 그래서 불안한 시대일수록 일대일 대화가 무엇보다 중요합니다. 일대일로 얘기해야 구체적이고 확실한 대화가 가능해지니까요.

이럴 때일수록 5명이 매번 다 모이는 회의보다는 안건을 주도하는 한 사람이 세부적으로 논의해야 할 사람들을 각각 만나고, 최종적으로 다 같이 한 번 모이는 회의가 훨씬 더 적합하다고 봅니다.

심지어 온라인 회의도 마찬가지입니다. 제 경험상 전체 대학원생 15명을 모아놓고 한 학기 내내 15번 회의를 하는 것보다는, 15명을 일대일로 한 주에 한 명씩 만나고 중간 즈음 필요한 시점에 15명 전체가 모여서 회의를 한 번 하는 것이 훨씬 더 효과적인 지도가 된다는 것을 깨달았습니다.

마음이 불안하거나 상황이 불확실할 때는, 일이든 만나는 사람이든 평상시보다 규모나 단위를 더 잘게 쪼개는 지혜가 그 어느 때보다 절실합니다.


## 지금처럼 불안할 때가
## 변화하기 가장 좋을 때다

불안에는 또 다른 의외의 장점이 있습니다. 바로 변화를 시도하기에 적합하다는 것이죠. 변화는 항상 작은 습관들이 만들어내는 위대한 결과란 것을 꼭 기억하십시오. 습관은 작고 보잘것없지만, 위대한 결과는 반드시 위대한 과정을 거쳐야만 탄생하는 것은 아닙니다. 작은 습관들의 소박한 누적을 통해 만들어지는 경우가 더 많죠.

우리가 주변에서 쉽게 떠올릴 수 있는 거의 모든 성공한 사람들의 위대한 업적 역시 마찬가지입니다. 새 학기가 되면 가장 많이 팔리는 책이 바로 성공한 사람들의 습관을 다룬 책들입니다. 위대한 결과는 위대한 의지나 위대한 여정이 만들어내는 게 아니라, 작고 소박한 습관들로 계속 무언가를 조금씩 쌓아올린 집적의 산물입니다.

에디슨은 좋은 생각이 떠오르면 반드시 노트에 적어두는 메모 습관이 있었다고 합니다. 이렇게 메모들이 꾸준히 쌓여서 결국 훗날 위대한 발명이라는 결과물을 만들어낸 것이죠. 또 존 F. 케네디 대통령은 아침마다 신문을 6개 읽는 습관이 있었습니다. 덕분에 세상을 바라보는 남다른 시선을 갖게 되었고, 그것이 위대한 정치가가 되는 초석이 되었습니다. 빌 게이츠는 엄청난 다독가로, 책을 읽고 난 다음에는 반드시 책의 내용과 감상을 요약하는 습관을 갖고 있었습니다. 책을 읽으며 얻은 생각이나 아이디어야말로 그가 세상의 변화를 주도하는 데 주요한 밑거름이 되었을 겁니다.

위대한 결과물은 위대한 습관에서 나온다는 말을 듣고,

관련 책들을 열심히 읽고 난 다음에도 실질적인 변화를 이끌어내지 못한다면, 그 이유는 무엇일까요? 의지나 노력이 부족해서일까요? 물론 좋은 습관을 들이는 것이 하루아침에 되는 일은 아닙니다. 그보다는 습관을 언제 어떻게 들여야 할지, 적절한 타이밍과 방법을 모르기 때문일 겁니다.

먼저 앞서 언급한 인물들이 언제 이런 습관을 들이기 시작했는지에 주목해야 합니다. 에디슨이든 케네디든 빌 게이츠든, 이들은 이런 습관을 기분 좋고 평화롭고 행복할 때 만든 게 아닙니다. 아주 재미있는 사실이죠.

그렇다면 이들은 언제 습관을 들이기 시작했을까요? 습관을 들이기 가장 좋은 시기는 바로 불안할 때입니다. 아이러니하게도 불안하고 상황이 좋지 않을 때 새로운 습관을 들이기가 더 쉽다는 거예요.

미국의 저명한 심리학자로, 《스마트 체인지Smart change》를 쓴 텍사스주립대학교의 아트 마크먼Art Markman 교수는 "인간이 습관을 만들기 위해 가장 좋은 때가 있다. 즉 타이밍이 있다"고 얘기합니다. 단순히 아트 마크먼 교수의 직관에서 나온 게 아니라, 습관에 관련된 오래되고 수많은 연구들을 집대성해서 내린 결론이죠.

그럼 습관을 만들기 좋은 때란 언제일까요? 첫째, 우선 그다지 기분 좋은 상태가 아닐 때가 좋습니다. 인간이란 모름지기 기분이 좋으면 그 기분을 만들어낸 지금의 상황과 여건을 그대로 유지하고 싶어 하는 자연스러운 본능이 있기 때문입니다. 그러니 새로운 습관이 지금 이 좋은 기분과 궁합이 맞아떨어질 리 없습니다. 그래서 새로운 습관을 만들 때는 일단 내 기분이 그렇게 좋지 않은 상태여야 합니다.

둘째, 평상시보다 다소 차분한 상태이거나 진정되어 있는 상태, 심지어 침울한 상태가 좋습니다. 왜일까요? 흥분해 있거나 많이 들떠 있는 상태에서는 새로운 생각이나 새로운 체계, 즉 새로운 습관이 비집고 들어갈 틈을 만들어내지 못하기 때문입니다. 새로운 일을 하기 위해서는 에너지가 약간 떨어져 있는 상태, 평상시보다는 약간 더 다운되어 있는 상태, 혹은 평소보다 더 진정되어 있는 상태가 필요합니다.

셋째, 평상시와는 뭔가 다르게 느껴지는 상황이어야 합니다. 편안하고 익숙한 상태에서는 새로운 것을 만들거나 현재의 상황을 바꿔야겠다는 생각을 하기가 힘듭니다. 낯설고 불편한 생각이 들면 지금 상태에서 벗어나고 싶다, 지금 내 상황을 바꿔야겠다는 의지가 생기겠죠.

이 3가지 타이밍, 즉 다소 기분이 안 좋고 처져 있으며, 평상시와 다르게 느껴지는 시기는 언제일까요? 바로 지금, 팬데믹 시기가 이러한 상황에 정확하게 부합합니다.

우리는 팬데믹 이전과 비교해서 감정적으로 다들 힘든 시기를 겪고 있습니다. 어딜 가나 마스크를 쓰고 거리두기를 해야 하니, 고립감이 심해지고 침울해지기도 하고 기분도 좋지 않을 겁니다. 불과 2년 전만 해도 팬데믹, 즉 감염병의 세계적 대유행이란 단어는 너무도 생소한 말이었는데, 이제는 그것이 우리의 일상이 되어버렸습니다. 현재 우리는 달라진 일상을 어쩔 수 없이 받아들여야만 하죠.

그렇다면 모든 것이 불안정하고 예전과는 많이 달라진 지금, 불안해하고 불만만 토로하기보다는 나를 바꾸는 기회로 삼아보는 건 어떨까요? 작은 습관으로 위대한 결과를 만들어낸 에디슨, 케네디, 빌 게이츠처럼, 소박하고 간단한 습관들을 하나씩 바꾸거나 만들어보는 거예요. 팬데믹이라는 위기를 기회로 전환해서, 행복하고 일이 잘 풀리고 돈도 잘 벌던 시기에는 비집고 들어올 틈이 없었던 새로운 습관들을 들여보는 겁니다. 평소에 고쳐야지 생각만 했던 나쁜 습관들, 또 귀감이 되는 누군가처럼 한번쯤 가져보고 싶은 그런 습관들을 찾아보세요. 일기 쓰기, 메모하기, 어떤 일이든 미루지 않고 그때그때 정리하기, 새로운 공부를 시작하기 등등. 단, 쉽게 시작할 수 있고 꾸준히 할 수 있는 일이 좋습니다.

저 역시 스쿼트를 하루에 50개씩 매일 하는 습관, 윗몸일으키기를 하루에 50개씩 하는 습관을 코로나 팬데믹 시기에 만들어냈습니다. 평상시와 같이 계속해서 일정한 패턴이 유지되는 시기라면 좀처럼 만들기 어려웠을 겁니다.


우리 인간도 진화의 역사를 거칩니다. 진화심리학자들은 왜 인간의 마음이 진화할 때 불안, 혐오, 분노, 공포 같은 부정적인 감정들이 진화과정에서 도태되지 않고 아직도 그대로 존재하는지를 고민합니다. 흔히 알고 있는 것처럼, 진화에 도움이 되는 것은 더 강화되고 그렇지 않은 것은 사라지는 것이 진화의 원리 아닌가요? 그런데 왜 불안, 혐오, 공포, 화, 분노 같은 감정들은 없어지지 않는 걸까요?

바로 그런 감정들이 꼭 필요하기 때문입니다. 특히 우리 생존에 필요하기 때문이죠. 몸에 해롭거나 부패한 음식이 들어왔을 때 역겨움을 느끼지 않는다면, 우리는 벌써 그 때문에 살아남지 못했을 겁니다. 마찬가지로 나를 향해 돌진하는 자동차를 보며 공포를 느끼지 않는다면 우리는 벌써 이 세상 사람이 아닐 겁니다.

그렇다면 이 모든 부정적 감정들 중에서도 가장 빈번하고 또 우리를 가장 괴롭히는 불안이라는 감정은 왜 지금까지도 남아 있을까요? 왜 하필 팬데믹 시기에 우리를 힘들게 하는 걸까요? 바로 불안이 필요하고도 요긴한 감정이기 때문입니다. 불안의 가장 중요한 점은 우리로 하여금 행동하게 만들고 무언가를 변화시키게 만들려는 의지를 솟게 한다는 거죠.

지금 불안하다면 이 불안을 없애야 되겠다고만 생각하지 말고, 이 불안을 잘 이용해야겠다는 방향으로 생각을 한번 바꿔보는 건 어떨까요? 우리 심리학자들이 아무리 생각해봐도, 불안을 잘 이용하는 방법과 가장 잘 맞아떨어지는 것은 바로 습관이라는 결론에 도달하게 됩니다.

반복해서 말씀드리지만, 불안은 나를 움직이게 하는 원동력이 됩니다. 불안할 때 구체적인 것들이 더 잘 보이죠. 그래서 모호하고 뭉뚱그려진 계획들을 잘게 쪼개고 하나하나에 그 계획의 성격을 한눈에 보여줄 제목을 붙여, 이 계획을 구체적으로 만드는 지혜가 필요합니다. 불안을 인식하고 있는 순간이 새로운 습관을 만들기 가장 쉽습니다. 지금 이 순간, 새로운 습관들을 통해 가까운 미래에 아주 위대한 결과들로 연결될 수 있는 변화에 도전해보는 것은 어떨까요?

여러분의 불안을 현명하게 이용하세요.

# 팬데믹 시대, 불어난 체중으로 고민인 사람들에게

다이어트! 모두의 평생 숙제죠. 특히 팬데믹 시대에 '확찐자'가 되면서 다이어트 고민을 하는 분들이 많을 거예요. 상황이 이렇다 보니 홈트레이닝(이하 홈트) 용품 소비도 크게 증가했다고 합니다. 헬스장 방문이 어려워지면서 집에서 운동을 할 수 있는 홈트 장비의 수요가 증가한 것이죠.

한 기사에 따르면 G마켓의 경우 1인 스포츠 용품 판매가 전년 동기 대비 크게 증가했다고 합니다. 특히 시간이 날 때마다 집에서 시도할 수 있는 각종 홈트 용품의 수요가 크게 늘어나 스테퍼가 95%, 헬스 사이클은 33%, 러닝머신은 7%씩 더 판매된 것으로 집계됐다고 해요. 아령·덤벨(41%), 복근운동기구

(87%), 악력기·완력기(51%) 등 웨이트 기구도 높은 오름세를 보였고 훌라후프(74%)나 줄넘기(193%), 요가·필라테스 용품 (9%)도 마찬가지였습니다.(《아시아경제》 2020년 11월 27일 자)

## 다이어트 결심은
## 종이에 적어 고이 보관하라

그동안 다이어트를 어떻게 해왔나요? 불굴의 의지로? 불타오르는 결심으로? 그런데 인간의 의지력만큼 믿을 수 없는 게 없습니다. 로이 바우마이스터Roy F. Baumeister 교수는 《의지력의 재발견Willpower》이라는 책을 썼는데요. 이 책의 핵심은 당신이 어떤 일을 계속하고 싶고 그래서 의지를 불태우고 있다 해도 당신의 의지력만큼 믿을 수 없는 게 없으니 의지력을 믿지 말라는 것입니다.

그렇다면 의지를 가지고 무엇을 한다는 것 자체가 의미 없는 걸까요? 아닙니다. 내 의지가 떨어질 때를 대비할 다른 조치들이 필요하다는 말입니다. 의지력이란 언젠가는 떨어지게 마련입니다. 단 하루 사이에도 의지력이 약해지는 순간이 있지 않습니까?

그렇다면 의지력이 떨어졌을 때 어떻게 대비해야 할까요?

의지력이 떨어졌어도 내가 계속해서 어떤 행동을 꾸준히 하려면 어떻게 해야 할까요? 그에 관한 재미있는 방법들을 연구한 논문을 소개하겠습니다.

첫 번째 소개할 논문은 스페인 오토노마대학교(흔히 마드리드대학교라 불림) 심리학자 파블로 브리뇰Pablo Briñol의 논문입니다.

사실 스페인이 심리학계에서 유명한 나라는 아닙니다. 예술은 남유럽에서, 철학이나 심리학은 날씨가 좀 우중충한 북유럽에서 우세하다는 것이 보통 우리의 상식 아닌 상식이죠. 파블로 브리뇰은 (나중에 소개할) 또 다른 심리학자 조르디 쿠아드박Jordi Quoidbach과 더불어 제가 주목하고 있는 스페인의 젊은 심리학자를 대표하는 양대산맥입니다.

브리뇰의 논문은 2013년 〈심리과학Psychological Science〉이라는 저널에 발표되었는데, 논문 제목이 참 재미있어요. "Treating Thoughts as Material Objects Can Increase or Decrease Their Impact on Evaluation." 우리말로 풀어 쓰면 '생각을 물질처럼 만들면 무언가를 더 잘할 수도 있고 못할 수도 있다'라는 뜻입니다. 우선 생각을 물질로 만든다는 게 대체 무슨 뜻일까요?

예를 들어봅시다. '참을 인(忍) 자 세 번이면 살인도 면한다'라는 옛말도 있듯이, 우리는 어떤 상황에서 꾹 참을 때 실제로 손바닥을 펴서 '참을 인'을 세 번 쓰고 주먹을 불끈 쥡니다. 이게 바로 생각을 물질적으로 취급하는 아주 쉬운 예입니다. 또 제가 학교 다닐 때만 해도 영어사전을 한 장씩 외우다, 다 외우면 찢어서 던지거나 삼키는 친구들이 있었습니다.

우리가 실제로 생각을 물질적인 실체가 있는 것처럼 만들어놓으면, 그 생각을 유지하거나 계속하거나 그 결심을 꾸준히 실천할 수 있는 확률이 올라간다고 합니다.

파블로 브리뇰의 논문이 실린 저널 〈심리과학〉을 잠시 소개하자면, 이 학술지는 미국심리학협회(American Psychological Society, APS, 현재는 명칭이 Association for Psychological Science로 바뀌었음)에서 발행하는 저널입니다. APS는 미국심리학회American Psychological Association, APA에서 독립되어 나온 단체죠.

APA가 규범적·정량적인 기존의 방식으로 연구하는 고집스러운 전통을 계속 유지하는 반면, APS는 좀 더 새로운 방법으로 연구합니다. 그래서 APA에 소속된 저널들은 매우 규범적이고 흠이 없는 논문을 요구합니다. APS는 많은 통찰을 주고 '기발하다' 하는 쪽에 좀 더 주안을 두죠. 저도 APA에 논문을 제출해봤는데, APA는 '너는 뭐 이렇게 다른 게 많니, 틀린 게 많니, 규칙을 안 지킨 게 많니'부터 봅니다. 한편 APS는 '너의 학문적 공헌이 뭐야?'부터 얘기해요. 연구자들 입장에서도 자기 논문이 흠이 없다 싶으면 'APA로 가보자'라고 하고, '이건 굉장히 기발한데'라는 생각이 들면 APS로 가죠.

심사과정도 마찬가지입니다. APA는 논문 심사과정도 길고 내용 보충을 요구하는 경우가 많지만, APS는 간단합니다. 상대적으로 추가 수정이 별로 없어요. 대신 실어줄 거면 딱 실어주고 안 실어줄 거면 '다른 데 가' 이런 식의 리뷰 결과가 많이 옵니다.

논문 길이도 APA 저널 쪽은 굉장히 깁니다. APS에 속한 대표적인 저널 〈심리과학〉은 분량은 짧지만 내용 면에서 아주 깊은 영감을 줄 수 있는 절묘한 연구들을 많이 게재하는 걸로 유명합니다.

다시 파블로 브리뇰의 논문으로 돌아가 보겠습니다. 그의 논문이 〈심리과학〉에 실렸다고 한다면, 짧지만 기발한 연구라고 짐작할 수 있습니다.

그의 논문에 실린 실험은 간단합니다. 실험에 참가한 사람들에게 생각, 즉 자기의 결심을 글로 적게 하는 겁니다. 여기서 결심이란 다이어트에 도움이 되는 행동을 말합니다. 예를 들어 지중해식 식단에 대한 자기 생각을 긍정이든 부정이든 적게 했습니다.

그런 다음 피실험자들을 처분집단, 통제집단, 보호집단 세 집단으로 나누었습니다. 이 가운데 통제집단control group은 무無처치, 즉 아무 처치도 받지 않은 집단 혹은 그에 준하는 집단을 말합니다. 좋은 연구는 이 통제집단을 적절히 활용한 연구라 할 수 있죠.

이 연구에서 통제집단은 생각을 적은 종이를 나중에 다시 볼 수도 있으니, 살짝 접어서 책이나 책장에 끼워 넣게 합니다. 처분집단은 자기 생각을 적은 종이를 찢어서 버리게 하고요. 그러니까 생각을 물질처럼 취급했는데, 그 물질이 폐기물인 셈이죠. 그다음 보호집단은 말 그대로 생각을 보호하는 겁니다. 종이에 적은 생각을 고이 접어서 지갑에 넣는 거죠.

이 연구에서 통제집단과 보호집단이 각각 책과 지갑을 설정한 부분을 주목해볼 수 있습니다. 책이 왜 통제집단일까요? 책을 잘 안 들여다보니까요. 무처치랑 똑같습니다. 실제로 심리학자들이 뽑은 '배우자 몰래 비상금 숨겨두기 제일 좋은 장소'가 '브리태니커 백과사전'일 정도예요. 그런 점에서 통제집단이 생각을 물질적으로 취급하면서, 그 생각을 잘 들여다보지 않는 곳에 집어넣은 것이 참 절묘하다

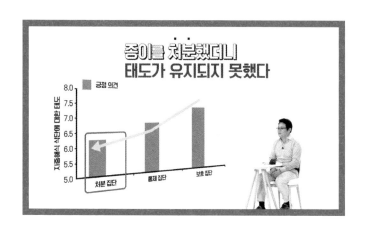

는 거예요.

반면 보호집단은 생각을 적은 종이를 지갑에 넣었습니다. 그것도 고이 접어서 간직했죠. 지갑은 보통 늘 지니고 다니고, 또 중요한 것을 넣습니다.

실험 결과는 짐작 가능하실 겁니다. 처분집단의 경우, 지중해식 식단에 긍정적이라고 적은 사람도 긍정적인 태도를 유지하지 못했고, 부정적이라고 적었던 사람도 마찬가지로 태도가 달라졌습니다. 반대로 보호집단은 태도가 변하지 않았습니다. 이들은 지중해식 식단에 대한 자기 생각을 계속 유지하고, 심지어 행동으로 옮길 수 있는 가능성까지 높아졌습니다.

이 연구 결과를 다이어트에 응용해보겠습니다. 다이어트

를 위한 결심을 종이에 적은 다음 고이 접어서 지갑에 넣으세요. 아울러 다이어트에 방해가 되는 요인도 종이에 적어보세요. 제가 썼던 방법입니다.

저는 '밤 12시 이후에는 라면을 먹지 않는다'라고 적어서 고이 접어 지갑에 넣었습니다. 그다음 '밤 12시 이후에는 맥주를 마신다'라고 적은 종이는 아예 파쇄기에 갈아서 쓰레기통에 버렸습니다. 이게 더 중요합니다. 버려야 하는 태도는 확실하게 버린 것이죠. 정말 상당히 도움이 되더라고요.

중요한 생각을 갖고 있다고요? 중요한 결심을 했다고요? 그 생각이나 결심을 반드시 물질로 남겨놓으세요. 다이어트도 마찬가지입니다. '다이어트를 하겠다'는 결심을 했다면 이를 위해 내가 실천할 것들을 꼭 정성스럽게 손으로 적으세요. 또박또박 정자체로 적은 다음 곱게 접어서 지갑이나 내가 자주 볼 수 있는 소중한 장소에 잘 보관해두세요.

우리 인간은 실제로 실체가 있는 물질을 훨씬 더 중요하게 생각하는 생각의 메커니즘을 갖고 있다는 것을 명심한다면 이것은 결코 무의미한 방법이 아닙니다.

## 운동 결심은 2인칭으로 하라

다이어트 효과를 확 늘려주는 또 다른 논문을 소개하겠습니다. 살을 빼고 싶다고요? 계속해서 혼잣말을 하세요. 그 혼잣말을 2인칭으로 하는 겁니다. 논문 제목은 "The Inner Speech of Behavioral Regulation: Intentions and Task Performance Strengthen When You Talk to Yourself as a You." 그러니까 '2인칭으로 당신 자신을 이야기하면 자기 통제가 더 잘된다'는 뜻입니다. 다이어트도 예외가 아니겠죠.

이 논문의 저자는 일리노이대학교 산다 돌코스Sanda Dolcos 교수와 펜실베이니아대학교 들로레스 아바라신Dolores Albarracin 교수입니다. 두 학교 모두 시골에 있지만 명성이 자자한 명문 대학으로, 미국은 시골에 있는 학교일수록 순수 학문 연구를 많이 합니다. 도시 쪽으로 나올수록 좀 더 실용적인 연구들을 많이 하죠.

그러면 도대체 자신에게 2인칭으로 이야기할 때 어떤 효과가 나타나는지 그 실험을 자세히 한번 들여다보겠습니다. 2주 동안 참가자들에게 한 집단은 자신을 '나'라고 이야기하게 하고, 다른 집단은 '너'라고 이야기하게 하고, 또 다른 집단은 아무것도 시키지 않습니다. 2주 뒤에 살펴봤더니 스스로에게 '너' 즉 2인칭으로 얘기한 집단의 행동의지가 확연하게 높은 것으로 확인되었습니다.

예컨대 '너 김경일' 하면, 왠지 느낌이 다르죠? 지금까지 제게 '너'라고 한 사람 중에 제일 무서운 분이 있거든요. 바로 부모님입니다. '나 김경일'이라고 하면 큰 부담이 안 느껴지는데, '너 김경일' 하면 왠지 부모님이 나한테 이야기하는 것 같죠. 다시 말해 어렸을 때 부모님이나 선생님이 나에게 야단치는 것 같은 느낌을 받아 마음을 굳게 잡기가 쉬워집니다. 우리는 지시를 받는 것에 익숙하고 주로 2인칭으로 지시를 받아왔기 때문에, 자신에게도 지시를 내릴 때는 2인칭으로 이야기하는 것이 훨씬 더 좋다는 겁니다.

"오늘부터 하루에 스쿼트를 100개 하자. 오전에 50개 오후에 50개." 이렇게 말하면 그냥 1인칭으로 얘기하는 거죠. 2인칭으로 바꾸면 이렇게 됩니다. "김경일 너, 오늘부터 스쿼트를 100개 한다. 오전에 50개 오후에 50개."

제가 이 논문 이야기를 했더니 우리 과 대학원생 하나가 그러더군요. "교수님, 그러면 이 효과는 나이 든 분들에게는 별로 안 나타나지 않을까요? 지시받는 일이 없으니까요." "아니, 배우자가 있잖아." 저는 이렇게 재미있게 맞받아쳤는데 아직까지 그에 대한 연구는 본 적이 없습니다.

인칭을 바꿔서 이야기하거나 메시지를 전달할 때 사실 지시 효과만 있는 건 아닙니다. 더 중요한 효과가 하나 있습니다. 바로 응원입니다.

예컨대 제가 오전에 스쿼트를 50개 하고 허벅지가 너무 아파서 오후에 그냥 건너뛸까 생각했을 때, "너 김경일 오후에도 스쿼트 50개 해야 해"라고 이야기하면 어떤 날은 누가 나를 응원해주는 것만 같아요. 조금 서글픈 날에 주로 이런 효과가 나타났습니다. 누가 힘내라고 얘기해주는 것 같거든요. "경일아, 너 스쿼트 50개 더 해야 해"라는 말이 "할 수 있어"라고 격려하는 말처럼 들리는 거죠.

칭찬이나 격려를 할 때 '인칭' 또는 호칭을 제대로 쓰고 있는지 확인해보는 게 중요합니다. 1인칭이든 2인칭이든 인칭을 없애는 것은 최악의 화법이에요. 인칭을 빼고 칭찬이나 격려를 하면 상대는 '이 사람이 나를 싫어하는구나'라고 느낄 수 있습니다.

실제로 회사에 이런 분들이 많습니다. 김과장과 박과장이 있는데, 부장님은 김과장을 더 좋아해요. 둘 다 일을 잘해왔을 때, 부장님은 자기도 모르는 사이에 이렇게 말합니다. "김과장, 일 잘했어. 훌륭해." 그런데 박과장이 일을 잘해 왔을 때는 이렇게 말합니다. "일이 잘됐네. 잘 풀렸어." 인칭을 쏙 빼고 말합니다.

이건 칭찬도 아니고 격려도, 응원도 아니에요. 심지어 호칭을 빼고 업무 지시를 하고 난 다음에 그 지시가 제대로 이행되지 않았다고 화를 내는 경우도 있습니다. 또 호칭을 뺀 칭찬이나 격려를 하고 난 다음에 왜 내 칭찬을 제대로 받아들이지 않느냐고 섭섭해하기도 하죠.

가정에서도 마찬가지입니다. 부디 아이를 칭찬할 때 호칭을 빼지 마세요. 인격을 빼내시는 것과 똑같습니다. "성적이 많이 올랐네." 이거 칭찬 아니죠? "경일아, 네가 공부 열심히 해서 성적이 올랐구나." 이게 칭찬이죠. 어디 성적이 제 마음대로 올라갑니까? 아니죠. 아이가 노력한 만큼 성적을 내는 것이죠. 그러니 항상 사람의 이름을 부르고 이야기를 해주세요.

우리말에서는 인칭이 생략되는 경향이 강합니다. 서양문화에 좋은 점도 있고 나쁜 점도 있지만, 서양언어의 좋은 점 하나는 이런 거예요. '유You' 아니면 '경일', '브라운', '톰슨' 이렇게 인칭이나 호칭을 문장에 꼭 넣어준다는 겁니다. 우리도 꼭 해야 하는 칭찬, 꼭 해야 하는 결심에는 이런 인칭이나 호칭을 반드시 넣어주는 센스가 필요합니다.

## 밥 먹을 땐 딴짓하지 마라

다이어트에서 가장 중요한 것은 덜 먹는 것입니다. 간단합니다. 아니, 다이어트라는 말 자체가 그렇잖아요. 뭔가를 빼내는 거잖아요.

그럼 덜 먹을 수 있는 방법은 뭘까요? 밥 먹을 때 제발 딴짓하지 말고 밥만 먹으라는 겁니다. 어른들 말씀이 틀린 게 하나도 없어요. 이와 관련해 소개할 논문 제목은 "Leaving a Flat Taste in Your Mouth: Task Load Reduces Taste Perception"입니다. 우리말로 바꿔보면 '음식을 먹을 때 다른 일을 하고 있으면 일에 대한 부담이 맛에 대한 감각을 감소시켜 입안에 밋밋한 맛만 남게 된다'는 뜻입니다.

이미 논문 제목에서 거의 모든 것이 드러나죠. 어떤 음식이든 무언가를 먹으면서 다른 일을 계속하면, 이제 입은 점점 더 자극적인 것을 요구하게 되어 더 많이 먹을 수밖에 없다는 얘기입니다. 무엇을 먹는지도 모르면서 계속 먹게 된다는 것이죠.

여러분 밥 먹을 때를 생각해보세요. 우리는 정말 많은 경우에 밥을 먹으면서 딴짓을 합니다. TV나 유튜브를 보거나 지인과 얘기를 하죠. 극장에서 영화 시작도 전에 먼저 팝콘 한 통을 다 먹어본 경험이 있지 않습니까? TV를 보면서 노래

방용 새우깡 한 봉지를 다 먹고 밤새 물을 들이킨 적은 없습니까? 저는 많습니다.

왜 우리는 무언가를 하면서 먹으면 계속해서 먹게 될까요? 바로 맛을 잘 못 느끼기 때문입니다. 내가 얼마나 먹었고 어떤 맛을 느끼는지 등 음식 섭취와 관련된 모니터링이, 동시에 다른 일을 함으로써 약해지기 때문이죠. 다시 말해 그 강도만큼의 단맛이나 짠맛을 느끼기 위해서 더 많이 먹어야 한다는 말입니다.

논문의 실험을 살펴보겠습니다. 실험에서는 음식을 먹으면서 한 자리 숫자나 혹은 일곱 자리 숫자를 외우게 하는 '딴짓'을 시킵니다.

7, 8, 9…와 같은 한 자리 숫자는 외우기 쉽죠. 그러나 6,472,837 같은 숫자는 외우기 어렵습니다. 연구진은 한 자리 숫자 및 일곱 자리 숫자와 더불어, 알파벳 한두 개로 이뤄진 짧은 단어와 알파벳 일곱 개로 이뤄진 긴 단어로도 과제의 난이도를 나눴습니다. 이 숫자를 외우면서 동시에 처음에는 약간 쉬운 과제를, 그다음에는 어려운 과제를 수행하며 음식을 먹고 맛을 평가하거나 심지어 요리까지 하게 합니다.

각각 짠맛의 솔티버터크래커와 밋밋한 맛의 솔티'프리'버터크래커를 예로 들어보겠습니다. 쉬운 과제를 수행했을 때와 어려운 과제를 수행했을 때, 솔티프리버터크래커를 먹는 양은 별로 차이가 나지 않았습니다. 그런데 짠맛에서는 차이가 났습니다. 어려운 과제를 수행할 때는 솔티버터크래커를 훨씬 더 많이 먹은 것이죠.

왜일까요? 바로 이것이 맛을 못 느끼고 있다는 증거입니다. 맛을 못 느끼니까 계속 더 먹게 되는 거예요. 그렇다면 맛을 느끼는 경우에만 이런 결과가 나타날까요? 요리할 때도 마찬가지입니다. 어머니 음식이 종종 짤 때 있죠? 어머니가 TV를 보거나 친구랑 전화를 하면서 음식을 했기 때문에 그럴 확률이 높습니다.

TV 보면서 음식을 먹지 말고, 스마트폰을 들여다보면서 군것질하지 마세요. 우리 인간은 멀티태스킹을 하지 못합니다. 멀티태스킹을 하다 보면 나도 모르는 사이에 내가 먹을 수 있는 양을 훨씬 더 초과해서 먹게 되는 것은 자명한 일입니다. 밥을 먹을 때는 밥만 먹는 것이 적게 먹을 수 있는 최고의 방법입니다.

현대인들이 짜고 맵게 먹는 경향이 늘어나는 이유도 바쁘기 때문입니다. 실제로 이런 현상과 관련된 비슷한 후속 연구들을 보면 바쁜 사람, 업무량이 많은 사람, 시간에 쫓기는 사람일수록 똑같은 크래커라도 평상시보다 먹는 양이 훨씬 늘어납니다. 더 재미있는 사실은, 회사나 학교의 구내식당에 평상시 늘 제공하는 포도주스를 가져다 놓아도 마감이 임박했거나 바쁜 사람일수록 포도주스 맛이 맹숭맹숭하고 싱겁다며 당도를 높여달라고 요구했다는 겁니다.

그러니까 바쁠수록, 바쁘다고 생색을 낼수록, 정신없이 하루하루를 보낼수록, 우리는 더 자극적인 맛과 더 많은 양을 원한다는 겁니다. 폐장을 앞둔 주식중개인이나 마감을 앞둔 기자들, 혹은 시험이 내일인 학생 등 데드라인을 앞둔 사람일수록 이런 현상이 자주 보입니다.

그러니 바쁘다는 것 자체가 다이어트에 불리한 상황이겠죠. 잘 쉬어야 다이어트에 성공할 수 있습니다. 제대로 못 쉬기 때문에 우리 몸이 더 자극적인 무언가를 원하는 겁니다. 잘 쉬고 있습니까? 정말 휴식을 취하고 있습니까? 그렇지 않다면 내 몸은 계속해서 자극적인 것을 요구하게 되어 있어요.

제가 어느 정도 다이어트에 성공할 수 있었던 것은 역설적이게도 코로나로 인해 휴식 시간이 늘어났기 때문이 아닌가 싶습니다. 어느 순간 집에서 제가 밥을 먹으며 이런 말을 하더라고요. "국이 좀 짜네."

곰곰이 생각해보니 흥미롭게도 이 말을 하기 전날 잠을 충분히 많이 잤더라고요. 스트레스를 덜 받으니 같은 맛이라도 더 강하게 느낄 수 있는 민감도가 올라갔다는 뜻이죠. 반대로 이 민감도가 떨어져 현재 몸이 더 강한 맛과 많은 양을 요구하고 있다면, 불필요하게 바쁜 상황에 자신을 몰아넣고 있는 것은 아닌지 곰곰이 생각해봐야 합니다.

바쁜 것은 무언가를 열심히 하고 있다는 말이니 긍정적으로 생각할 수 있습니다. 열심히 일하는 것은 물론 중요합니다. 하지만 불필요하게 바쁜 삶을 살고 있는 것은 아닌지, 무조건 바쁜 삶이 의미 있는 삶이라고 착각하고 있는 건 아닌지 한번쯤은 돌아볼 필요가 있습니다.

다이어트의 효과를 월등히 높여주는 3가지 방법을 정리하고 이번 장을 마무리하겠습니다. 첫째, 내 결심을 글로 잘 적은 다음 고이 접어서 지갑이나 소중한 곳에 잘 보관하십시오. 둘째, 자신에게 2인칭으로 말하십시오. 지시를 받든 응원을 받든 우리는 늘 2인칭으로 받았기 때문에, 나에게 2인칭으로 이야기하는 것은 의외의 격려와 응원의 효과를 가지게 됩니다. 셋째, 음식을 먹을 때는 반드시 음식만 드세요. 멀티태스킹으로 시간을 절약한다는 얄팍한 생각은 이제 버리세요.

이 3가지 방법을 종합하면 어떤 결론에 도달할 수 있을까요? 우리 인간은, 우리 인간의 뇌는 의지와 결심만으로 움직인다기보다 훨씬 더 미묘한 다른 것에 의해 많은 영향을 받는다는 겁니다. 우리 뇌를 살짝 꼬드길 필요가 있어요. 거창한 방법들이 필요한 건 아닙니다. 무언가를 살짝 바꿔보는 것만으로도 충분합니다. 우리 뇌는 유혹에 약하거든요.

이런 긍정적 유혹이 만든 사소한 습관들이 쌓이면 엄청난 시너지가 발생합니다. 예컨대 습관 3개는 2+2+2가 아니라 2×2×2가 됩니다. 여기에 습관이 하나 더 붙으면 8이 아니라 16이 되어 시너지는 2배까지 벌어집니다. 이 세상에서 위대한 결과를 만들어내는 모든 사람들은 이런 작은 습관을 꾸준히 쌓아서 결과적으로 힘을 가지게 됐다는 겁니다. 인간은 결코 위대한 결심과 위대한 의지로 위대해지는 게 아니라, 작고 사소해 보이는 습관들의 결합체로 위대한 결과를 만들어냅니다. 이 사실을 명심할 필요가 있습니다.

# 불면증에서 벗어나고 싶다면

"요즘 잠을 잘 못 잡니다. 최근 사람들을 못 만나고 혼자 있는 시간이 많아지면서 외롭다는 생각도 많이 들어요. 외로움 때문에 불면증도 점점 심해지는 걸까요?"

최근 이런 고민을 털어놓는 분들이 특히 늘어난 것 같습니다. 사실 현대인이라면 누구나 한 번, 아니 그 이상 고민해봤을 문제일 겁니다. 바로 '잠'에 관한 것이죠.

양 한 마리, 양 두 마리, 양 세 마리… 이렇게 양을 세면서 오지 않는 잠을 청해본 경험은 누구나 있을 거예요. 저도 얼마 전에 양 한 마리, 양 두 마리 이렇게 가다가 4,782마리, 4,783마리, 거의 5,000마리에 준하는 양을 세어봤습니다. 그러면서 정말 별별 생각이 다 들더군요. '양을 이렇게 많이 세는 걸 보니 성격적으로 모난 데가 많구나.' '대체 왜 굳이 양을 센다고 했을까?'

그러다 보니 이제 시계의 초침 소리가 포클레인 소리처럼 들리기 시작하더라고요. 윗집에서 화장실 물 내리는 소리까지 들리고, '저분은 왜 지금 이 시간에 화장실을 갈까?' 하는 생각이 들다가 귀가 점점 더 밝아지더니 별의별 얘기, 별의별 소리까지 다 들려오는 거예요.

급기야 온갖 감정들이 몰려오고, 결국 '나는 몇 살에 죽을까?' '장례식 때 내 친구들이 많이 올까?' '내 장례식에 친구들이 많이 왔다는 건 내가 빨리 죽었다는 얘기네?' '그런데 정말 죽는 날 나는 어떤 모습일까?'라는 데까지 생각이 꼬리에 꼬리를 물고 이어졌습니다.

재밌는 건, 이런 생각들을 낮에 하면 철학자인데, 밤에 하면 불면증 환자라는 거죠.

## 우리는 왜 잠을 못 잘까

우리는 왜 잠을 못 자는 걸까요? 먼저 우리가 잠을 안 자면 어떻게 되는지, 그것부터 한번 얘기해보겠습니다.

우선 잠이 많이 부족한 사람들은 자기의 습관, 특히 나쁜 습관을 제어하지 못합니다. 잠을 충분히 못 잔 사람은 그다음 날 자기의 습관을 자기 혼자 있을 때만이 아니라 다른 사람과 있을 때도 그대로 보여줍니다.

예를 들어 청문회 같은 중요한 자리에서 코를 후빈다거나, 면접관 앞에서 거만하게 군다거나 하는 상식 밖의 행동들은, 그 전날 잠을 제대로 못 잤을 경우에 충분히 나올 수 있다는 거죠.

요즘 난폭 운전이다 보복 운전이다 해서 관련 뉴스들을 심심치 않게 보게 됩니다. 이로 인해 큰 물의를 일으키거나, 단순한 시비가 심지어 폭행이나 사고로 이어지면서 관련자들이 경찰에 입건되어 조사를 받기도 하죠.

그런데 이들을 조사한 경찰 관계자들의 이야기를 들어보면, 이런 일로 경찰서에 오는 사람들이 원래 난폭한 성향이 있다거나 이를테면 전과자라거나 하는 특수한 경우가 아니라 평범한 소시민들이라는 거예요.

경찰들은 이 사람들을 조사하는 과정에서 이야기를 나누다가, 속된 말로 '법 없이도 살 것 같은' 선량하고 평범하기 그지없는 사람인데 '왜 이런 사람이 도로 한복판에서 그렇게 위험한 난폭 운전이나 보복 운전을 했을까' 하는 궁금증이 떠오른다고 합니다.

제가 경찰 관계자들에게 굉장히 어려운 데이터라고 하면서 의뢰를 받은 경우를 분석해보면, 대부분 전날 잠을 못 잔 상태인 사람들이 많았습니다. 잠을 못 자서 지친 상태이기 때문에 사소한 일에도 예민하게 반응하게 되는 것이죠.

실제로 인간은 이틀 밤을 새우면, 즉 48시간 연속으로 잠을 못 자면 굉장히 기이한 행동을 하기 시작합니다. 군인의 경우, 48시간 동안 잠을 재우지 않으면 전투에 투입됐을 때 적군보다 아군, 심지어는 자기편 민간인을 먼저 공격하는 그런 사례가 발생합니다. 그래서 군사 독재 국가 같은 곳에서는 과거 자국 국민들을 폭력적으로 진압하기 위해, 극악한 방법으로 병사들을 계속 잠을 못 자게 만든 다음 작전에 투입시키는 아주 교활한 지휘관들도 있었다고 합니다.

영국에서는 청소년들의 수면 시간을 1시간 늘리는 정책을 통해, 그 어떤 조치들보다 획기적으로 청소년 범죄율을 떨어뜨리는 효과를 본 적이 있습니다.* 잠을 잘 자는 것, 충분하게 잔다는 것은 개인의 문제를 떠나, 인류 전체에 평화와 공존을 가져오는 중요한 변수가 된다고 해도 과언이 아닙니다.

사실 잠을 잘 못자는 데에는 각 사람마다 수천, 수만 가지

---

* Stephen W. Lockley, Russell G. Foster (2012). *Sleep: a Very Short Introduction*. Oxford: OUP Oxford.

이유가 있을 겁니다. 베개나 침구류가 불편하다거나 실내 온도가 맞지 않는다거나 귀에 거슬리는 소음이 들린다거나 하는 실로 다양한 물리적 요인들로 인해 우리의 잠은 방해를 받을 수 있고 수면의 질이 떨어질 수 있죠.

하지만 이런 요인들을 제거하고 오만 가지 방법을 동원했는데도 잠이 오지 않는다면, 이때는 심리적 요인을 살펴볼 필요가 있습니다. 그리고 이것은 생각보다 훨씬 중요한 문제일 수 있습니다.

## 잠과 외로움의 상관관계

잠을 못 자서 괴롭다는 분들 중에 '외로워서 잠이 안 온다. 고독해서, 나 혼자 남겨진 것 같아서 잠이 안 온다'고 얘기하는 분들이 있습니다. 이렇게 외로움에 사무쳐 잠을 이루지 못하다가 옛 연인의 SNS를 들여다보거나, 다음 날 아침에 후회할 만한 메시지를 보내본 적이 있습니까? 그렇다면 생각해볼 문제가 있습니다. 외로워서 잠을 못 자는 걸까요, 잠을 못 자서 외로운 걸까요?

《왜 사람들은 자살하는가?Why People Die by Suicide》의 저자로 잘 알려진 플로리다주립대학교 교수 토머스 조이너Thomas

Joiner는, 잠과 외로움의 관계를 연구했습니다. 결론부터 얘기하자면, 스스로 생을 마감한 사람들의 무시할 수 없는 비율이 바로 잠이 원인이라는 것이었습니다.

조이너 교수는 수백 가지 연구들을 하나하나 따로 떼어놓고 각 사례처럼 취급하면서 분석하기 시작했습니다. 말하자면 연구를 다시 연구한 것이죠. 이 수백 가지 연구들을 다시 종합하면 연구에 포함된 대상은 수십만 명으로 늘어납니다. 조이너 교수는 특히 종단적 연구에 관심을 가졌습니다. 같은 사람을 긴 시간 추적한 거예요. 이 사람을 계속해서 만나면서 그들이 어떤 상태에 있었고 어떤 변화를 보이는지 끈질기게 관찰하는 겁니다.

종단적 연구와 횡단적 연구를 좀 더 자세히 설명하겠습니다. 예컨대 500명의 실험 참가자를 모집합니다. 이들 중 250명에는 수면제를 나눠주고, 나머지 250명에게는 따뜻한 물을 제공한 뒤 잠을 자게 합니다. 이제 수면제가 효과가 있는지 따뜻한 물이 효과가 있는지 관찰을 해봅니다. 이러이러한 결과가 관찰되었습니다. 중요한 발견이죠. 관찰 결과를 바탕으로 논문을 씁니다. 이러한 실험 방법이 바로 전형적인 횡단적 연구입니다. 어느 한 시점에 여러 사람을 관찰하는 방법이죠.

반대로 종단적 연구는 완전히 다릅니다. 횡단적 연구에 비해 종단적 연구는 많은 노력이 필요합니다. 실험 기간이 길어서 도중에 연구자들이 사망하는 경우도 있습니다. 종단적 연구의 백미는 '하버드 행복 연구'입니다. 이 연구가 처음 시작된 것은 1938년이었습니다. 이후 80여 년간 어떤 사람이 행복한가를 계속해서 연구했죠. 연구 기간이 상당히 길다 보니 1938년도에 실험 대상이 된 사람들은 지금 대부분 사망했습니다. 연구는 그 자녀들과 후손들까지 계속 추적해서 그들의 의료 상황, 건강 상태, 재정 수준, 가족의 수 등을 파악하고, 이들이 어떤 삶을 살고 있는지 계속해서 추적했습니다.

이 연구는 지금 로버트 월딩어Robert Waldinger 교수가 책임자로 있고, 이 월딩어 교수는 이 연구의 네 번째 책임자입니다. 그러니까 이 종단적 연구는 그 자체로 하나의 대서사이죠. 당연히 쉬운 연구도 아니고, 연구자 한 사람의 집념만으로 되는 연구도 아닙니다. 그 연구를 진행하는 국가의 연구 문화, 지속적인 연구 지원, 연구자의 집념, 그리고 연구를 계속 이어나가고 이후를 받쳐줄 만한 학문의 후속세대 이 모든 것이 합쳐져야 가능한 일입니다.

저도 2006년, 아주대학교에 처음 부임한 이후 몇 해 걸러 한 번씩 계속해서 성격 검사를 하고 있습니다. 여러 가지 항목들을 측정하고 있어요. 이제 14년 동안의 데이터가 쌓여 있습니다. '하버드 행복 연구'에 비하면 아직 많이 부족하지만, 이 14년의 데이터만 가지고도 2006년에 제가 만난 아주대학교 학생들과 2021년에 만나는 아주대학교 학생들, 또 이후에 만날 아주대학교 학생들 간에는 분명히 뚜렷한 변화가 있을 겁니다. 그 변화는 2026년 〈사피엔스 스튜디오〉에서 아주대학교 부임 20주년 기념으로 말씀드릴 것을 약속합니다. 정리하자면, 이런 종단적 연구는 정말 오랜 기간과 수많은 사람들의 끈기와 노력이 필요한 의미 있는 연구입니다.

다시 토머스 조이너 교수의 잠 연구 이야기로 돌아와볼까요. 조이너의 연구는 초창기에는 다소 미약하고 허술했지만, 이런 의미 있는 종단적 연구들을 집중적으로 살펴보기 시작했습니다. 그 결과 잠과 외로움에 관해 굉장히 중요한 사실을 발견했죠. 외로워서 잠이 안 온다기보다, 잠을 잘 못 잤기 때문에 다음 날 외로워진다는 겁니다.

그렇다면 잘 자면 외로움이 많이 사라지겠죠? 이제 문제는 외로워서 잠이 안 오는 것이 아니라, 우리가 어떨 때 잠을 잘 못 자고 그 결과로 외로워지느냐 하는 것입니다. 나아가 '어떤 사람이 잠을 잘 못 잤을 때 강한 외로움을 느끼는가?'를 중점적으로 살펴봐야 합니다. 대체로, 외롭지 않은 사람은 잠을 잘 못 자도 그다음 날 외로움을 느끼지 않을 테니까요.

토머스 조이너 교수는 오늘 다른 사람에게 따뜻하게 얘기하지 않고 배려심 있게 얘기하지 않으면, 그것이 불면의 밤으로 이어지며 그로 인해 외로움이 더 커진다고 말합니다.

오늘 잘 자고 싶으세요? 내일 외롭지 않고 싶으세요? 그렇다면 바로 지금, 내 주위에 있는 사람들에게 따뜻한 말을 건네보세요. 그들이 여러분에게 '감사합니다'라고 말할 만큼 배려 넘치는 행동을 하세요.

토머스 조이너 교수는 자살하는 사람들의 특정 유형을 따로 떼어 다시 살펴보았습니다. 그 결과 인생에서 성공만 추구했던 이들은 다른 사람들에게 따뜻하게 대해본 적이 별로 없다는 공통점을 발견했습니다.

나는 다른 사람에게 따뜻하게 대해본 경험이 없고, 다른 사람을 배려해본 적이 없습니다. 그런데 외로움을 느끼고 있습니다. 그렇다면 내 삶에서 먼 미래에 일어날 일은 비극뿐일 것입니다. 우리가 불면의 밤을 보낼 때를 가만히 살펴보면 재미있게도 내일 당장의 일이 아니라 아직 일어나지 않은 먼 미래의 일을 주로 걱정하는 특이한 패턴을 보입니다.

남들이 보기에 무언가 굉장히 많이 이룬 것 같은 사람이 외로움을 견디지 못해 자살하는 경우가 가끔 있습니다. 그것은 결국 그 사람이 외로움 자체로 인해 자살한 것이 아니라, 다른 사람에게 따뜻하게 대해본 경험이 없기 때문에 관계에서 어려움을 느끼고, 그런 상태를 견딜 수 없기 때문에 해서는 안 될 선택을 하게 되는 것입니다.

죽음을 앞두고 많은 사람들이 가장 많이 후회하는 것은, 성공하지 못했거나 돈을 많이 벌지 못한 것이 아니라고 합니다. 그런 후회로 생의 마지막 순간을 허비하는 사람은 거의 없습니다. 대다수 사람들이 세상을 떠날 때 가장 속상해하는 것은, 누군가에게 잘해주지 못한 일이라고 합니다.

과거 어떤 사람과의 관계 속에서 내가 그 사람을 배려하지 못하고 따뜻하게 대하지 않았거나 최선을 다하지 못한 것이 20~30년 지난 지금 나의 불면의 출발점일 수 있습니다. 이 말은, 오늘 내가 다른 사람을 배려하지 않고 따뜻한 말 한마디 하지 못했다면 20~30년 후에 다시금 나의 불면을 만들어내는 출발점이 될 가능성이 높다는 뜻이기도 합니다.

저는 제대한 지 20~30년이 지난 지금도 1년에 몇 번은 잠을 잘 이루지 못합니다. 제가 군에 있을 때 좀 더 잘해주지 못한 병사들의 얼굴이 떠오를 때예요. 내가 그 친구를 조금만 더 따뜻하게 배려했다면 그가 군 생활을 좀 더 편하게 했을 텐데 하는 아쉬움이 밀려오는 거죠. 지금은 얼굴도 이름도 기억에서 희미하지만, 그 친구들에게 좀 더 따뜻하게 대해주지 못했다는 후회가 밀려오기 시작하면 그때부터 불면의 밤이 저를 괴롭히는 것이죠.

혹은 어려운 상황에 처했던 사람을 돕지 못한 일이 내내 마음에 남아 며칠 잠을 잘 이루지 못하게 되기도 합니다.

잠은 우리의 일상 생활에 아주 밀접한 영향을 미칩니다. 질 나쁜 수면은 결국 외로움을 만들어내고 또 이차적인 불면증을 증가시켜 수면의 악순환에 빠지기 쉽습니다. 이런 악순환에 빠지지 않으려면, 또한 이 악순환에서 빠져나오려면 어떻게 해야 할까요?

## 따듯한 말과 행동의 놀라운 효과

외로워서 잠을 이루지 못한다면, 오늘 해야 할 가장 중요한 일은 주변 사람들에게 더 따뜻하고 배려심 있는 말과 행동을 하는 겁니다. 정말 이런 행동이 효과가 있을까요? 믿기 힘드시겠지만, 그 효과는 정말 큽니다.

심리학자들이 효과의 크기effect size를 통계적으로 검증해보는 방법들이 있습니다. 따뜻한 대화와 행동이 가져오는 효과의 크기를 살펴보면 깜짝 놀랄 만한 결과들이 나와 있습니다. 웬만한 수면 클리닉보다 효과가 월등하게 좋았다는 것이죠. 왜 우리 속담에 '때린 놈은 다리를 못 뻗고 자도 맞은 놈은 다리를 뻗고 잔다'는 말도 있지 않습니까?

토머스 조이너 교수가 잠에 대해 내린 최종 결론과 잘 맞아떨어지는 말이 이미 우리 속담에 있었네요.

주변에 내가 따뜻한 말을 하고 배려할 만한 사람이 있다는 건, 거꾸로 생각하면 내 주위에 나에게 배려와 따뜻함을 요구하는 누군가가 있다는 말이 될 것입니다. 그런 의미에서 나보다 약한 사람, 나보다 어려운 사람은 사실 나를 잘 자게 만들어줄 수 있는 가장 소중한 사람이라는 결론에 도달할 수 있습니다.

"교수님이 따뜻한 말을 하라고 했고 배려 깊은 행동을 하라고 하셨는데 제 주위에는 그럴 사람이 없습니다"라고 말하는 분도 계시겠죠. 아니요, 그렇지 않습니다. 따뜻한 말과 배려 깊은 행동이 필요한 사람은 우리 사회에 정말 많습니다. 봉사라는 것을 통해서 얼마든지 만날 수 있고요.

그러니, 그런 사람이 내 주위에는 없다는 변명은 이제 통하지 않습니다. 사람은 의미 있는 삶을 살 때 가장 행복해집니다. 삶에서 의미를 충분히 찾을 수 있다면 잠은 자연스럽게 당신을 찾아올 것입니다.

따뜻한 대화를 나눌 사람이 필요할 때 우리는 심지어 돈을 지불하고 상담을 받기도 합니다. 물론 상담은 필요하죠. 나 혼자의 힘으로 도저히 문제를 해결하지 못할 때, 나 혼자만의 능력으로는 해결되지 않을 때 상담사가 도움이 될 수 있습니다.

하지만 잠을 제대로 건강하게 자고 싶다면 나보다 약한 사람, 도움의 손길이 필요한 사람들을 찾아가 봉사하면서 따뜻한 대화를 나눠보세요. 내가 누군가를 배려했다는 기억을 안고 돌아와서 자리에 누울 수 있는 지혜로운 자세가 필요합니다.

## 미래에 대한 걱정 때문에
## 잠이 안 올 때 해결법

모든 물리적인 환경이 최적화되어 있음에도 불구하고, 사람이 잠을 못 이루는 이유는 크게 보면 결국은 2가지입니다. 앞서 언급한 관계, 그리고 미래 때문이죠.

우리는 미래에 대한 수많은 불확실함과 걱정으로 잠을 이루지 못합니다. '이렇게 살다가 10년 후에 제대로 밥벌이나 할 수 있을까?' '20년 후에 과연 내 집 장만을 할 수 있을까?' '10~20년 후에 정말 성공해 있을까?' '이렇게 살다가 10~20년 후에도 계속해서 누구에게 의지하며 살고 있는 건 아닐까?' '혼자 힘으로 독립할 수 있을까?'

저도 유학 시절, 특히 1~2년 차에 많이 고민했던 것이 유학을 마치고 한국에 들어가서 직장을 구할 수 있을까라는 것이었습니다.

재밌는 것은 지금 학생들도 저한테 이런 질문을 한다는 것입니다. "대학원 졸업하면 취업을 제대로 할 수 있을까요? 이런 고민 때문에 요새 잠을 많이 설쳐요."

그러면 저는 그 친구들한테 이렇게 얘기해주죠. "네가 지금 고민해야 하는 건, 한 달 후에 제출해야 할 과제란다. 석 달 후에도 네가 여전히 대학원 공부를 쫓아올 수 있을지 없을지를 걱정해야 해."

마찬가지로 저도 5년의 유학 기간 중 첫 1년에 해야 할 가장 중요한 고민은 다음 주에 제출할 과제였습니다. 그리고 한 달 후에 있을 중간 고사였죠. 그런데 저는 왜 5~6년 후 유학을 다 마치고 난 다음 정말 직장을 잡을 수 있을지를 고민했을까요? 바로 내일 해야 하는 일, 일주일 뒤에 해야 하는 일, 한 달 후에 해야 하는 일에 대한 '계획'이 없었기 때문입니다.

인간에게는 미래의 목표가 있고 현재의 동기가 있죠. 그 중간에 계획이라는 게 제대로 세워져 있으면, 즉 구체적으로 해야 할 일이 있으면 자연스럽게 그 목표를 향해 나아가기 위해 오늘 휴식을 취하는 게 가능해집니다.

미래가 걱정돼서 잠이 안 온다고요? 그러면 오늘 당장 해야 할 일 중 하나는, 자기 전에 내일과 다음 주에 해야 할 일을 최대한 구체적으로 상세하게 써 내려가는 겁니다. 막연하게 머릿속을 어지럽히던 일들이 정리되면, 잠을 청할 때 내일 해야 할 일을 제대로 하기 위해 지금 훨씬 더 잠을 잘 잘 수 있는 준비가 되는 것입니다.

오늘도 잠을 못 자서 괴로운 분들이 있으시다면, 주변 사람에게 따뜻한 말 한마디와 배려의 행동을 하세요. 더불어 바로 내일부터 해야 하는 구체적인 계획으로 불면의 악순환 고리를 끊고 숙면의 선순환 고리를 만들어보세요.

# 소시오패스, 팬데믹 시대에 더 조심해야 한다?

혹시 주변에 이런 사람 있지 않나요? 나에게 부탁을 많이 해오는데, 그걸 들어주지 않으면 내가 그 사람에게 굉장히 잘못하는 것처럼 느끼게 만드는 사람 말입니다. 애니메이션 〈슈렉〉에 나오는 장화 신은 고양이 표정을 하고선 말이에요. 다들 아시죠? 정말 모든 사람의 측은지심을 불러일으킬 만한 바로 그 표정이죠.

그렇다면 이 사람은 소시오패스일 확률이 높습니다. 팬데믹 시대에는 이런 소시오패스가 더 위험할 수 있다는 최근 연구 결과가 있습니다.

우리는 흔히 소시오패스라 하면 굉장히 악마적인 존재를 떠올립니다. 하지만 소시오패스가 그렇게 정체를 쉽게 드러내는 것은 아닙니다. 측은지심을 불러일으키는 굉장히 불쌍한 얼굴로 사람의 동정심을 능수능란하게 이용할 수 있는 사람도 소시오패스일 확률이 높기 때문이죠.

## 우리가 몰랐던 소시오패스의 특징

내가 어떤 일을 열심히 하고 있는데, '야, 그거 해도 안 돼' '그거 해봤자 별수 없어'라고 하면서 동기부여는커녕 무기력감을 계속해서 심어주는 사람이 있죠. 실제로 저도 한 기업에서 퇴임을 앞둔 어떤 간부가 자기 후배들에게 그렇게 친절한 목소리와 천사 같은 얼굴을 하고, 마음씨 좋은 선배의 모습으로 후배들에게 계속해서 무기력감을 심어주는 말을 하는 것을 본 적이 있습니다. 이것도 소시오패스가 가지고 있는 측면 중의 하나입니다.

소시오패스는 기본적으로 무언가를 잘 이용하는 사람입니다. 상대방의 재능이나 지위, 재산을 이용하는 것만이 소시오패스가 아닙니다. 소시오패스는 상대방을 자기와 같은 위치로 떨어뜨리거나, 그 사람이 무언가를 계속하는데도 제자리에 머물게 만들어서 자기보다 성장하지 못하게 막기도 합니다. 그렇게 해서 자신이 언제든 이용하기 편하게 만드는,

일종의 평탄화 작업을 습관적으로 하는 사람 역시 소시오패스 기질이 있다고 할 수 있습니다. 하지만 이런 사람들은 자기에게 그런 기질이 있다는 사실을 전혀 모르거나, 아니면 결코 인정하지 않는 경우가 대부분입니다.

2002년 저는 미국 텍사스대학교에서 유학 중이었는데, 그때 같은 대학원에 있던 친구에게 들은 얘기입니다. 제가 영어가 짧아서 말을 옮길 일이 별로 없으니 저에게 이런저런 고민 상담을 많이 했었거든요. 편의상 이 친구를 A라고 하겠습니다. A에게는 S라는 친구가 있었는데, S가 지난 2년 동안 자신으로부터 굉장히 많은 것을 빼앗아갔다고 털어놨어요. 문제는 무언가를 한 번에 강탈한 것이 아니라, 조금씩 조금씩 A의 것을 가져간 뒤 돌려주지 않으면서 교묘하게 자신을 이용하고 있었다는 겁니다.

S는 처음에 자신의 아픈 과거를 얘기하거나, 자기가 굉장히 어려운 상황에 처해 있다고 하소연했다고 합니다. 그러다가 S가 잠깐 자기 집에 와서 쉬었다 가라며 자꾸 A를 집으로 초대했대요. 그렇게 S네 집에서 종종 시간을 보내곤 했는데, 시간이 지나고 보니 원룸 크기만 한 작은 집에서 집주인인 S는 가장 좋은 위치에서 잠을 자고, 손님인 자신은 우리로 치자면 윗목이나 혹은 냉기가 도는 현관문 바로 앞에서 지내고 있었답니다.

또 어느 날인가는 A의 컴퓨터를 S가 마치 자기 것인 양 주로 쓰고 있다는 사실을 알게 되었습니다. 오히려 A의 파일은 별도의 저장장치에 담겨 있었고요. 그다음에는 A가 가진 돈의 상당 부분을 그 친구가 더 많이 쓰고 있었어요. 상황이 이렇게 되다 보니 A도 이제 더는 안 되겠다, 더 이상은 못 참겠다고 느끼기 시작했습니다.

그래서 A는 굳은 결심을 하고 S에게 이제 나는 더 이상 네가 요구하는 것을 들어줄 수 없다고 단호하게 이야기를 했어요. A는 매번 마음을 단단히 먹었지만, 이런 일은 이후로도 수차례 반복되었습니다.

A가 선을 긋고 자신의 것을 지키기 위해 이렇게 이야기를 할 때마다 S가 짓는 표정이 있었거든요. 그게 어떤 표정이냐고 물어봤더니 A가 인터넷을 뒤져 S의 표정을 찾아줬습니다. 애니메이션 〈슈렉〉에 나오는 장화 신은 고양이의 바로 그 표정이었습니다. 촉촉한 눈망울로 상대방을 아련하게 바라보며 온갖 측은지심을 불러일으키는 표정이었죠. 그것이 바로 소시오패스의 표정입니다.

A가 S에게 이용당할 수밖에 없었던 이유는 A가 동정심과 측은지심이 유독 많았기 때문입니다. S는 그걸 정확히 알고 있었기 때문에 A의 그런 부분을 이용한 것입니다.

이렇게 소시오패스는 악마적인 얼굴만 하고 있는 게 아닙니다. 그들은 마음씨 좋은 선배일 수도 있고, 언제든지 장화 신은 고양이처럼 불쌍한 표정을 무기 삼아 내 마음을 무너뜨리는 후배일 수도 있습니다.

소시오패스의 정의는 굉장히 다양하고 또 정의하기도 어렵습니다. 하지만 이 소시오패스의 가장 중요한 특징은, 내가 아무리 거절을 해도 내 죄책감이나 동정심을 이용해서 자기가 원하는 것을 끝까지 얻으려 한다는 것입니다. 또 내가 무언가를 할 수 없게 만들거나 반대로 무언가를 계속하게 만들어서 자신의 손아귀에서 절대 벗어나지 못하게 하기도 합니다.

우리 주위에는 소시오패스의 이러한 결정적인 속성 한두 가지를 만족하는 사람들이 꽤 많습니다. 소시오패스라고 명확하게 규정할 수는 없어도, 이런 모습을 보이거나 이런 습성을 가진 사람은 무시할 수 없을 만큼 많다고 볼 수 있죠.

소시오패스 혹은 소시오패스적 성향을 보이는 사람들, 혹은 일생 동안 아주 일관적이지는 않지만 순간적으로나마 소시오패스적인 모습을 보이는 사람들은 대체 어떤 사람들일까요? 그들의 어떤 행동과 언행에서 소시오패스적 측면들이 묻어나오는지, 최근에 더욱 다양한 연구들이 나오고 있습니다.

## 사이코패스 VS. 소시오패스

일단 사이코패스와 소시오패스의 가장 큰 차이점이 뭘까요? 사이코패스는 거의 대부분 선천적인 측면이 강합니다. 거의 타고난다고 봐야겠죠. 아예 태어날 때부터 뇌가 다르다는 뜻입니다. 사이코패스는 불안, 스트레스 등과 관련 있는 편도체가 굉장히 약한 상태로 태어나고, 이후의 삶에서도 편도체가 거의 제대로 기능을 발휘하지 못합니다.

우리는 다른 사람들과의 관계 속에서 내가 무언가를 잘못했을 때나 반대로 다른 사람이 나한테 잘못했을 때 속상해합니다. 또 사람들과 대화가 잘 풀리지 않으면 마음이 불편하거나 불안해하기도 합니다.

그런데 사이코패스는 편도체 사이즈 자체가 작기도 하고, 적절한 때 적절한 정도로 편도체가 기능을 하지 못하는 패턴이 대부분의 연구에서 관찰됩니다.

소시오패스는 조금 다릅니다. 물론 소시오패스도 어느 정도 타고나는 것으로 보입니다만 그렇지 않은 경우도 굉장히 많습니다. 결정적 사례를 예로 들어보겠습니다.

1989년 루마니아의 독재자 차우셰스쿠가 몰락합니다. 비참한 최후를 맞이하죠. 그런데 이 독재자가 실각하기 전에 우리가 잘 모르는 아주 악마적인 조치를 하나 취합니다. 당시 루마니아의 경제는 파탄에 빠져 있었습니다. 그래서 태어난 지 얼마 안 되어 고아원에 맡겨진 아이들을 돌볼 재원이 여러모로 부족했죠. 차우셰스쿠를 비롯한 루마니아 정부는 누구도 이 아이들에게 접근하지 못하게 합니다. 이 아이들이 생활하다가 바이러스에 감염되거나 병에 걸리면 치료비가 많이 들겠죠. 그래서 아예 다른 사람들과 접촉을 금지해서 애초에 병에 걸릴 위험을 차단함으로써 치료비를 아끼겠다는 계산이었습니다.

루마니아 고아원에 맡겨진 갓 태어난 아이들은 생후 1~2년, 심지어 3년까지 그저 먹을 것만 공급받고 누구도 안아주지 않은 상태로 자라납니다. 이 아이들은 몇 년이 지나 미국의 평화로운 가정에 입양됩니다.

놀랍게도 이 아이들 중 거의 절반에 가까운 비율이 소시오패스의 모습으로 살아갑니다. 입양 가정에서 원래 기르고 있던 고양이를 3층에서 던져버린 아이도 있었고요. 양부모가 잠든 사이에 다른 형제들의 머리를 망치로 가격한 아이도 있었습니다.

지금 언급한 내용들은 그나마 여기서 공공연히 이야기라도 할 수 있는 사례입니다. 그보다 훨씬 더 잔인하고 끔찍한 일을 저지른 아이들도 많습니다. 더욱 놀라운 사실은, 양부모들은 이 아이들이 문제가 있다고 생각하지 못했다는 것입니다. 아이들은 자기 양부모 앞에서는 멀쩡하게 행동했거든요.

사이코패스는 보는 즉시 '이 사람은 무언가 이상하다'라는 게 느껴집니다. 행동이 굉장히 부자연스럽고 지적능력도 다른 사람들에 비해 떨어지기 때문에, 보통 사람들과 뭔가 다르다거나 심한 경우 이상하다는 생각이 바로 들게 행동합니다.

하지만 소시오패스는 다릅니다. 이들은 자신에게 피해를 줄 수 있는 사람 앞에서는 굉장히 착한 척을 할 수 있습니다. 하지만 자기에게 위해를 가할 수 있는 상대가 존재하지 않을 때, 자신의 나쁜 감정이나 불편한 심리를 자기보다 약한 상대에게 얼마든지 거리낌 없이 복수로 표출할 수 있습니다. 이게 바로 사이코패스와 소시오패스의 큰 차이점입니다.

앞서 루마니아의 사례에서 볼 수 있듯이, 어린 시절 아무도 안아주지 않은 아이들이 높은 빈도로 소시오패스가 됐다는 것은 사이코패스와 달리 소시오패스는 후천적인 결핍이나 혹은 결여의 요인으로 인해 얼마든지 만들어질 수 있다는 말이기도 합니다.

어린 시절의 학대가 아닌, 오히려 아주 악독하고 범죄적인 수준에 가까운 방임으로 인해서 소시오패스적 성향이 만들어진다는 연구 결과가 다수 관찰되고 있습니다. 이처럼 소시오패스는 타고나지 않는 경우도 많고 어린 시절 어떤 환경에 있었느냐에 따라서도 많은 부분이 결정됩니다.

그렇다면 사이코패스와 소시오패스의 공통점은 무엇일까요? 바로 공감능력이 결여됐다는 겁니다. 다만 사이코패스는 공감능력이 없이 태어난 것이고, 소시오패스는 공감능력을 갖고 태어났다 하더라도 그 공감능력을 키울 만한 환경에 있지 못했다는 추론이 가능할 것 같습니다.

사이코패스와 소시오패스는 공감능력이 결여됐다는 사실에 기반해서 다른 길을 걸어가기 시작합니다. 사이코패스는 공감능력이 결여되었거나 부족하다는 사실을 악용해 나쁜 짓을 하는 게 아니라, 공감능력이 부족하기 때문에 나쁜 짓을 하게 됩니다. 반면 소시오패스는 공감능력이 떨어지는 자신의 성향을 이용해서 나쁜 짓을 합니다.

다시 말해 사이코패스는 자신이 공감능력이 떨어진다는 것을 모르는 상태에서 범죄를 저지르고, 소시오패스는 알면서도 그걸 이용해서 범죄 행위를 한다는 것이지요. 심지어 타인에게 진정으로 공감하지 않기 때문에 타인을 이용하는 데 거리낌이 없고, 타인의 공감능력을 이용하는 능력도 탁월하죠.

## 최신 연구를 통해 밝혀진
## 팬데믹 시대, 소시오패스의 위험성!

현재 팬데믹 시대에 소시오패스들의 위험성을 보여주는 또 다른 연구들이 발표되고 있습니다. 실제로 사이코패스보다 소시오패스가 훨씬 더 무섭습니다. 지금부터 그 이유를 좀 더 자세히 살펴보겠습니다.

브라질에서 성인 1,578명을 대상으로 조사를 하나 진행했습니다. 방역에 협조하는 정도, 즉 마스크를 얼마나 잘 쓰고 소독을 얼마나 제대로 하는가에 관련된 조사였습니다. 이때 소시오패스 테스트를 병행하여 진행했습니다.

질문은 이러했습니다. "마스크를 하고 사회적 거리를 두고 손을 자주 씻을 필요가 있다고 생각하십니까?" 그런데 이 질문에 소시오패스들은 '굉장히 그렇다'라고 대답하는 비율이 현저하게 낮았습니다. 즉 방역에 협조하려는 경향이 굉장히 떨어지더라는 거예요.

물론 이 결과를 '마스크를 쓰지 않으면 소시오패스다'라고 지나치게 단순화해서 받아들이는 사람들은 없을 겁니다. 당연히 그렇게 받아들여서는 안 되죠. 중요한 것은, 소시오패스는 대부분 마스크를 쓰는 것에 강한 거부감을 가지고 있다는 점입니다. 왜 그럴까요? 그들이 반사회적 성향을 가지고 있기 때문일까요? 아닙니다.

소시오패스는 반사회적인 게 아니라 오히려 사회를 잘 이용합니다. 자신의 행동이 타인에게, 혹은 사회적으로 어떤 영향을 미치고 어떤 결과를 가져오는지 너무나 잘 알고 있기 때문에, 그 결과를 바탕으로 타인에게 영향을 미치거나 상대를 조종함으로써 본인의 이익을 얻으려 합니다.

마스크를 쓰는 것에 대해서도 그들은 마찬가지로 계산에 따라 행동합니다. 일반적으로 마스크를 쓴 사람과 안 쓴 사람이 있을 때, 마스크를 안 쓴 사람이 바이러스에 감염되어 있다면 마스크를 쓴 사람에게 감염시킬 확률이 굉장히 높습니다. 하지만 마스크를 쓴 사람이 마스크를 안 쓴 사람한테 감염시킬 확률은 5%정도밖에 되지 않아요.

상대방이 마스크만 썼다면 그가 코로나 바이러스에 걸렸든 걸리지 않았든 나의 마스크 착용 여부와 관계없이 내게는 큰 피해가 없다는 겁니다. 하지만 내가 마스크를 안 썼다면 상대방이 마스크를 썼든 안 썼든 내가 상대방에게 미칠 수 있는 영향력은 굉장히 큰 거죠.

우리가 기본적으로 마스크를 쓸 때는 상대방으로부터 내가 감염되는 것을 막기 위한 이유도 있지만, 내가 상대방한테 입힐 피해가 걱정이 되기 때문이기도 합니다. 이 2가지 생각을 모두 하기 때문에 사회적인 약속으로 마스크를 쓰는 겁니다.

하지만 소시오패스는 이렇게 생각합니다. '너는 마스크를 써. 그러면 나는 피해가 적어. 하지만 나는 불편하니까 마스크를 안 쓸 거야.'

다시 말해, '상대방이 마스크를 쓰기만 하면 나는 안전하고, 내가 마스크를 안 쓰면 상대방이 위험하다' 이 2가지 정보를 놓고 생각하면서, 상대방이 마스크를 안 쓴 경우에는 화를 내면서 나는 마스크를 쓰지 않으려고 한다는 겁니다. 이것이 바로 소시오패스적인 사고방식입니다.

그렇다고 해서 우리 주위에 마스크를 쓰지 않은 사람들을 모두 소시오패스라고 성급하게 결론 내려서는 안 됩니다. 지하철 같은 공공장소에서 "나 마스크 안 써. 너도 안 썼어? 괜찮아"라며 막무가내로 행동하는 분들이 있죠. 그런 분들은 소시오패스라기보다는 지나치게 낙관적이거나 자포자기한 분들일 수 있겠죠.

하지만 '봐, 쟤만 마스크 쓰면 나는 어쨌든 괜찮아' 이런 정보에 굉장히 주목하며 눈이 반짝반짝한 사람이 있다면, 우리가 한번쯤 눈여겨볼 필요가 있습니다. 이런 사고방식이 말을 통해 드러나지 않으면 우리는 그 사람이 소시오패스적 성향을 지녔는지 아닌지 알아차릴 수 없어요. 이게 바로 소시오패스가 위험한 이유입니다.

다른 사람이 규칙을 잘 지키는지는 굉장히 엄격하게 따지면서 정작 자신은 규칙을 지키지 않으려는 사람이 있다면 주의를 기울이고 예의 주시해야 합니다. 이런 사람들이 바로 우리 주위에 숨어 있으면서 잘 들키지 않는 소시오패스적인 사람들이기 때문이죠.


## 일상에서 소시오패스 구분하는 법

소시오패스는 사람을 잘 이용합니다. 자기 입맛대로 이용해먹다가 버리는 것이죠. 그런 행동이 가능한 이유가 뭘까요? 바로 그런 행동을 뒷받침하는 자기만의 철학 혹은 가치관이 있기 때문입니다.

히틀러는 수많은 유대인들을 학살했습니다. 어떻게 그런 잔혹한 행동을 할 수 있었을까요? 여러분도 잘 아시다시피 히틀러는 '유대인과 집시는 태어날 때 이미 더러운 피를 갖고 태어났다. 우리 게르만민족은 고결한 피를 갖고 태어났다'는 우생학을 근거로 학살을 자행했습니다. 이 비뚤어진 신념, 즉 '사람은 태어날 때부터 천한 것과 귀한 것이 따로 있다'는 생각이 바로 소시오패스들의 중요한 특징 가운데 하나입니다.

물론 이런 생각을 가지고 있는 모든 사람이 소시오패스는 아닙니다. 하지만 소시오패스의 거의 대부분이 이런 생각을 가지고 있는 것은 분명합니다. 즉, 사람을 등급으로 나누고, 그 등급이 태어날 때부터 이미 정해져 있다는 믿음이죠.

이처럼 소시오패스는 사람마다 등급이 정해져 있기 때문에 그 등급은 변할 수 없다고 생각합니다. 동시에 상대방은 사회적 룰을 지켜야 하지만 자신은 안 지켜도 된다고 생각합니다. 이 두 생각이 합쳐지면서 계급마다 규칙을 다르게 적용하는 것이죠. 계급에 따라 누구는 지켜야 하지만, 누구는 지키지 않아도 된다고 생각하는 것입니다. 계급을 나누고 규칙을 극히 자의적으로 적용하는 말과 행동 역시 소시오패스의 정교한 언행 중 하나입니다.

예컨대 히틀러는 가정이라는 사회 공동체에 적용되는 규칙을, 게르만족은 지키지 않아도 된다고 얘기했습니다. 아이는 가정이라는 테두리 안에서 태어나고 성장하는 존재인데, 계급적으로 우수한 게르만민족은 마치 공장 시스템처럼 한꺼번에 모여서 아이를 생산해낼 수 있다는 식으로 규칙을 만들어냈습니다.

소시오패스적인 사회에서 소시오패스적인 사람들이 강조하는 것이 있습니다. 좋은 것이라면 기존의 규칙을 무너뜨리더라도 얼마든지 양산할 수 있다, 혹은 기존에 인간과 관련된 가장 중요한 규칙을 해체하더라도 효율성만 높다면 얼마든지 바꿀 수 있다는 것입니다.

역사적으로 파쇼적인 사회에는 공통점이 하나 있습니다. 바로 가정을 해체하려고 한다는 것입니다. 인간에게 가장 중요한 것 중 하나가 가족이고 가정입니다. 사회의 근간을 이루는 가족이라는 기본 규칙을 자의적으로 해체하려고 했기 때문에, 그런 정부나 독재자들은 소시오패스로 불릴 만합니다.

이런 사람들이 아주 즐겨 쓰는 말이 있습니다. "사람은 절대 변하지 않는다." 물론 누구에게나 잘 변하지 않는 게 있죠. 그게 바로 성격이에요. 외향적인 사람, 내성적인 사람, 개방적인 사람, 보수적인 사람 등 사람들은 각기 다른 성격을 갖고 있습니다. 관련 연구를 종합해보면, 이런 성격들의 상당 부분은 사실 타고나는 경향이 강합니다. 기본적으로 어떤 호르몬의 영향을 더 강하게 받았느냐에 따라 화학적인 요인이 작용하여 상당 부분 성격이 결정되죠.

간혹 이런 얘기를 듣고 바로 '오케이, 그러니까 검은 머리 짐승은 거두는 게 아니군요. 맞아요. 사람 절대 안 변합니다. 고쳐 쓸 수 없어요'라고 성급한 결론에 도달하는 분들이 있습니다. 한편으로 안타깝고 한편으로 걱정됩니다. 저는 변하지 않는 게 무엇인지 정리한 것이지, 아무것도 변하지 않고 모든 것이 다 고정돼 있다고 말한 게 아니거든요.

성격은 안 변하지만 인격은 변할 수 있습니다. 성격은 흔히 내성적이다, 외향적이다, 예민하다, 무디다 등으로 설명할 수 있는 속성입니다. 하지만 인격은 나의 그런 성격에 걸맞고 다른 사람들과 공존할 수 있는 자기만의 색깔이 담긴 협동의 자세와 사회적 능력이에요.

다른 사람들과 공존하면서도 나만의 색깔을 지니고 있다면 자기 성격의 장점을 보여주면서 살아갈 겁니다. 내성적인 사람이 다른 사람들과 잘 지내기 위해서는 보이지 않는 곳에서 남들을 잘 도와주고 꼼꼼하게 챙겨줄 겁니다. 외향적인 사람이 다른 사람들과 잘 공존하려고 한다면 두루두루 다니면서 남들을 살피겠죠. 그런 노력이 없으면 내 인격은 떨어지고, 내 성격의 단점만 보여주고 살게 될 거예요.

그래서 성격이 내성적인 사람은 고립되어 살고 외향적인 사람은 두루두루 돌아다니면서 사고를 치겠죠. 성격은 잘 변하지 않지만 인격은 어떤 삶을 사느냐에 따라서 확연하게 변합니다. 바로 그렇기 때문에 사람이 안 변한다는 것을 과장해서 얘기하는 사람들도 상당수 소시오패스적 성향을 보이는 경우가 많습니다.

"봐, 너는 해도 안 되잖아. 열심히 했지만 내가 볼 때 너는 이거랑은 아니야." 겉으로는 위로하는 것 같지만 특히 상대방이 낙심하고 지쳤을 때 그 틈을 이용해서 이런 얘기를 함으로써, 아주 강력한 무기력을 심어놓는 사람들이 있어요. 이런 사람들은 지금 당장 지치고 낙담한 상대방을 이용하려는 마음은 아닐 수도 있습니다. 하지만 그 사람이 자신의 영향력을 벗어나 외부적으로 뭔가를 성취하는 것을 막기 위해, 자기도 모르게 자동적으로 그리고 습관적으로 소시오패스적 성향을 보이는 겁니다.

예를 들어볼까요? 텍사스대학교 진화심리학자 데이비드 버스 교수는 소시오패스 성향의 남편이 부인에게 어떤 행동을 하는지 관찰했습니다. 굉장히 많은 경우에 남편들이 아내에게 이런 말을 했습니다. "당신은 굉장히 못생겼고 매력이라고는 손톱만큼도 없으며 이성에게 그 어떤 호감도 줄 수 없어."

이런 얘기를 한두 번이 아니라 계속해서 하는 겁니다. 왜 자기 아내에게 이런 얘기를 할까요? 바로 아내가 자기를 떠나지 못하게 하기 위해서입니다. 소시오패스들은 평상시에도 계속해서 상대방이 자기의 영향력을 벗어나지 못하게 하는 언행들을 습관적으로 합니다.

그 언행이란 바로 '너는 변할 수가 없다' '너는 성장할 수 없다'는 메시지예요. 참 재밌게도, 많은 후속 연구들을 통해 소시오패스는 소시오패스를 알아본다는 사실이 밝혀지고 있습니다. 이렇게 '사람은 절대 변하지 않는다'고 생각하는 관점을 고착형 사고방식Fixed mindset이라고 합니다.

고착형 사고방식을 가진 사람은 사고가 고정돼 있기 때문에 인간이 결코 성장하거나 발전할 수 없다고 여깁니다. 학교에서 학생을 가르치는 교수가 고착형 사고방식을 가지고 있다면, 확실히 학생들을 무기력하고 불행하게 만들고, 수업을 통해 학업 성취도를 높이는 일도 막아버립니다.

최근에 캐서린 뮌크스Katherine Muenks라는 심리학자가 굉장히 흥미로운 패턴을 발견합니다.* 고착형 사고방식을 가지고 있는 학생은 고착형 사고방식을 가지고 있는 교수를 능력 있다고 평가한다는 거예요. 상대를 알아본다는 겁니다. 그 교수는 분명 한 학기 내내 어떤 말을 계속했을 겁니다. 고착형 사고방식을 갖고 있는 학생들은, 그 말을 간파하고 그 교수가 그런 측면에서 능력이 있다고 판단합니다.

그러나 인간에 대해 고착된 관점을 갖고 있지 않은 학생들은 그 교수를 보면서 그런 측면을 발견하지 못했습니다. 단지

---

* Muenks, K., Canning, E. A., LaCosse, J., Green, D. J., Zirkel, S., Garcia, J. A., & Murphy, M. C. (2020). "Does my professor think my ability can change? Students' perceptions of their STEM professors' mindset beliefs predict their psychological vulnerability, engagement, and performance in class." *Journal of experimental psychology.* General, 149(11), 2119-2144. https://doi.org/10.1037/xge0000763

그 교수가 성품이 따뜻하기 때문에 혹은 학생들을 잘 가르치기 때문에 능력 있다고 얘기하더라는 거죠.

'유유상종' 혹은 '뭐 눈에는 뭐만 보인다'는 말이 떠오르는, 아주 흥미롭고 의미심장한 연구 결과가 아닐 수 없습니다. 내가 열심히 해온 일들을 한순간에 무의미한 것으로 만들어버리면서 위로라고 하는 탈을 쓰고 있다면, 그 사람이 나에게 다가와서 위로의 말을 해주고 갔는데 그 말에 내가 에너지를 얻는 게 아니라 더욱더 무기력해지고 있다면, 그 사람은 자기도 모르는 사이에 나에게 소시오패스적 언행을 하고 간 겁니다.

저는 어떤 사람이 저를 위로할 때면 이게 위로인지 격려인지 분명히 구분합니다. 그 사람이 '괜찮아. 하지만 너는 지금까지 무의미한 일을 한 거야'라고 한다면 그게 바로 소시오패스적 위로입니다. 격려는 전혀 다른 의미죠. '너는 이걸 잘했는데 이걸 못해서 실패한 것 같아.' 이렇게 나의 장점과 단점을 구분해주는 게 바로 격려입니다.

우리 인생이 왜 불행해질까요? 바꿀 수 없는 걸 바꾸려고 할 때 불행해집니다. 우리 인생이 왜 허망해질까요? 그리고 왜 허탈해질까요? 바꿀 수 있는 걸 그대로 놔둘 때 그리고 계속 방치했을 때 결국 훗날 우리는 허탈감과 허망함을 느끼게 됩니다.

소시오패스는 바꿀 수 없는 걸 바꾸라고 하면서 우리로 하여금 절망하게 하고, 바꿀 수 있는데도 그건 못 바꾼다고 계속해서 얘기하면서 우리로 하여금 허탈하고 허망한 삶을 살게 합니다. 그렇게 무너진 나를 이용하는 아주 정교한 시스템을 교묘하게 구사하는 존재라고 볼 수 있죠.

## 소시오패스를 피하는 최고의 방법, 만나지 않을 용기

그렇다면 이런 소시오패스를 어떻게 피해야 할까요? 내가 누군가에게 이용당하고 있다, 누군가가 나를 계속 무력하고 무기력하게 만들고 있다, 이런 느낌이 있을 때 그 사람을 안 만날 수 있는 용기가 필요하겠죠. 이 결단력이 가장 중요한 겁니다.

문화심리학자 김정운 박사는 이런 얘기를 합니다. 특히 한국 사람들은 외로움을 견디다 못해 나쁜 관계로 도피한다고요. 모든 건 결국 내가 외롭기 때문입니다. 내가 외롭기 때문에 내 주위에서 나를 끊임없이 착취하고 내 등골을 빼먹는 소시오패스와의 나쁜 관계로 자꾸 도피하는 악순환이 일어납니다.

나를 외롭지 않게 만들기 위해서는 어떻게 해야 할까요? 바로 아주 가까운 친구에 대한 집착을 버려야 합니다. 우리는 삼국지에 나오는 도원결의 같은 형제애나 우정에 대한 환상에 사로잡혀 있는 경우가 너무 많습니다.

이런 관계는 삼국시대에는 도움이 됐을지 모릅니다. 삼국지에서 유비, 관우, 장비는 밥도 같이 먹었고, 같은 곳에서 잠을 잤고, 같은 곳에서 전투를 했습니다. 그렇기에 그들은 서로 떨어져 있을 때 무언가 항상 안 좋은 일이 일어났습니다.

하지만 수천만 명이 일일생활권에 살고 있는 오늘날의 대한민국 같은 곳에서는 특정 관계에 너무 강하게 집착하면 오히려 나를 무너뜨릴 수 있는 위험한 함정이 되기도 합니다.

항상 누군가와 모든 것을 공유한다는 건 원시 수렵 농경사회에서나 가능했던 일입니다. 그런데 재밌게도 우리의 뇌는 여전히 원시 수렵 농경사회에 살고 있다고 생각하는 것 같습니다. 친구라면 혹은 가족이라면 모든 것을 다 공유하고 함께해야 한다고 생각하죠.

그런 생각이 너무 강한 나머지 우리는 느슨하게 친한 관계가 얼마나 소중한지 잘 느끼지 못합니다. 사람들 중에는 외로움을 느끼지 않는 이들도 있고, 주위에 사람이 많은 이들도 있습니다. 그런 이들은 나와 타인과의 거리가 어느 정도여야 관계가 가장 행복하게 유지되는지를 잘 알고 있습니다.

저 역시 1년에 열 번을 만나는 친구가 있고, 세 번을 만나는 친구가 있고, 혹은 2년에 한 번 만나는 친구가 있습니다. 물론 대부분 더 친하다고 생각하는 친구를 더 자주 만나게 되긴 합니다. 그런데 재미있는 것은 가끔 만나는 친구라도 자주 만나는 친구처럼, 만났을 때 즐겁고 행복한 정도는 다 비슷하다는 거예요. 만약 제가 자주 보는 친구는 더 친하니까 남겨두고, 몇 년에 한 번 볼까 말까 한 친구는 내 인간관계에 도움이 별로 안 되니 정리하자고 생각한다면 어떤 일이 벌어질까요? 이건 굉장히 어리석은 생각입니다.

내 삶의 매순간을 함께하는 친구도 좋지만, 특정한 순간과 특정한 일들을 함께하는 친구도 필요하니까요. 등산할 때 같이 가면 유독 즐거운 친구가 있지 않습니까? 함께 맥주를 마실 때 유난히 맥주가 맛있게 느껴지는 친구도 있고요. 영화를 같이 보러 가면 더 깊이 몰입할 수 있는 친구도 있고, 이 친구랑 노래방에 가면 더 즐겁고 기분 좋다는 생각이 드는 경우도 있죠.

이런 다양한 친구들이 있다면 친구 한 명 한 명과의 관계는 느슨할지 몰라도 외롭지 않을 겁니다. 나를 외롭지 않게 하는 친구들이 많다면 그 사람은 행복감을 느끼면서 살아갈 겁니다. 그러면 그 행복을 에너지 삼아 다음 일을 더 잘할 수 있게 됩니다.

저는 유학을 재수했습니다. 나이 서른 넘어 재수한다고 말하기가 얼마나 창피하고 괴로운지, 그 때문에 한동안 사람들을 안 만났죠. 외로웠습니다. 그때 친구가 한 명 찾아와 저에게 참 많은 깨달음을 준 적이 있습니다.

어떤 친구들은 와서 "괜찮아, 내년에 가면 되지"라며 위로해줬죠. 물론 그 말도 저에게는 소중했고, 이 친구들 역시 저에게는 둘도 없는 존재들입니다.

그런데 한 1년 정도 얼굴을 못 본 친구가 어느 날 갑자기 연락이 와서 곱창이나 먹자고 하더라고요. 저는 그 친구한테 제 근황을 얼마나 알고 있는지 물었습니다. 잘 모른다더군요. 제가 유학을 재수해야 하는 상황인지 전혀 몰랐다면서요. 저는 조금 섭섭한 마음이 들었습니다.

그러다 과연 이렇게 1년에 한 번 만나는 친구가 나한테 무슨 의미가 있을까 하는 생각을 해봤어요. 제가 "그런데 오늘 나 왜 보자고 했어?"라고 물었더니 그 친구가 저한테 의외의 말을 하더라고요. "곱창은 너랑 먹어야 제일 맛있어. 나 오늘 갑자기 곱창이 먹고 싶은데 네 생각이 나더라."

저는 그때 왠지 알 수 없는 에너지를 느꼈습니다. '아, 이런 게 바로 행복한 관계구나'라는 생각이 들었어요. 그 당시 저는 지난 몇 달 동안 힘든 일을 겪으면서 낙담할 대로 낙담했고, 주변 사람들이 아무리 위로를 해줘도 회복이 잘 안 되는 상태였어요. 그런데 내가 누군가에게, 비록 1년에 한 번 만나는 존재라 하더라도, "곱창은 너랑 먹어야 제일 맛있다"라는 얘기를 듣는 순간 제 몸에서 에너지가 나오는 걸 느낄 수 있었습니다.

아마 그 친구는 죽었다 깨나도 소시오패스가 되지는 못할 겁니다. 우리가 꼭 알아야 할 것들이 있습니다. 소시오패스는 악마의 얼굴만 하고 우리에게 다가오지 않습니다. 때로는 천사의 얼굴을 하고서 우리의 동정심을 이용하기도 하고, 나를 무기력에 빠뜨리기도 합니다. 상대방이 나를 위로해주고 있는데도, 오히려 '해봐야 별수 없겠구나' 하는 무기력감이 생긴다면 그 사람이 설령 소시오패스가 아니라 해도 결코 나에게 도움이 되는 사람은 아닙니다.

직접적으로 위로를 받지 않았는데도 내 마음을 달래줄 무언가를 찾게 해주는 사람들이 있죠. 그 사람들은 나로 하여금 존재의 이유를 알게 해주는 사람들입니다. 내가 무엇을 할 수 있는 사람인지, 내 가치를 깨닫게 해주는 사람들이죠.

앞서 말했던 그 친구는 왜 곱창을 저와 먹어야 제일 맛있다고 얘기했을까요? 그 친구의 말을 듣고서 제가 곱창 먹는 모습을 곰곰이 생각해봤어요. 그 친구의 입장에서도 어이가 없을 정도로 맛있게 먹더라고요. 저는 곱창을 정말 맛있게 먹어서, 친구들끼리 암암리에 곱창집에서 광고 들어오겠다는 농담을 할 정도였거든요.

이처럼 우리는 남이 아니라 자기 스스로 만족하거나 성취할 수 있는 자기만의 모습이 있어야 합니다. 천만 원짜리 공연 티켓을 사서 세계 최고의 연주자가 하는 콘서트에 간다고 해봅시다. 공연을 보며 그 연주자에게 감탄하겠죠. 이것이 문화적인 행동이기는 합니다만, 우리는 그 연주자를 수동적으로 받아들이게 됩니다.

하지만 내가 작년까지는 피아노로 치지 못했던 아리랑을 올해 좀 더 연습한 덕분에 이제는 칠 수 있게 되었다고 해보죠. 물론 세계 최고의 연주자에 비하면 1만 분의 1도 안 되는 피아노 연주 실력일 겁니다. 하지만 내 손끝으로 무언가를 연주해보면 나 스스로가 괜찮게 느껴집니다.

이걸 내가 나에게 하는 감탄이라고 합니다. 또 내가 나에게 해줄 수 있는 칭찬입니다. 문화, 예술, 취미, 레저가 왜 중요할까요? 내가 나에게 만족하면서 스스로에게 감탄할 수 있는 여지를 제공하기 때문입니다.

참으로 놀라운 건, 성실하고 너무너무 착한 사람인데 소시오패스에게 계속해서 이용당하는 사람이 있습니다. 그런 사람들의 특징을 보면 문화, 예술, 취미, 레저가 거의 없는 사람들입니다. 이런 경험을 많이 하지 않으니까 내가 나에게 느낄 수 있는 작고 소소한 감탄들도 없습니다. 나 자신에 대한 만족감이 없는 것이죠.

성실하고 착한 성품은 그 무엇보다도 중요한 사람의 인격이자 중요한 요소입니다. 하지만 문화, 취미, 레저와 같이 스스로 하는 문화예술적인 체험이 전혀 없는 삶은 소시오패스에게 이용당할 위험을 높일 소지가 굉장히 큽니다. 이런 활동은 단순히 시간을 보내기 위해서만 하는 것이 아닙니다. 여가를 보내고, 교양을 쌓기 위해서만 하는 게 아니라는 겁니다.

물론 이러한 목적도 중요하지만, 내가 나에게 스스로 만족할 기회를 자꾸 만들어나가고, 내가 나에게 스스로 감탄할 수 있는 무언가를 계속해서 체험해나가야 합니다. 그런 삶은 나를 소시오패스로부터 지켜주는 가장 중요한 안전망입니다. 반대로 소시오패스가 나에게 가장 바라지 않는 삶이기도 할 겁니다. 이런 생각은 우리가 문화, 취미, 레저, 예술을 또 한 번 다른 각도로 보는 좋은 기회가 될 것입니다.

내가 누군가에게 이용당하고 있다, 누군가가 나를 자꾸 무기력하고 불행하게 만든다면 그 사람을 만나지 않을 수 있는 용기가 필요합니다. 만나지 않을 용기는 어떻게 생길까요? 간단합니다. 다른 사람을 만나는 거죠.

모든 걸 한 사람과 다 하려고 하지 말고, "같이 맥주를 마시기에는 이 친구가 좋지!" "스키장은 이 친구와 가야 재밌어!” 하는 좀 더 폭넓고 느슨한 인간관계가 필요합니다.

다시 한 번 꼭 기억하시기 바랍니다. 소시오패스는 악마의 얼굴만 하고 우리에게 다가오지 않습니다. 천사의 얼굴도 가지고 있습니다. 누군가에게 위로받고 있는데도 자신에 대한 한계가 더 크게 느껴지고 절망감이 든다면, 그 사람은 소시오패스가 아니더라도 나에게 도움이 되지 않는 사람이라는 걸 기억하시기 바랍니다.

또 사람이 아니더라도 나 자신을 위로해줄 무언가를 찾는 게 중요합니다. 나를 즐겁게 하는 문화적인 삶, 취미가 있는 삶을 누리시기 바랍니다.

# 이제 무기력증에서
# 빠져나와야 할 때

회사나 학교를 마치고 집에 돌아오면, 아무 생각 없이 유튜브에 들어가서 손가락만 까딱거리며 이것저것 보다가 문득 이런 생각을 해본 경험이 누구나 있을 겁니다. '아, 나 정말 이렇게 무기력하게 살아도 될까? 정말 이렇게 아무것도 하지 않으면서 시간을 보내도 될까?'

그러면서도 핸드폰을 손에서 놓지 못하고 추천 동영상을 보고 또 보고, 침대에서 꼼짝 않고 있다고요? '헉, 이거 내 얘기 아니야?'라며 놀라거나 당황스러워하는 분들이 많을 거라 짐작해봅니다.

'아무것도 안 하고 있지만 더 격하게 아무것도 안 하고 싶다'라는 문구를 들어봤을 겁니다. 광고가 좋은 반응을 얻은 만큼 많은 사람이 이 말에 공감을 할 거예요. "잘 먹고 푹 쉬는데도 아무것도 하고 싶지가 않아요. 무얼 해도 의욕이 생기지 않는데 무기력증에서 벗어날 방법이 없을까요?"라며 고민하는 분들이 많거든요. 그렇다면 아무것도 하기 싫은 이유가 대체 뭘까요?

## 우리는 언제 무기력해질까

우리는 언제 무기력해질까요? 또 무기력이란 뭘까요? 결론부터 먼저 말하자면 에너지가 있는데 에너지가 없다고 느끼는 상태가 바로 무기력입니다. 이게 무슨 뚱딴지같은 얘기냐고요? 번아웃과 무기력증을 구분해보면 금방 답이 나옵니다.

일반적으로 '번아웃'이라 부르는 것은 에너지가 바닥난 상태입니다. 내 안의 뭔가가 남김없이 다 타버린 상태인 거죠. 뭔가를 할 수 있는 에너지가 하나도 남아 있지 않은 상태, 즉 자동차를 달리게 할 연료 탱크가 텅 비어버린 상태가 바로 번아웃입니다. 심리학에서는 손가락 하나 움직일 힘도 없고, 발걸음 한 발짝 디딜 힘도 남아 있지 않은 상태를 극심한 번아웃으로 규정하기도 합니다.

그렇다면 무기력증은 번아웃과 어떻게 다를까요? 무기력 증은 우리 안에 에너지는 있는데, 그것을 쓰지 못하는 상태를 말합니다. 에너지가 있다는 건 분명히 알고 있는데, 그 에너지를 어디에 써야 할지 도무지 갈피를 잡을 수 없는 상태를 의미하죠. 에너지가 완전히 바닥난 게 아니라, 있는 에너지를 어디에 쓸지 몰라서 의미 없는 일들을 하고 있을 때 느끼게 되는 감정이 바로 무기력증입니다. '빈둥빈둥'이나 '허송세월' 같은 단어를 쓰는 상황을 떠올려보세요.

"너 왜 이렇게 무기력해?" 혹은 "나 요즘 무기력증에 빠졌나봐." 보통 이런 식으로 우리는 '무기력'이라는 단어를 대화에서 쓰고 있습니다. 여기서 먼저 알아야 할 것은 '무기력'이라는 단어에 '력力' 자가 있고, 그것은 곧 '에너지가 있다'는 뜻이란 사실입니다.

나에게 어떤 목표가 있고 내가 현재 갖고 있는 에너지를 그 목표에 맞는 방향으로 쓴다면 의미 있는 일이겠지만, 엉뚱한 곳에 에너지를 쏟아붓고 있다는 느낌이 들거나 아예 어디다 써야 할지 모르겠는 상황에 직면하면 바로 그럴 때 무기력함이 밀려올 수 있습니다.

예컨대 지금 유튜브를 보고 있다고 해봅시다. 만약 '한국 유튜브의 최근 1년 동안의 동향'에 관련된 리포트를 쓰기 위해서 유튜브를 보는 것이라면 이건 의미 있는 일이죠. 빈둥

거리고 있다거나 허송세월 보낸다는 말을 쓰지 않아도 되고, '나는 왜 이렇게 무기력할까' 하는 고민에 빠지지 않아도 됩니다.

반면, 내일이 수학시험인데 공부는 안 하고 유튜브를 보고 있거나 게임을 하고 있다면 어떨까요? 이것은 분명 방향 설정도 잘못되어 있고, 의미 없이 시간을 보내는 것이기 때문에 '빈둥거린다'는 말을 쓰기에 딱 맞는 상황이겠죠. 이렇게 시간을 보내다 보면 결과적으로 무기력하다는 느낌이 들게 됩니다.

누워서 하염없이 스마트폰만 들여다보고 있다는 건, 의지 자체가 없는 게 아니라 의지는 있는데 그 의지가 나아갈 방향에 길을 터주지 못하고 있다는 뜻이 됩니다. 그렇기 때문에 무기력증은 이유 없이 찾아오는 게 아닙니다. 이유가 있는데 그 이유를 모르기 때문에 찾아올 가능성이 큽니다.


## 단숨에 무기력증에 빠지게 만드는 말들

이번에는 자기 자신이 아니라 다른 사람을 단숨에 무기력증에 빠뜨리는 방법을 얘기해보겠습니다. 상대방을 무기력하게 만들려면, 그가 갖고 있는 어떤 이유를 이유 없음으로,

즉 무의미하게 만들어버리면 됩니다. 무기력 전에 오는 것이 우울감입니다. 그 우울감이 지속되어, 에너지가 있어도 무언가를 할 수 없는 상태로 가버리면 이제 '무기력증에 빠졌다'고 표현하게 되는 것입니다.

그렇다면 어떤 사람을 우울에 빠뜨리는 최고의 방법은 뭘까요? 사람을 우울하게 만드는 가장 효과적이면서 어떻게 보면 교활한 방법은 그 사람에게 의미 없는 짓을 계속하게 만드는 겁니다.

예컨대 청소를 하는 분에게는 청소가 의미 있는 일입니다. 이처럼 청소를 자기 본분으로 생각하는 사람에게 전혀 상관없는 계산 관련 일을 시킨다고 해봅시다. 그러면 그 일은 무의미해지겠죠. 그러면 그 사람을 우울하게 만들 수 있고 굉장히 빠르게 무기력하게 만들 수 있습니다. 반대로 회계사에게 줄곧 청소를 시킨다면 이것도 마찬가지로 그 사람에게는 무의미한 일이 되겠죠. 그러면 이 사람도 똑같이 우울해지고 무기력해질 거예요.

다른 방법도 있습니다. 상대를 일순간에 무기력하게 만들려면, 그가 지금까지 긴 시간 해왔던 일들을 의미 없게 만들면 됩니다. 딱 잘라 이렇게 얘기하는 거죠. "지금까지 한 게 겨우 이거야?" "이게 다야?" "쓸데없는 짓 하지 마."

주변에 이런 말을 입에 달고 사는 사람이 있다면 가까이하지 마세요. 이런 사람들은 내가 오랜 시간 공들여 해온 일을 한번에 의미 없는 것으로 바꿔버려, 나를 힘들게 하고 나아가 무기력증에 빠지게 하기 때문이죠.

기업이나 사회에서도 마찬가지입니다. 개개인에게 맞는 적합한 일을 부여하는 것이 중요하죠. 개인이 스스로 적성에 맞는 일을 찾을 수 있는 분위기를 조성하는 것은, 그 사회가 무기력증에 빠지지 않기 위한 첫걸음이자 중요한 행동입니다. 이것은 우리 아이들에게도 해당되는 사항입니다. 심리학자들은 아이들이 각자의 적성과 자질에 맞는 일을 찾아나갈 수 있도록 도와주는 것이, 활력 있고 추진력 있는 사회를 만들어가는 데 중요한 밑거름이 된다는 공통된 의견을 보입니다.

팬데믹 시대에는 무기력감을 더 자주 느낄 수밖에 없습니다. 예를 들어볼까요? 나는 매일 손을 씻고 마스크를 하고 다닙니다. 개인위생에 철저한 것은 물론 다른 사람들에게 피해를 주지 않기 위해서 굉장히 노력하죠. 그런데 이 모든 노력에도 불구하고 여전히 확진자 수가 증가한다거나, 아니면 방역 체계가 무너진다거나 하면 나는 무기력해지죠. 내가 지금까지 해왔던 모든 것이 작은 변화나 일말의 긍정적인 결과도 만들어내지 못하니까요. 이러니 팬데믹 시대에는 사람들이 기본적으로 무기력감을 느낄 가능성이 훨씬 더 높아지고, 그 무기력감이 전염되기도 쉬운 상황이 됩니다.

이럴 때는 개인의 노력이 어떤 변화를 만들어낼 수 있는지, 작은 것이라 하더라도 그 결과들을 숫자로 보여주는 것이 중요합니다. 예컨대 4,000명의 사람들이 개인위생을 잘 지켰을 때 코로나 신규 감염자수를 얼마나 낮출 수 있는지, 확산 속도를 얼마나 늦출 수 있는지 등에 관해서 수학·과학·의학적 사실을 연구하는 데서 그칠 게 아니라 객관적인 수치를 사람들에게 가시적으로 제시해야 합니다.

그런 의미에서 내가 오늘 물 한 방울을 절약하고 절전을 실천한 것이, 지구의 나무 잎사귀 몇 개를 살렸는지, 혹은 나무에 들어가는 톱질을 몇 번 줄였는지 숫자로 알려줄 필요가 있습니다.

관공서의 계단 같은 곳을 보면 엘리베이터를 타지 않고 한 층을 올라갈 때마다 몇 칼로리가 소모되는지, 에너지가 얼마나 절약되는지 보여주는 문구가 붙어 있습니다. 별것 아닌 것 같지만, 이 문구들은 나의 작은 노력 하나하나를 훨씬 더 의미 있게 만들어주는 구체적인 정보이기 때문에, 엘리베이터 버튼을 누르기보다 계단으로 올라가게 할 동기를 부여해줍니다.

예를 들어 우리가 각 가정에서 쓰고 있는 전기계량기 옆에 작은 모니터를 달아보는 건 어떨까요? 당신이 오늘 절약한 만큼 지구의 대기 질이 얼마나 좋아졌는지, 혹은 지구의 허파 아마존이나 우리 강산을 푸르게 수놓은 나무의 잎사귀를 얼마나 많이 살렸는지 그 모니터에서 계속 정보를 알려주는 거죠.

이렇게 작지만 힘 있는 정보들을 서로 주고받는 것은 이 사회 전체를 무기력으로부터 벗어나게 해주는 데 도움이 됩니다. 무기력이라는 건 사실 같은 이야기라도 어떻게 하느냐에 따라 얼마든지 키울 수도 있고, 잘 빠져나오게 할 수도 있습니다.

혹시 무언가를 꾸준히 열심히 하고 있는 사람에게 "그거 다 소용없는 일이야" 혹은 "그게 다야?"라고 얘기한 적 없으신가요? 사실 "그게 다야? 이것밖에 못했어?" 혹은 "쓸데없는 짓 하지 마"라는 말은 우리가 다른 사람들과의 관계 속에서 그 사람을 비난하거나 괴롭히겠다고 작정하지 않아도 얼마든지 할 수 있는 말이에요. 심지어 소중한 사람에게도 악의 없이 할 수 있는 말이죠.

돌이켜보면 저도 그런 말을 한 적이 많습니다. 우리 스스로, 한 사람 한 사람이 내가 상대방에게 그렇게 악의 없이 악한 말을 하지 않았는지 고민해볼 필요가 있을 것 같습니다.

## 무기력증에 빠졌다면,
## 스스로 끊임없이 질문해라

이미 무기력 상태에 있다면, 어떻게 빠져나와야 할까요? 이때는 스스로에게 끊임없이 질문을 해야 합니다. 어떤 일이 나에게 어떤 의미가 있는지 계속해서 곱씹어봐야 합니다. 의미는 인간에게 다음 일을 할 수 있는 동력이 되기도 하니까요. 즉 일을 하게 되는 이유라 할 수 있습니다.

사람들은 이 '이유'에 심지어 돈을 지불하기도 합니다. 예를 들어봅시다. 굉장히 가고 싶었던 여행지가 있습니다. 마침 그 여행 상품을 여행사에서 굉장히 저렴한 가격에 판매하고 있습니다. 그런데 광고 하단에 "오늘까지 계약한 고객에 한해 할인되는 상품입니다"라는 말이 붙어 있습니다. 다시 말해 내일부터는 이 상품이 판매되지 않는다는 거예요.

그런데 다음 학기를 위해 굉장히 중요한 시험 결과가 하필 내일 나옵니다. 이 시험을 통과하지 못하면 다음 학기에 재수강을 해야 하는데, 그러면 다음 학기가 훨씬 힘들어지겠죠. 그런데 다시 자세히 보니 여행사 설명에 이런 말이 붙어 있네요. "5,000원을 더 지불하면 내일 여행상품을 구입할 수 있습니다." 그러니까 여행 상품 구입 기한을 하루 더 연장할 수 있는 찬스가 있다는 거예요.

자, 이런 상황에서 학생들한테 물어봅니다. "5,000원을 더 내고 내일까지 이 여행 상품 구입 기한을 연장하겠습니까 아니면 오늘 구입하겠습니까?" 그러면 학생들은 대부분 "5,000원은 큰돈이 아니니, 돈을 내고 내일까지 연장하겠습니다"라고 답할 겁니다. 중요한 시험 결과가 내일 나오는 학생들이 그렇게 얘기한다는 거죠.

그런데 교수가 학생들을 하나하나 찾아다니면서 다시 이렇게 얘기합니다. "내가 조교한테 결과를 먼저 알아봤는데, 학생은 시험을 통과했어요. 여행을 갈 겁니까?" 학생은 이렇게 답하죠. "가야죠. 당연히 가야죠." 그런데 또 다른 학생들한테는 이렇게 얘기해요. "내가 조교한테 결과를 먼저 알아봤는데, 학생은 시험을 통과하지 못했어요. 그래도 여행을 가겠습니까?" 그러면 또 대부분의 학생들이 이렇게 얘기합니다. "갈 건 가야죠."

어쨌든 갈 거였군요. 그런데 왜 5,000원을 더 내고 내일까지 상품 구입 기한을 연장하려고 했을까요? 내가 어떤 의미와 어떤 이유로 여행을 가는지 모르기 때문입니다. 시험에 통과를 해서 축하하려고 가는 건지, 아니면 시험에 떨어졌으니까 마음을 달래려고 가는 건지 말이죠.

제 친구 하나는 자동차 딜러인데, 이 친구 말이 자동차를 잘 모르는 사람은 정말 엉뚱한 이유로 차를 바꾼다고 합니다. 같은 차를 몇 년 정도 타다 보면 차 내부 상태는 아직 아무런 문제가 없는데, 시트가 닳아서 해지는 경우가 생깁니다. 또 거의 매일 타다 보니 싫증도 나기 마련이죠. 이때 자동차에 대해 잘 아는 사람이라면 시트에만 집중해서 시트를 교체할 거예요. 하지만 자동차를 잘 모르는 사람은 시트가 마음에 들지 않으면 자동차 자체가 싫어집니다.

자동차를 잘 아는 사람이라면 시트를 관리해줄 업체를 찾아가거나 시트를 바꾸겠죠. 그런데 자동차에 대해 잘 모르는 사람은 시트 하나에 대한 생각이 자동차 전체에 대한 호감도로 번지면서 아예 차를 바꿔야겠다는 엄청난 생각까지 하게 됩니다.

삶에서 어떤 일들이 계속 반복된다면, 두 부류의 사람들 중 누가 더 무기력증에 많이 빠질까요?

'이게 왜 싫을까?' '이게 왜 좋을까?' '이걸 왜 바꾸고 싶은 마음이 들까?' '왜 지금 이 일을 하려고 할까?' 이런 질문들에 대해 솔직하고 스스럼없이 대답할 수 없다면, 그 결과가 결국 무기력증을 낳게 됩니다. 지금 의미 없는 일을 하고 있고, 그 일에 집중하면서 괜한 시간을 낭비하고 있기 때문이죠.

자신을 믿지 못하고 자신에 대해 '나는 어떤 일을 해도 좋은 결과를 얻지 못할 거야'라고 생각하는 사람들이 결국 무기력증에 더 잘 빠집니다. 내가 지금 무엇 때문에, 어떤 이유로 이 일을 하는지 끊임없이 스스로 질문하고 자신의 상황을 확인해야 합니다.

무엇보다도 무기력증에서 빠져나오기 위한 가장 중요한 방법은, 의미 없는 일을 과감히 포기하고 집착하지 않는 것입니다. 물론 그 전에 내가 하고 있는 일에서 의미를 찾는 것도 굉장히 중요하죠.

무기력에서 빠져나오기 위한 가장 단순하고도 강력한 방법은 말 그대로 '빠져나오는' 겁니다. 즉 움직여야 합니다. '빠져나오다'라는 단어는 동사動詞니까요. 억지로라도 움직여야 하는데, 그러려면 결국은 물리적인 운동을 해야 합니다. 하지만 과한 운동은 금물이죠. 이건 역효과가 납니다.

한 유튜브 방송에서 가수 아이유 씨가 "우울한 기분이 들 때는 빨리 몸을 움직여야 한다. 우울한 기분에 속지 않으려고 노력해야 한다. 이 기분은 절대 영원하지 않고 내가 5분 안에 바꿀 수 있다고 생각하면서 하다못해 설거지라도 해야 한다"고 얘기하는 걸 본 적 있습니다.

사실 설거지는 우울에서 탈출하는 가장 좋은 방법입니다. 어쩌면 아이유 씨는 약간의 겸손을 담아 '설거지라도'라고 말했겠지만, 사실 누구나 할 수 있고 생활에서 자연스럽게 하게 되는 일이니까 머릿속에 가장 먼저 떠올랐을 수도 있습니다. 설거지는 크게 힘을 들이지 않고도 할 수 있고, 일의 결과도 빨리 나옵니다. 단 15분 정도만 투자하면 깨끗해지는 결과를 만들어낼 수 있습니다. 약간의 움직임으로 구체적인 변화를 만들어낼 수 있는 활동이 가장 좋다는 얘깁니다.

이런 의미에서 보면 국토대장정은 무기력에서 탈출하는 방법으로는 맞지 않습니다. 대청소도 마찬가지고요. 어쩌면 조금 미련한 방법이랄 수 있습니다. 일반적으로 '대大' 자가 들어간 일들은 피하는 게 상책입니다. 대신 '소小' 자가 들어간 일을 해보세요. 대청소가 아니라 두 번째 서랍을 정리해보세요. 국토대장정이 아니라 가볍게 동네 산책을 나가보는 것도 좋습니다.

무기력증에 빠졌을 때는 작은 것을 확실히 해나가는 미시적인 방법으로 빠져나오는 게 그 무엇보다 중요합니다. 능구렁이 담 넘어가듯이 말이죠. 지금 무기력한가요? 그렇다면 작지만 확실한 결과를 만들어내는, 혹은 보잘것없어 보이지만 구체적인 변화를 만들어내는 일을 하세요. 그 어떤 것이라도 괜찮습니다.

## 위로보다는 격려해주는 사람을 만나라

이에 못지않게 중요한 게 또 있습니다. 무기력증에서 빠져나오기 위해서는 내가 무기력증이라는 구렁텅이에서 잘 빠져나올 수 있도록 도와줄 수 있는 사람을 만나야 합니다. 특히 위로보다는 격려할 줄 아는 사람을 만나야 합니다. 위로와 격려는 비슷한 말 아니냐고요?

위로는 따뜻한 말입니다. 내가 괴롭고 슬플 때 나를 달래주는 행위죠. 반면 격려는 조금 다릅니다. 격려는 내가 앞으로 나아가게 하거나, 힘들고 슬픈 일을 지나쳐 가게 해주는 말입니다. 따뜻한 말에서 한 발짝 더 나아가, 내가 지금 있는 자리에 머물러 있지 않고 움직이게 만드는 동력 같은 것이죠. '괜찮아, 다 잘 될 거야' 이런 말들은 위로에 해당합니다. 격려는 나의 장점과 강점을 건드리고 자극하는 말입니다.

저는 예전에 위로와 격려가 확연히 구분되는 상황을 경험해본 적이 있습니다. 학회에서 발표자로 연단에 섰는데, 그날 발표를 완전히 망치고 말았습니다. 그때 낙심하고 있던 저에게 한 선배가 와서 이렇게 말하더군요. "괜찮아, 실수는 누구나 다 하는 거야. 나도 이렇게 서툴 때가 있었어." 그날 저는 그 선배에게 위로를 받았습니다. 그리고 생각했죠. '아, 나만 그런 게 아니었구나. 다행이다.'

그다음에 또 다른 학회 발표를 준비할 때 정말 도움이 되는 말을 들었습니다. 학회가 끝나고 며칠 뒤 만난 선배가 해준 말이었죠. "일주일 전에 네가 발표한 내용 나도 들었어. 거기 나도 있었거든. 난 네 논리에 전혀 동의하지 않아. 하지만 네 발표 스타일만큼은 정말 마음에 들더라."

이 말을 듣고 저는 논리를 보강하는 쪽에 집중할 수 있었습니다. 저 역시 제 발표에서 부족한 점을 누구보다 잘 알고 있었습니다. 하지만 어떤 점이 부족한지, 어디에 초점을 맞춰야 할지 알면서도 그조차 확신이 안 서서 선뜻 고치지 못하는 상황이었죠. 발표 스타일은 공들여 다듬었지만, 어쩌면 그 때문에 정작 내용적인 면에 신경을 더 쓰지 못한 측면도 있었고요. 이때 선배가 제 부족한 점을 정확히 짚어주고, 제 장점과 단점을 분리해서 얘기해주니 비로소 논리에 집중할 수 있게 된 것입니다.

첫 번째 만난 선배의 말은 저에게 위로는 되었을지언정 새로운 준비를 하게 만들지는 못했습니다. 다시 말해 다음번 학회 때 부족한 점을 보강해 발표 준비를 할 수 있게 해주는 에너지가 되지는 못했습니다. 하지만 두 번째 만난 선배는 따뜻한 말 한마디 하지 않았지만 오히려 힘이 되었습니다. 이렇게 제 장점과 단점을 구분해주는 사람을 만나니 격려가 되었던 겁니다.

위로와 격려는 분명히 다릅니다. 어떤 사람이 정말 낙심하고, 슬픈 상태에 있다면 따뜻한 말로 위로를 해야 합니다. 상처에는 약이 필요하기 때문이죠. 하지만 무기력한 건 상처가 아닙니다. 무기력증은 질병이 아니죠. 가야 할 방향을 몰라 혼란스러워하고 있는 것입니다. 여러 방향에서 어디로 가야 할지 혼란스러워하는 사람을 위해 필요한 건 격려예요.

잘한 것과 못한 것을 정확하게 구분해 용기나 의욕이 솟아나게 하는 것이 격려입니다. "너는 B를 못했지만 A는 잘하고 있어." 그러면 이 말을 들은 사람은 B를 보완하기 위해서 계속 노력하게 되죠.

무기력해진다고요? 무기력에 빠졌다고요? 그렇다면 내가 잘하고 있는 것과 못하는 것을 정확하게 구분해줄 수 있고, 그 2개를 다 언급할 수 있는 사람을 만나기 바랍니다. 그리고 여러분 역시 상대에게도 그런 사람이 되어야 합니다.

"잘한 건 칭찬하지 않고 못한 것만 얘기할게"라고 하는 심사관은 딱 질색입니다. "이건 잘했고 이건 못했어"라고 정확하게 구분하고, 양쪽 다 그 양만큼 정확히 언급해줄 수 있는 사람을 만나는 것이 중요합니다.

지금까지 무기력증에 대해 살펴보았습니다. 무기력증에는 결국 모든 사람에게 해당되는 공통의 이유가 있습니다. 바로 '이유를 잘 모르고 있다'는 거예요. 이유를 모르기 때문에 오히려 방치했다가 결국은 만성적이고 장기적인 무기력을 만들어내는 경우도 있습니다.

'나 오늘 90점 맞을 것 같아'라고 생각했는데, 실제 점수는 60점이 나왔습니다. 무기력해지기 쉽죠? 하지만 이건 큰 문제가 아닙니다. 오히려 '나 오늘 60점 맞을 것 같아'라고 생각했는데 90점이 나왔다면, 이게 더 위험한 무기력으로 발전할 수 있습니다. 이유를 알지 못하지만 결과가 좋았기 때문에 그냥 넘어가기 때문이죠.

하지만 나의 뇌는 이 두 번째 경우도 여전히 무기력을 만들어내는 과정으로 인식합니다. 내 예측이나 내 예상과 전혀 다른 결과가 일어났기 때문에 '내가 어떻게 하든 이제 상황은 내 의지와는 상관없이 제멋대로 될 거야'라는 무의식을 나에게 계속해서 주입합니다.

하지만 90점이 나올 거라고 생각했는데 60점이 나온 날은, 우리는 그날을 주의 깊게 보게 됩니다. 무엇이 잘못됐을까, 도대체 어떤 것에 문제가 있을까 돌아보는 거죠. 반면 60점 맞을 거라고 생각했는데 90점이 나온 날은 그저 좋은 결과에 기뻐하면서 그 이유를 생각하지 않습니다.

마찬가지로 오늘 우리 가게 장사가 잘될 거라고 생각했는데 장사가 잘 안 되면 그 원인을 주의 깊게 되돌아보게 되죠.

반대로 장사가 잘 안 될 거라고 생각했는데 갑자기 장사가 잘 된 날은 매출이 올랐다는 사실에 기뻐하며 그 이유를 분석하지 않는 경우가 많습니다. 하지만 분석을 소홀히 하면 안 됩니다. 나의 예상과 달리 결과가 긍정적이었던 모든 것을 우리는 냉철하게 분석해볼 필요가 있습니다. 그러면 무기력의 나머지 절반의 이유도 정복하는 것이거든요.

저도 무기력을 경험할 때가 있습니다. 이 〈사피엔스 스튜디오〉 채널을 위해, 정말 열심히 논문을 읽고 연구서들을 참조해서 콘텐츠를 만들었는데, 공들인 것이 무색하게 시청률이 저조할 때 무기력감을 느낍니다.

그런데 재밌고 또 한편으로 당황스러운 것은, '이번 편은 많은 분들이 안 보겠지, 이건 별로 중요하지 않겠지'라고 생각한 콘텐츠를 많은 분들이 시청하고 좋다고 피드백해줄 때입니다. 이런 얘기를 들으면 처음에는 기쁘지만, 한 일주일 정도 시간이 지나면 약간 무기력해집니다.

제가 예상한 것과 무관하게 결과가 나왔기 때문이죠. 즉 좋은 결과도 다 늘 좋은 건 아닙니다. 내가 예상한 것과 전혀 다른 방향으로 결과가 좋게 나오면 오히려 사람이 무기력해지거든요. 이때 그저 상황을 즐기기만 한다면, 앞으로 저는 운이라고 하는 것에 의존하고 싶은 못된 마음을 가지기가 쉬워지겠죠. 그래서 더더욱 냉철하게 분석하는 자세가 필요합니다.

오늘 나의 예상과는 전혀 다르게 매출이 좋았나요? 오늘 나의 예측과 달리 점수가 좋았나요? 혹은 나의 예측과 달리 손님이 많이 들어왔나요? 좋든 나쁘든, 좋았다면 더더욱 그 원인을 반드시 분석하고 냉정하게 되돌아보세요. 그런 과정까지 꼼꼼하게 점검한다면, 이제 나를 훨씬 더 무기력하게 만들 만한 일들도 제대로 다독이면서 정복해나갈 수 있을 겁니다.